LE ROMAN DE LA ROSE,

Par Guillaume de Lorris
& Jean de Meun dit Clopinel.

Revu sur plusieurs Editions & sur quelques anciens Manuscrits.

ACCOMPAGNÉ
De plusieurs autres Ouvrages, d'une Preface historique, de Notes & d'un Glossaire.

TOME III.

A PARIS,
Chez la veuve PISSOT, Quay
à la descente du Pont-neuf.

MDCCXXXV.

Avec Aprobation & Privilege du Roy.

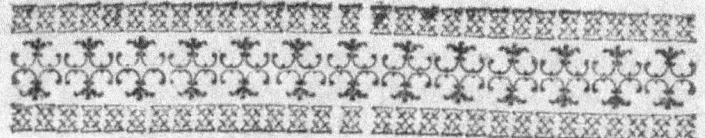

LE CODICILLE

DE MAISTRE JEAN DE MEUNG.

LY Pere & ly Filz & ly Sainctz Esperis,
Ung Dieu en troys Personnes aouré & cheriz,
Tienne les bons en sa grace & secours les perilz,
Et doint que cil traictié soit moult à maint meris.

J'ai fait en ma jeunesse maint dit par vanité, 5
Où maintes gens se sont maintesfoys délité;
Or m'en doint Dieu faire ung par vraye charité
Pour amender les autres, qui pou m'ont prouffité.

Bien doit estre excusé jeune cueur en jeunesse,
Quant luy donne grace d'estre meur en vieillesse; 10
Mais moult est grant vertu & très-haute noblesse,
Quant cueur à jeune aâge à meureté s'adresse.

Tome III. A

LE CODICILLE

Mais ly myen & ly autre sont de si grant durté,
Qu'en nul estat ne veulent venir à meureté ;
Ains se font à jeunesse si joinctz & ahurté,   15
Com se de tousjours vivre ilz eussent seurté.

Mais il est autrement ; car nous sommes asseur
De mourir ; mais du terme moy, ne d'aultre n'est seur :
Plus tost meurent ly jeune souvent que ly vieur ;
Je ne sçay bien ou mal ou encontre bon eur.   20

Mort est à tous commune, mort est à tous banniere,
Mais nulz n'en peut sçavoir l'heure ne la maniere ;
Si prie Dieu & celle que mon cueur a tant chiere,
Qu'il vueille recevoir en gré ceste matiere.

Qui tend à bonne fin de bon commencement,   25
Il doit tendre à trois choses s'il a bon fondement ;
A la gloire de Dieu & à son saulvement,
Et à donner par tout bon ediffiement.

Le Filz Dieu glorieux par le sien bon saintisme,
Me doint, se il lui plaist, par toute ceste rime   30
Ly louer, moy saulver, édiffier mon prime,
Qui veult & commande que l'en l'ayme com soy-meisme.

DE JEAN DE MEUNG.

C'est-à-dire qu'on l'ait pour ce fiablement
Qu'on aime soy-mesmes, c'est pour son saulvement:
Je n'y voy, ne n'y sçay nul autre entendement,　35
Ne la Sainte Escripture ne le glose autrement.

Et s'aucuns vouloient dire : Dieu comment sera-ce
Que je ne vueille plus que Dieu de bien me face,
Ou d'honneur qu'à mon proesme : Sire jà Dieu ne place
Que tous cilz qui ce veulent ayant perduë grace.　40

Plus vouldroient avoir honneur que je l'eusse,
Et estre beaulx & riches moult plus que je le fusse,
Plus vouldroient sçavoir tout ce que je sceusse,
Qui diroit le contraire, n'est nul qui l'en creusse.

Car en cinq cens personnes n'en a pas ung ou une,　45
Qui les biens de nature, de grace, ou de fortune
N'ame plus à soy qu'à autres, & s'aucuns ou aucune
En doubte, c'est folie, car c'est chose commune.

Je respons qu'on peut faire trop bien selon la lettre
Quanque Dieu encommande sans autre mot y mettre,
Si me vueil ce je pui du monstrer entremettre,　50
Avec l'aide de Dieu mon Seigneur & mon Maistre.

A 2

LE CODICILLE

Quant Dieu dist qu'on amast son prouchain comme ly,
Il ne dist mye plus, mais trestout autre si:
Donc nul ne se peut bien excuser de cecy ; 55
Car chascun peut ce faire sans paine & sans soucy.

Se tu es beaulx & riches, de legier peuz vouloir,
Que je le soye aussi sans riens de toy douloir ;
Se je vaulx & tu vaulx, il ne t'en doit challoir,
Puisque tu ne puis moins de ma valeur valoir. 60

Toute rien veult & ayme son pareil par nature,
Pource, dy-je, que femme ou homs se desnature,
Qui n'ayme à ceste fin humaine créature ;
Car raison si accorde, Dieu & Saincte Escripture.

Je me tairay à tant d'endroit ceste matire, 65
Et parleray d'une autre ou plus le cueur me tire ;
Mais il convient souvent aucune chose dire,
Pour ce qu'il chiet en doubte d'esclaircir & d'escrire.

Maintes paroles sont en Logique & en Droit,
Et en divinité que qui les entendroit, 70
Ou sens qu'elles démonstrent jà nul bien n'en viendroit,
Pour ce les convient-il gloser en bon endroit.

Et ceulx font Vilenie qui le pire y glofent,
Et qui pour les Aucteurs le plus fain ne fuppofent;
Car fe ceulx fuffent vifz qui en terre repofent 75
Je croy qu'ilz refpondiffent à quanque ceulx oppofent.

❦

Nulz ne doit des Aucteurs parler feneftrement,
Se leur dit ne contient erreur apertement;
Car tant eftudierent pour noftre enfeignement,
Qu'on doit leurs motz glofer moult favorablement. 80

❦

Se nous voulons à Dieu prendre fimilitude,
Nous aurons avec luy pechié d'ingratitude;
Et s'ils nous firent bien, môult nous ferions trop rude
Se nous mefdifions d'eulx ne de leur eftude.

❦

Tu qui contre ceulx-mefmes de ton venin vuider 85
Ne fçez, efpoir leur texte jufqu'au vif defvuider;
Et pour ce te dévroyes d'eulx blafmer refroider,
Car je cuid que leurs faultes font en ton faulx cuider.

❦

S'entre cent mil biens ont ung mal entaffé,
Ly maulx chée, & ly biens ne foyent pas quaffé; 90
Ains en foient louez ly faige homme paffé,
Qui oncques de bien faire ne furent jour laffé.

❦

Des damnés nous dolons, des saulvés ayons joye,
Et de ceulx qui actendent mercy fait bien qui proye.
Il n'est nul, ce me semble, qui excuser s'en doye;
Car à toutes sciences nous ouvrirent la voye. 95

Le Fils Dieu qui si bien les condicionna,
Qui à la Magdaleine les péchiez pardonna,
Leur mérite les biens qui pour eulx nous donna;
Car de ce doit prier chascun qui rayson a. 100

Priez & merciez, beneissez & louez,
Soit pour eulx cil qui telz les fist comme vous ouez;
Trop pou fut de telz hommes ne de si bien douez,
Puis que Dieu fut pour nous en saincte Croix clouez.

Bien fait qui prie Dieu, bien fait qui le mercye, 105
Mais mieulx fait qui adés, le louë & glorifie;
Car mercys & prieres si sentent marchandie;
Mais graces & louenges yssent de courtoysie.

Se je dis fors que bien, Dieu ne le prengne a pris;
Car qui prie, il demande; qui mercy, il a pris; 110
Mais qui Dieu louë, il semble qu'il doit avoir appris;
Qui est doulx, qu'il est bon; qui a loz, il a pris.

DE JEAN DE MEUNG.

Amer Dieu & le veoir, le loüer & beneistre,
C'est l'office des Anges, qui sont nostre ministre,
De ce tiennent au Ciel Saintz & Sainctes chapitre, 115
Ainsi devons-nous faire cy aval à leur tiltre.

❀

Loüons & exaulsons la saincte Trinité,
Pour quy ly doulx Fils Dieu prist nostre humanité;
Loüons sa saincteté, loüons sa deité,
Sa bonté, son povoir & sa divinité. 120

❀

Et loué & beneys soit ly Dieu de nature,
Qui créa toutes choses de sa vérité pure,
Qui de special grace fist l'homme à sa figure
Et l'establyt Seigneur de toute créature.

❀

Moult parayma Dieu l'homme, c'est legier à prouver,
Quant à sa propre forme le voult faire & ouvrer, [125
Encor y peut-on bien greigneur amour trouver;
Car il se voult faire homme pour homme recouvrer.

❀

Et homs & femme estoient perduz pour une pomme;
Ramender ne povoit leur meffait fors par homme; 130
Si prist Dieu chair humaine pour allegier la somme
De leurs griefz, qui étoient greigneurs, que je ne nomme.

❀

A 4

Nommer ne pourroit nulz tant fuſt enlangagiez ;
En com grant redevance homs s'eſtoit engagiez ;
Car de cinq cens mondes n'en payaſt les aagiez ,   135
Se le Filz de Dieu meſme ne s'en fuſt oſtagiez.

Dieu ! com fuſt prouffitable cette obligacion !
Qui de mort nous ſaulva , quant damnez en eſtion,
Là ſi devroient penſer & la femme & ly hom,
Se nous eſtions ſages tres-tous y penſerion.   140

Quant Dieu nous a donné ſoy & quanqu'il avoit,
Et il nous a oſté tout ce qui nous nuyſoit ;
Bien ſe doit-il tenir pour traiſtre renoit ,
Qui peche mortelment puis que tout ce cil voit.

Qui bien regarderoit à ſon commencement   145
Dont il vint , qui le fiſt & pourquoy & comment ,
Et ſon eſtat preſent & ſon définement ,
Jamais ne devroit prendre de pecher hardement.

Pechié eſt ſi vil choſe , que plus vil ne peut eſtre ;
Pechié ſouilla tous ceulx qui oncques peurent naiſtre ; 150
Pechié miſt à la mort Jeſus le Roy celeſtre ;
Qui peche mortelment , il occiſt Dieu ſon maiſtre.

DE JEAN DE MEUNG.

Puis que Dieu pour pechié deſtruyre perdit vie,
Qui peche, ſi l'occiſt ce ſemble & crucifie;
Si fait-il quant en ſoy, mais fol eſt qui s'y fie   155
Que Dieu meure jamais, car il ne mourra mye.

Qui juſques à la mort en pechié demourra,
Mort eſt, car la mort Dieu jamais nel ſecourra :
Or face deſormais chaſcun ce qu'il vouldra,
Mais après mort verra comment il lui viendra.   160

Pour Dieu & pour ſa Mere ne nous décevons pas,
Nous voyons que la mort acueurt plus que le pas,
Tous nous convient mourir, nul n'en aura repas,
Noſtre chetive vie qu'ung petit repas.

Tantoſt que ly homs naiſt il commence à mourir,   165
Pou peut force & jeuneſſe en homme ſeignourir,
A vingt ans ou à trente prent ſa teſte à flourir,
Et d'illec en avant ne fait que langourir.

Ou il a mal de teſte, de pis ou de poictrine,
De polmon ou de foye, de coſtez ou deſchine,   170
Lors le convient ſaigner ou prendre medicine
Ainſi s'anyantiſt & dégaſte & défine.

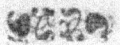

Au dangier de phifique vivre nous efconvient,
Mort nous prent fors & jeunes; mais pou nous en fouvient,
Qui vit jufque à vieilleffe, voye qu'il en advient, 175
Ainfi com en l'eftat d'ung enfançon revient.

Il devient infenfif de parole ou de fait,
Lourt & fourt & aveugle, boffu & contrefait,
Pou ly membre en ce point d'amender fon meffait,
Qui le veit & le voit, il femble homme deffait. 180

Il devient fec & froit, baveux & roupieux,
Rongneux & grateleux & merancolieux;
Jà tant n'aura efté pardevant gracieux,
Qu'il ne foit en ce point chargant & ennuyeux.

[185
Sa femme & fes enfans mefmement s'en ennuyent,
Les eftranges le mocquent & les fiens le défuyent,
Et ceulx qui du fien vivent le ramponent & huyent;
Fols font qui jufque alors à bien faire s'eftuyent.

Pour la très-doulce Dame piteufe & débonnaire,
Ne nous efchivons pas jufque alors de bien faire, 190
Que l'en en puyft faveur de devocion traire
De fon cueur, fans laquel nul ne peut à Dieu plaire.

Qui lors n'aura bien fait trop aura attendu,
Ne ce qu'il doit à Dieu n'aura jamais rendu,
Car il aura son temps en fol us despendu,
Et son doulx Créateur troublé & offendu.

Qui sçauroit quel péril c'est de Dieu courroucer,
Il se lairroit ainçois par membre détrencher,
Qu'il osast au péril de pechié gebecier;
Car par nul autre glaive ne peut l'en Dieu blecier.

Quand je parle de Dieu entendez sainement,
Car Dieu ne peut avoir playe ne mouvement;
Mais de soy courroucier nous fait démonstrement
Par l'execucion de son punyssement.

Adès fust Dieu & est & sera en ung point,
Ne pour riens qu'il adviengne il ne se muë point;
Mais il fit toutes choses à nature & à point,
Qu'oncques Paintre qui fust si proprement ne paint.

Péchié porte sa paine & bien fait sa mérite,
De ces deux choses sont homme & femme à eslite;
S'ilz pechent ilz se damnent, s'ilz font bien ilz sont quicte;
Mais à Dieu riens qu'ilz facent, ne nuyst, ne ne proufite.

Se toute la lignée d'Adam estoit damnée,
Dieu n'y perdroit en soy une feve frasée,
Tout ainsi je vous dy que s'elle estoit saulvée,   215
Mieulx ne luy en seroit en soy d'une totée.

Dieu nous fist & refist, ce devons-nous tous croire,
Pour estre parsonniers de sa joyeuse gloire ;
Mais à Dieu n'en est mye le vaillant d'une poire,
Bien deverions avoir tel bonté en mémoire.   220

Quanque Dieu nous a fait c'est pour nostre prouffit,
Et non pas pour le sien ; car il seul se suffit,
Trop sommes desloyal & plus que desconfit,
Quant par pechié perdons ce pourquoi il nous fit.

Trop sommes aveuglez quant si pou nous prisons,   225
Quant Dieu tant nous prisa qu'il en détint Prisons,
Pour pechié desconfire, en quoy s'estoit prins homs,
Dont les Diables furent destruys & leurs Prisons.

Aymons-nous puis que Dieu nous ayme & veult avoir ;
Fuyons maulvaise amour, fuyons maulvais avoir,   230
Fuyons toutes les choses, que nous povons sçavoir
Qui desplaisent à Dieu, si ferons grant sçavoir.

Il est perdu sans fin qui en pechié devie
Et nous n'avons espoir, que quatre jours de vie;
Si me semble que bon seroit avoir envye,   235
D'amender ses meffaitz tant com l'en est en vie.

❧

Tant comme nous sommes cy nous sommes en misere,
Encor sera-t-il pis qui en Enfer mis ere ?
Car illec ne pourra le fils aider au pere,
Ains eschiet que chascun son propre fait compere.   240

❧

Hélas ! quand je regard mon estat primerien,
Comme Dieu me fist homme quant je n'estoye rien,
Et de tant vil matiere & de tant vil mesrien,
Bien devroye amer Dieu aumoins au derrien.

❧

Encor le doy-je plus amer quant il me membre,   245
Qu'il me fist chrestien, & qu'il me daigna reimbre,
Qu'il me fist quant au corps sans deffaulte de membre,
Ne le doy oublier n'en Aoust n'en Septembre.

❧

Dieu m'a fait mainte grace en bien corporelment,
Encor m'a-il plus fait spirituellement ;   250
Si m'a tousiours esté large temporelment,
Parquoy je le devroye amer trop fermement.

❧

LE CODICILLE

Dieu m'a par mains perilz conduyt sans mescheance,
Dieu a donné aux miens honneur & chevissance,
Dieu m'a donné servir les plus grans gens de France, 255
Dieu m'a traict sans reprouche de jeunesse & d'enfance.

Mais une remembrance m'espovente & effronte,
Que qui plus tient de Dieu plus a à rendre compte,
Nul ne prent si hault coup com cil qui trop hault monte,
Qui mal use d'honneur bien doit tenir à honte. 260

Trop est cueur aveuglé qui souvent ne recorde
Ce que Dieu luy a fait, car raison si accorde ;
Ne nous fions pas tant à sa misericorde,
Que nous n'ayons paour de sa juste discorde.

Dieu hayt ingratitude, Dieu hayt celle & celluy, 265
Qui en descongnoissance sont trop ensevely ;
Soyons à le servir promptz & desgourdely,
Et usons bien des graces que nous avons de ly.

Qui en sa conscience vouldroit souvent muser,
Assez y trouveroit de quoy soy accuser, 270
Nul ne nulle qui vive ne s'en peut excuser,
Que des graces de Dieu ne puisse bien user.

Qui est fort ce n'est mye pour meurtrir ne pour batre,
Ne pour luyter à deux ou à troys ou à quatre ;
Mais pour soy roydement contre pechié combatre, 275
Et pour faire penance loyaulment sans débatre.

✻

Qui a sens ce n'est mye pour autruy conchier,
Ne pour desservir ame pour faulsement prier ;
Mais pour bien conseiller & pour édiffier
Autruy pour bonnes œuvres & pour Dieu mercier. 280

✻

Qui est beau ce n'est mye pour soy enorgueillir,
Mais pour belles pensées en sa beaulté cueillir ;
Car tous les beaulx & les laiz convient tous enviellir,
Il n'est si grant beaulté qui ne viengne à faillir.

✻

Il n'est si beau visaige ne si vermeille face, 285
Qu'une petite fievre en pou d'heure n'efface,
Et par advanture mort s'y combat ou s'y glace,
Il n'est nul qui adonc à se veoir ne le hace.

✻

Trop est horrible chose d'homme mort & de femme,
Trop est aveugle cueur qui par trop s'y enflame : 290
Pour cete pry pour Dieu & pour la doulce Dame,
Que du corps peu nous chaille & pensons bien de l'ame.

✻

Quelque le corps devienne l'ame ne peut finir,
Pour ce nous doit tousjours des ames souvenir,
Et si devons le corps si audessoubz tenir,　　　295
Que l'ame puisse à Dieu qui la créa venir.

Ame n'est mye faicte pour tousjours séjourner
En ce très-meschant monde qu'on voit tout bestourner;
Mais si bien & si bel si doit cil atourner,
Qu'à son droit heritaige puisse tout retourner.　　　300

Ame est si très-bel chose qui très-bien la remire,
Que plus de cent mil mondes ensemble tire à tire,
Ne quanque peut penser, ne souhaiter, ne dire,
Fors que Dieu seulement ne luy pourroit suffire.

Ce n'est mye merveilles, ains est nécessité,　　　305
Qu'on vise que je monstre, que ce soit visité;
Car le monstrer n'est pas trop grant subtilité;
Mais croire le contraire seroit iniquité.

Chascun scet que quant l'ame de sa charoigne part,
De ce monde n'emporte avec soy point de part;　　　310
Sa desserte l'emmaine, bien ou mal s'en départ,
En aussi pou de temps comme il tonne ou espart.

Pensons que quant ly homs est au travail de mort,
Ses biens, ne ses richesses ne luy valent que mort,
Ne luy peuvent oster l'angoisse qui le mort,   315
De ce dont conscience le reprent & remort.

Lors s'il le povoit faire vouldroit tout fors jurer;
Car bien voit que tieulx biens ne luy peuvent durer,
Pource est grant folie de soy advanturer
Es biens où l'en ne peut son cueur bien asseurer.   320

L'en acquiert à grant paine ces biens qui trop pou durēt
Et en fait l'on trop pou pour ceulx à qui ils furent,
S'il n'en ont à leurs vies pour eulx fait ce qu'ilz deurent,
Encor en feront moins leurs hoirs qui tous les eurent.

[mes; 325
Aymeront mieulx noz hoirs noz ames que nous-mê-
Que feront-ilz pour nous quant nous riens n'en feismes?
En trop grant advanture d'eulx damner les meismes,
Espoir quant tel avoir oncques nous leur acquismes.

Car s'il est mal acquis, tout le leur convient rendre,
S'ils ne veulent leurs ames au gibet d'enfer pendre, 330
Ne jà pource la paine des damnez n'en est mendre;
Car jà ont en enfer pris quanqu'ilz doyvent prendre.

Nous sçavons tous & toutes que mort n'a point d'amy,
Combien que mes parens soient tenuz à my,
Tost m'auront oublyé ainçois an & demy, 335
Et deviendront m'espoir du mien my ennemy.

❦❦❦

Helas, helas! si-tost com mort les dens nous serre;
Là lasse chetive ame ne sçait hostel où querre,
Les vers ont la charoigne, & les parens la terre;
Maulvais fait pour ses hoirs mauvaisement acquerre. 340

❦❦❦

Mal furent telz avoirs & acquis & gaigné,
Dont ly filz & ly pere sont en enfer baigné,
Dont je voy si le monde aujourd'huy méhaigné,
Et presque tous ce semble sont à tel seing signé.

❦❦❦

Cilz qui de telz richesses se nourrissent & paissent, 345
Amesgrissent les ames plus que les corps n'engressent;
Se ne nous les laissons ainçois qu'elles nous laissent,
En péril nous mettront & ceulx qui de nous naissent.

❦❦❦

Or me peut aucun dire, Sire, se Dieu m'ament,
Je n'ay de quoy donner, ne faire testament; 350
Car j'ay toute ma vie gagné moult loyaument,
Quiconques autre chose de moy vous dira, ment.

❦❦❦

J'ay mes petis enfans à qui suis plus tenus
Qu'au povres estrangiers, ne qu'au freres menus,
Je les ay bien & bien jusque icy maintenus, 355
Ne je ne les veuil pas laisser povres, ne nus.

❦

Cuidez-vous se je meurs que mes enfans m'oublient,
Ne mes hoirs, ne ma femme, qui en moy tant se fient ;
Je ne faiz pas grant force se les autres m'en prient :
Or convient-il respondre à tous ceulx qui ce dient? 360

❦

Je dy premierement que l'avoir mal acquis
Doiz tout rendre, jà soit que n'en soyés requis,
Du bon départs pour Dieu où loyal est acquis,
Se tu estoies ores Comte ou Duc ou Marquis.

❦

Dieu t'a de bien acquerre donné grace & povoir, 365
Ce ne tout mye fait femme, n'enfant ne hoir,
Et se tout ce ne veulx ne congnoistre ne veoir,
Assez legierement t'en pourra mescheoir.

❦

Je ne dy pas qu'on donne quanqu'on a acquesté ;
Mais selon l'aisement que Dieu t'aura prêté, 370
De moult moult, de pou pou, de neant voulenté,
De tout ce peut avoir chascun à grant planté.

❦

LE CODICILLE

Tu ne doys pour riens laissier Dieu ne les siens ;
Car il t'a tant donné pour toy & pour les tiens ;
Départs luy aucun pou des biens que de luy tiens ;   375
Car tes hoirs qui demeurent, espoir n'en feront riens.

❧❀❧

Quanque l'en fait pour Dieu est chose trop seüre ;
Mais ce qu'on laisse aux hoirs va tout à l'advanture ;
Car tout se pert souvent par dez ou par luxure,
Où il se multiplie par terme ou par usure.   380

❧❀❧

Puis que tu as assés pour autruy & pour eulx,
Tu ne leur dois estre si surment curieulx,
Que tu en entroublies les povres langoureux,
Et t'ame à qui tu dois estre plus amoureux.

❧❀❧

Se tu as de l'autruy rens-le donc maintenant,   385
Et puis pense de t'ame ; car c'est bien advenant,
Et tes hoirs & ta femme praignent le demourant ;
Car pas ne doivent estre si premerain prenant.

❧❀❧

Se tu aymes tes hoirs après leurs bonnes taiches ;
Car se tu aux délitz du monde les alesches,   390
Et tu ne les chasties, reprengnes & rebresches,
Tu pers eulx & le tien : & si dys que tu peches.

❧❀❧

Mieulx les heriteroyes se tu bien les doctrines,
Que se tu leur laissoyes d'or & d'argent dix mynes;
Car par ce les avoyes tout droit & achemines 395
Aux honneurs & aux joyes mondaines & divines.

Nul ne leur doit monstrer d'amer autrement chiere,
N'à planer ne chuer de devant ne derriere,
L'en devroit mieulx vouloir qu'ilz gesissent en biere,
Que ilz feussent parvers de maulvaise maniere. 400

Et pource qu'on ne sçait encore que ils feront,
Tiegne à folz ceulx & celles qui trop les ameront,
Et qui Dieu & leurs ames en entroublieront,
Car les hoirs pour les mors bien petit en feront.

Tu sçais que les vifz font pour povres trespassés, 405
S'ilz en font une messe chanter l'an c'est assés,
Espoir s'ilz en font deux tost les verrés lassés,
Or est bien employé ly avoirs amassés.

Premierement des hoirs vous feray mencion,
A qui tout leur avoir vient par succession, 410
Qui en font trop petit selon m'entencion,
S'ilz ne sont Clercs, ou Prestre, ou de Religion.

Ceulx n'en parfont neant, qui au siecle demeurent ;
Car besongnes & femmes & enfans sur leur qu'eurent,
Assez sont ce leur semble, sa mort se bien leur pleurent ;
Mais pou de force font s'ennemys les deveurent. [415

※

Qui plus hault brait & crye, qui plus est emplourez,
Plus est ce semble au monde du mort enamourez :
En ung jour s'en delivrent : Dieu en soit aourez ;
Car depuis n'en feront, dont Dieu soit honnourez. 420

※

Fol est qui d'une offrande ou d'ung grant cry jetter,
Se cuide à ung seul jour vers les mors acquitter ;
Moult parest trop meschant qui veult desheriter
Dame de Paradis pour telz hoirs heriter.

※

C'est grant inquietude de mettre en oubliance, 425
D'ore a jà ceulx & celles qui par longue abstinence,
De pou boire & mangier & pour leur grant grevance,
De leurs corps nous acquierent honneur & soubstenance.

※

De grande congnoissance sont ly hoirs par Usage ;
Se les mors s'oublierent, ilz ne furent pas sage,   430
Bon fait faire pour soy, ains qu'on past le passage,
Or reparlons de ceulx qui sont en mariage.

※

Pou refont pour leurs femmes les maris eſt certain ;
Si toſt com Gille eſt mort veulent avoir Bertin ; [435
Lors donroient à grant peine deux fueilles de plantin,
Pour femme ne pour mere, pour ſœur, ne pour hantin.

Amour d'homme vers fême n'eſt mye tainɩte en graine:
Pour trop pou ſe deffait, pour trop pou ſe deſgraine ;
Car ſe ly homs n'a femme, vive, ſervant & ſaine,
L'amour ne dure pas loyal une ſepmaine. 440

Combien que ly homs ait long-tems femme tenuë,
Combien qu'elle ſe ſoit bien & bel maintenuë ;
Si treſtoſt com la mort luy a encloſt la veuë,
Jà puis l'ame chétive ne ſera ſecouruë.

Qui ce voit ne ſe doit en telz amours fier ; 445
Car ce ſemble ung barat, pour femmes conchier,
L'en ſe deveroit ainçoys tenir de marier,
Que l'on ſe mariaſt pour ſi-toſt oublier.

Qui bien ayme une foys jamais n'oubliera ;
Qui bien ayme le corps tousjours l'ame aymera, 450
Et qui bien fit pour l'ung pour l'autre bien ſera,
Ne fauldra à mary qui tel le trouvera.

LE CODICILLE

Mais il en est huy mains combien que riches soient,
Combien que riches femmes & grans avoirs pris ayent,
S'ung pou pour leurs affaires les femmes les deproyent,
A envys de cent livres les quatre leurs ottroyent.   [455

❦

Tant de durtés diverses leur monstrent à voir dire,
Qui maintes bonnes femmes font saillir en l'empire,
Et embourser telle chose & mettre en tyrelyre,
Qui a ung grant besoin pourroient bien suffire.   460

❦

Quant Dame Catherine voit la façon d'ampioce,
Qui pour l'amour sa femme ne donne une beloce;
Si doubte que du sien ne luy face autel noce,
Si luy refait souvent d'autel fust telle crosse.

❦

Mauvaise pourveance des marys par convent,   465
Fait les femmes maulvaises malgré elles souvent;
Car quant ilz les ont mises en leur povre convent,
Assez ont, s'elles peuvent, de l'air vivre ou du vent.

❦

Les ungs les laissent perdre par droicte nonchalance,
Les ungs par gloutonnye d'emplir leur orde pance, 470
Les autres par boubans, les autres par enfance,
Lors convient que leurs femes quierent ailleurs chevance.

❦

Quant

DE JEAN DE MEUNG.

Quant ceulx n'aymēt les ames de celles qu'ils convoient,
Comment aymeront-ilz les ames qu'ilz ne voient ?
Trop est par fort à croyre que point amer les doyent, 475
Et je tiens ceulx & celles pour nices qui le croyent.

Comment aymera cil qui ne sçet pas amer ?
Comment me sera doulx qui a le cueur amer ?
A peine pourroit l'en trouver jusque à la mer,
Ames où il n'y eust quelque soit à blasiner. 480

Les biens de mariage sont troys, dont ly ungs dure,
Y a moult fine amour, dont pou de gens ont cure;
Ne pour quant mariage est le bien en figure,
Que Dieu & saincte Eglise conjoinct en escripture.

                                            [volt, 485
Quant Dieu joinct homme & femme, pour ce faire le
Que tousjours s'entrefussent loyal, ferme & devost;
Mais je voy or en eulx loyaulté de Prevost,
Quand ly ungz desvuide, ly autre contrevost.

Les femmes sont diverses & ly mary felon,
Pour ce s'entr'aiment-ilz des amours Guanelon ? 490
Agnés n'ayme Hubert, non fait Perot Bellon,
Ils ont nom fol si fie s'a droit les appellon.

Or quant ly maryz font itelz communément,
Qui entr'amer fe doyvent plus efpecialment,
Qui doit jamais cuider que nulz aime loyaulment ; 495
Car quant au preu des ames tout ly plus loyalment ?

❦❦❦

Si eft defloyaulté , fi eft corruption ,
Qui court plus que par tout felon m'entention ,
Fait congnoiftre à fes ordres mainte exécution ,
Dont il eft mieulx fouvent à leur religion. 500

❦❦❦

Aumoins font-ilz fouvét ceulx qui moins nous déçoyvent,
Car ilz font preu d'autruy & fi le rementoivent,
Et fi envers eulx-mefmes font des laiz ce qu'ilz doyvent,
Et veulent efchever tout ce que ilz conçoyvent.

❦❦❦

Le monde & fon orgueil ont par leurs fens plaiffié ; 505
Car par my & par tout fi courent effeffié,
Belle monftrent en ordre, bel fe font abeffié,
Car ilz reffont Seigneurs de ce qu'ilz ont baiffié.

❦❦❦

La caufe , ce me femble , pour quoy ilz feignouriffent;
Si eft la grant fcience en quoy ilz fe nourriffent , 510
Ou deffaut de laquelle autres Clers s'apovriffent,
Qui quant aux biens du monde contre raifon floriffent.

❦❦❦

Simonye & lignages, prieres & services
Donnent huy Dignités, Prébendes & Eglises;
Science n'y a lieu, ne bonnes meurs acquises;   515
Mais trop sont venimeux telz dons & telles prises.

En grant péril sur m'ame sont itelz beaulx donneurs,
Pource ne sont pas quictes de leurs dons les preneurs;
Ainçois sont cilz & celles & larron & robeurs,
Des biens de saincte Eglise & sont faulx déceveurs.   520

Quant l'entrée est maulvaise du bien espirital,
Le millieu & l'yssue sont de legier ytal;
Car ly ung trait ly deux dedans son Hospital,
Ce voit-on clerement mieulx que par ung cristal.

Clerc qui par Simonye entre en prelacion,   525
Ne peut pas seur maindre sans dispensacion;
Ne vault riens sa confesse, ne sa contricion,
S'il ne rend quanqu'il prent sans diminucion.

Le prendre, le donner, le garder, la despense,
Ne l'estat maintenir sont par droit en deffense;   530
Pechié de Simonye est de si grant offense,
Que Pape qui tout peut envys il en dispense.

B 2

Bien se gard' qui tieul est, car mains en y a tieulx ;
Qui à leur damnement vivent de telz chastieulx, [535
Mieulx leur vauldroit estre tous coys en leurs hostieulx,
Qu'en ce point célébrer Messe sur les Autieulx.

Mais s'ilz feussent garnis de meurs & bien lettrez,
Jamais par Simonye ne feussent emmitrez ;
Dont Dieu & la gent laye les ont tous en viltez,
Par l'erreur & la cause où ilz se sont montez. 540

Clercs servans quelz qu'ilz soient, ou cousin ou nepveu,
Leurs plus grands bénéfices prennent tous, & ce veu
Bons escoliers & sages n'ont en eulx nul adveu ;
Car ilz ne leur font aide, ne promesse, ne veu.

Comment ose ung Prélat une Cure commettre, 545
A ung Clerc qui le sert, qui n'a meurs, qui n'a lettre,
Et qui oncques espoir ne se soult entremettre,
Fors de pain & de vin dessus la table mettre.

Comment sera la cure d'ung grant peuple bien seure,
En ton jeune parent tout emplis d'envoiseure, 550
Qui garderoit à peine une messe meure,
Qu'il n'y mist tous les dens tantost à grant alleure.

DE JEAN DE MEUNG.

Tu qui de telz Curez sans curer nous obscures,
Noſtre mort & la leur & la tienne procures; [555
Car pour eulx nous ordoyes plus que tu ne nous cures,
Pour Dieu & pour honneur employe mieulx tes Cures.

❧

Tes Curez doient pour toy de nos ames respondre,
Tu nous doys le Pont faire, pour ton nom doit espondre;
Mais passer ne povons se cil ne nous assondre,
Ne nous garder des Loups, se il se va respondre. 560

❧

Toy & luy nous devez de ceulx d'Enfer deffendre,
Qui adés nous aguettent de nos ames surprendre,
Que se par voz deffaults nous laissiez à eulx prendre,
Ambedeux vous eschiet au Gibet d'Enfer pendre.

❧

Ne prye mye doncques pour ton Clerc vainement, 565
Pour don, ne pour priere, ne pour ton fol parent;
Car si faictes, amours ne va pas Dieu querant,
Ne jà à ton besoing ne te sera garant.

❧

Se ton Clerc bien te sert, bien tu le doys payer,
Non pas des biens de Dieu se doye despaier; 570
Dont puis t'ame & les noz jusqu'à la mort plaier,
D'autre bien les puis bien, s'il te plaist, apayer.

❧

En toy ne doys avoir nulle corruption ;
Car tous fommes & toutes en ta correption :
Soubz tes efles devons prendre abfolution ,   575
Non mye male exemple de diffolution.

Se ton Clerc ne fcet riens fors temporalité ,
Ne luy faiz mye paie d'efpiritalité ;
Car tel paye n'eft mye de droit, ne d'équité ;
Mais de droit avarice felon la vérité.   580

Qui donne bénéfice pour efpargnier fa bourfe ;
Je dy que cefte paye eft diverfe & rebourfe ,
Et fi pert Dieu & s'ame qui tel avoir embourfe ;
Car le Drap & la Penne de diffention bourfe.

Prélat le tien eftat eft de perfection ;   585
Mais tes vices en toy font ta perdition ,
Tu n'as de t'ignorance nulle excufation
Car tel qui fault ne doit eftre en Prélation.

Tu doys le Teftament vieil & nouveau fçavoir,
Dont ne doit ignorance en telz faits riens valloir ; 590
Car tu as congnoiffance & au faulx & au voir,
Et au bien & au mal , pour partir ton avoir.

Les bons & les maulvais sont dessoubz tes approuves,
Qui sçet ou qui ne sçet t'appartient que tu preuves,
Et doys faire & laisser selon ce que tu treuves,   595
Se tu ne veulx trouver constitutions neufves.

Tu devrois bien congnoistre les Clercs de t'Evesché,
Ly quels ont bon engin, ly quels sont empesché,
Et quant tu les congnoys qu'ilz sont bien entaché,
Se tu ne les avances, tu n'es pas sans pechié.   600

Ayés-en dix ou douze tousjours à tes despens ;
Car bien les puis souffrir si com je cuide & pens,
Et s'ung pou de ton meuble ainsi tu en despens,
Je veuil que l'en me tonde s'en la fin t'en repens.

Metz les ungs à grammaire, les autres à logicque, 605
Les autres à nature, les autres à phisique,
Ceulx à theologie, ces autres à loysigne,
S'ens d'autruy par deffault de bons Clercs ne te pigne.

Selon ce qu'ilz proufsitent, leur donne, s'il t'eschet,
Et ne te repens mye s'adés bien ne t'en chet ;   610
Car vingt foiz en chet bien s'une foiz en meschet ;
Et se ainsi le faiz le tien pou en dechet.

Se tu ainsi le veulx maintenir & emprendre,
Les Clercs de t'Eveschié s'en peneront d'aprendre,
Et te pourras par eulx soustenir & deffendre,　　613
Et pourront toutes gens bon exemple à toy prendre.

Lors auras bons legistes & auras bons prescheurs,
Et bons phisiciens & très-bons conseilleurs;
Et pourras accuser tes grans entregueteurs,
Dont courroux & reprouches te viennent & paours. 620

Clercs qui ont telz Prelatz, tous à bien faire entendent
Pour le preu & l'honneur que des Prelatz attendent,
Les bons en sont meilleurs, les maulvais en amendent,
Et les sciences sçavent & monstrent, & entendent.

Toute subtil science haulte & intellective,　　625
Se pert huy en voz lectres; car en la lucrative
Courent le plus tost qu'ilz peuvent pour leur vie chetive;
Car nul ne fait mes forces; mais qu'il ait dont il vive.

Lors se font Advocats qu'ilz n'ont autre secours,
Et s'en vont en enfer tout droit plus que le cours,　　630
Par les menuës gens qu'ilz plument par les cours,
Mains en y a huy telz par deffault de secours.

Quant ilz ont bien le peuple à leur povoir mené,
Et ilz ont de l'avoir assez amoncelé,
Adoncques sont Prelatz bel & gent appellé, 635
Lors reprennent estat quant ils ont desgueulié.

Les ungs revont aprendre, les autres se marient
Et deviennent bigames, dont leur estat varient,
Et sont aucunesfoys ceulx qui plus droit charient,
Et qui Cleres & Prelats plus fortement contient. 640

Les grans ennemis Dieu si sont les renoyez;
Car ilz sont à mal faire enduiz & envoyez,
Et sçavent ceulx qui ont dedans acres estoiez;
Car par ceste gent furent mis à glesve & noyez.

Pour Dieu, Seigneurs Prelatz, embracez diligence; 645
Car par trop de maulx naissent de vostre négligence;
Ayez pitié des Clercs & de leur indigence,
Et prenez-en vous-mesmes chastoy & corrigence.

Sçavoir vous appartient com chascun se moyenne,
Soyent Clercs, soyent Laiz, soyent communs ou moyene,
Vous avez en voz garde & en vostre démayene [650
Les biens du Crucifiz & du saint patrimoyne.

B 5

Se fortune vous a enclouez sur la roë,
Se ly avoirs de Dieu entour vous flote & roë,
Ce n'est pas pour mucier, ne pour faire montjoë, 655
Autant vauldroit qu'il fust repost dedans la boë.

Vos estaz en devez sans excez maintenir,
Et le remenant aille aux povres soustenir,
Non pas aux grans bonbans, ne aux grans cours tenir,
N'a vingt peres de robes dedans la court venir. 660

Tant de robes pareilles ne valent une trompe,
Qui par la ruë monstrent ta venuë à grant pompe,
Se tu as qui te serve & qui presse te rompe,
Bon est, mais que par ty ton assez ne corrompe.

Ne pren de ton tien maistre vaine nécessité; 665
Car tu l'as bien où mectre ailleurs sans vanité,
Tout est perdu fors ce qu'on fait en charité;
Or pense, s'il te plaist, à ce que j'ay dité.

Se tu veulx mal user de ta grant seigneurie,
Se povres gens te foulent, je ne m'en merveille mye; 670
Car quant la congnoissance est trop ensevelie,
Droiz & Dieux se consent que telz gens t'humilie.

Ilz font chaſtez par veu, povre & obéiſſant ;
Tu es riches & ſires ; mais en ſeigneuriſſant,
Et en mal richoyer, c'eſt bien apparriſſant,   675
Sait tout ordre & le leur avec pervertiſſant.

Leur ſcience en grant pitié tout ton pouvoir démonſtre,
Leur povreté eſt Dame & ta richeſſe montre,
Et oſtent aujourd'huy quique ſcience remonſtre ;
Car leur obéiſſance ta Seigneurie prémonſtre.   680

Ainſi eſt & ſera quique doye peſer ;
Car ilz ſavent trop bien ton povoir ſouſpeſer,
Et à leurs advantaiges leurs engins apeſer,
Si ne peut-on povoir contre leurs ſens peſer ?

Voyrement ilz n'ont garde ſe ilz ne ſe deſtruyent ; 685
Car le Peuple & les Princes par leur ſens ſi près ruyent ;
Que doubter ne ſe doyvent des Prélatz qui or vivent,
S'en meurs & en ſciences autrement ne ſauvient.

S'ilz ne ſont bons & ſages, ſans blaſme & ſans reprouche ;
S'ilz ne ſont Clercs qui preſchent & de fait & de bouche,
Jà n'en empeſcheront l'humeur de ceſte touche,   [690
Que près d'eulx maulgré eulx, par ſa giétons n'approuche.

B 6

Qui autruy veult blasmer, il doit estre sans blasme ;
Et qui veult en blasmer, il doit avoir du blasme ;
Bien dire sans bien faire, est comme feu de chausme 695
Qu'on estaint de legier au pied ou à la paulme.

Laye gent ayment moult le Prestre leur Curé,
Par qui conseil ilz croyent sans nulz autre curé ;
Ilz le sentent preud'homme sage & amesuré,
Jà ne le guerpiront s'ils l'avoyent juré. 700

Mais s'ilz le sentent vil de science ou de mours,
Et il se monstre rude comme Bugle ou ung Ours,
Il ne doit pas se plaindre ne faire grans clamours,
Se ses Parrochiens ne l'ayment par amours.

Ly ung plus que ly autre son saulvement convoite, 705
Et a la conscience dangereuse & estroicte,
Si besoing ne trop bien se ly semble & exploite
Quant il treuve un preud'hom qui le maine en voye droi-
(ĉte.

Et se lors ly sien cueur est tel que Dieu le vueille,
Qu'il sache bien respondre qui avec luy se dueille, 710
Et qui a point le maine, qui doulcement le cueille,
Fol sera s'il guerpist tel molin, mais qui meulle.

Se telz Curez nous donnent les Prelatz bien feront;
Car leur estat eux-mesmes moult bien reforniront,
Et les Religieux jà Prieurs n'en seront,　　　715
Ains cuide estre certain qu'ilz en attenderont.

❦❦❦

Tout ce gist en Prelatz, s'ilz ne sont paresceux,
Et je dy mon advis & de tieulx & de ceulx;
Si leur prye qu'ilz ne soyent envers moy courrouceux;
Car nul homs de bien ne doit estre amenceux.　　720

❦❦❦

Jà les ungs & les autres se m'aist Dieu mien Sire;
Mais il me semble & voir est que c'est grant martire,
Que chascun quel qu'il soit saiche en quoy il est pire,
Si que chascun de soy garir puisse estre mire.

❦❦❦

Maintenant pou y a nulz Moynes ou Prieurs,　　725
Ou Abbé, ou Evesque qu'ilz ne soient vicieux;
Et se ceulx dedans Ordres voyent Clerc parmy eulx,
Ne les trouveront mye par tout Religieux.

❦❦❦

Quant vray Religieux en son Cloistre s'enfonce,
Monde & mondaine vie que par veu de soy tronce;　730
Car s'il en ung remaint le poix de demy once,
Sa vie est périlleuse, s'il n'a la retz & ponce.

❦❦❦

Sa vie doit paroir necte & plaine sans fronce,
Se euvres doivent estre sans ortie & sans ronce.
Or gard qu'il ne repraigne ce à quoy il renonce, 735
Je ne le dy sans plus fors sur ceulx qui sont ce.

Ne suffist pas avoir honneste vestement,
Qui or vivre se veult bien & honnêtement,
N'est mye nect ne munde qui vit mondainement,
Moult est saint qui au monde peut vivre sainctement. 740

La vie que je sache au monde plus mondaine,
Si est vie de court & toute la plus vaine ;
Mais se vins & viandes, jusqu'à la pance plaine,
Donne Dieu & santé la vie est saincte & saine.

Ceste vie pourchassent or en droit ceste gent, 745
Par leur subtilité plus que pour leur argent ;
Si se sçavent aider des langues bel & gent,
Qui en sont exemple Cloistre & du monde Sergent.

Sergent sont & Seigneurs de court sans faire noise,
Et jusqu'aux yeux si plongent se la langue ne bloise, 750
Et jurent Saint François & Dieu qu'il leur empoise ;
Mais je n'y en voy nulz qui voulentiers s'en voyse.

DE JEAN DE MEUNG.

Double est de qui son fait ne concorde à son dit,
Et qui se mect en euvre que sa langue escondit,
Telz gens semblent celluy qui son noir chief blondit, 755
Qui le noir soubz le jaune répont & estondit.

❦

Je tien que leur dit soit de bien faire exemplaire;
Mais jà puisque leur dit à leurs faiz est contraire,
Je concluz que leur dit est plus sains que ly faires,
Et que vie de court leur est doubteurs repaires. 760

❦

Ilz dient que ce fait vertu d'obédience,
Il peut bien en aulcun que je dy voir en ce;
Mais s'ilz le se pourchassent par certaine science,
Je ne sçay s'ilz y pevent saulver leur conscience.

❦

J'espoire que s'ilz eussent ytel refretoier, 765
En Couvent comme en Court & ung tel restoier,
Et si legier chapitre & ung tel dortoier,
Que la Court ne hantassent pour leurs piedz embouer.

❦

En leur Couvent mangeassent eofz & choux & naveaulx;
Mais ilz trouvent à Court trop plus de leurs aviaulx, 770
Bons poissons, bonnes chairs, & vins vieilz & nouveaulx,
Qui les tiennent en joye, gras & blans & nouveaulx.

❦

Je ne vueil mye dire pour ce que tous seglaſſent;
Mais de l'ordre & du leur mieulx leur preu ilz pourchaſſēt
Et y prennent ſouvent aſſez de ce qu'ilz chaſſent,   775
Pour les ungz & les autres qu'ilz lient & enlaſſent.

Ly ung prennent les Roys & ly autres les Roynes,
Pour ſçavoir ly ſecretz des cueurs & les convines;
Car ilz ſont tous certains que par ces deux racines,
Leur ſont les autres branches ſubjectes & enclines.   780

Ilz ont ſans engendrer filz & filles grans maſſe;
Car puiſque Sire & Dame s'embatent en leurs naſſe,
Souſpeçonneux ſe ſent qui après eulx ne paſſe,
Ainſi ilz ont la Court toute encloſe en leur chaſſe.

Ilz ſont Seigneurs des laiz, quel qui ſoit du Clergié, 785
Contre qui ilz ſe ſont armé & aubergié,
Pour les comptens qu'ilz ont contre ceulx enchargié,
Dont ilz ſouloyent eſtre veſtu & hebergié.

Ly contemps a eſté grant des Prelatz & d'eulx,
Ne eſt pas ce eſtains, c'eſt dommaiges & d'eulx;   790
Et pour quant les Prelatz les menent deux & deux:
Or ſoit donc Dieux à eulx & aux autres aideux.

DE JEAN DE MEUNG.

Je me tiens aux plus fors & à ceulx qui vaincront ;
Mais les freres se semble du plus bel vainqueront,
Car ilz sont en ce signe où ilz tant remaindront ;   795
Car la proprieté s'ilz peuvent en actaindront.

Pour leur povoir ils tiennent qu'en leur souloit prester,
Ne ly Prelat ne pevent au ravoir contrester ;
Car le Pape ne veult la grace interpreter,
Qu'il leur fist, si eschiet le plus coy demourer.   800

S'ilz pourchassent leur preu ilz ne sont pas que nice,
S'ilz portent que ce puisse estre sans autruy préjudice ;
Mais sa autruy dommage ilz pourchassent Office,
Moult de gens y pourroient noter erreur ou vice.

Tout le secret des ames doit congnoistre & entendre 805
Cil qui en doit à Dieu respondre ou raison rendre ;
On ne luy peut nul autre soubstraire sans mesprendre,
Le povoir & les ames dont il se doit deffendre.

S'il n'y avoit pechié si est-ce Vilenye ;
Car long-temps a esté honnorez & servye   810
Ces gens de tous Prelatz, & si ne deussent mye,
Avoir oultre leur gré leur puissance saisie.

LE CODICILLE

Autre si grant povoir com ilz ont ilz avoient,
Quant de l'auctorité des Prelatz en usoient;
Car l'en leur en donnoit touteffois qu'ilz vouloient, 815
Si que lors leur querelle & leurs Amys gardoient.

Grant sens est d'Amys faire & greigneur du garder;
Mais pou en fait l'en garde qui les veult escharder,
Oncques gens mieulx ne sceurent ores enchambader,
Que ceulx qui en leurs œuvres veulent bien esgarder. 820

Leur povoir & l'autruy par tel art nous estonnent;
Car tant que ly Prelatz povoir leur habandonnent
Cilz estuyent le leur; mais quant ilz ne leur donnent
De leur povoir acquis absoulent & pardonnent.

Ainsi veulent leur guerre sans riens perdre appaisier, 825
Et de l'autruy mesaise ce semble eulx à aisier,
Et leur povoir si croistre par tout & abbaissier,
Qu'on leur doit obéir jusques aux piedz baissier.

Puisqu'ilz sont aux Prelatz Pers & Coadjuteurs
Des Princes & du Peuple, peres & executeurs : 830
Ilz sont & peuvent estre des orphelins tuteurs,
Assez auront à faire tous leurs persecuteurs.

Je les tiens pour trop sages que qui luy autres en dient ;
Car en toutes sciences pour tout vaincre estudient,
Et sans labour de main vivent & ediffient 635
Par leurs filz & leurs filles dont ilz se glorifient.

Conte, Duc, Roy & Prince sont si en leur dangier,
Que qui de leurs hostieulx les vouldroit estrangier ;
Je cuyd qu'ilz le vouldroient par raison chalengier,
Et prouver par usage qu'on ne les peut changier. 840

Pou en est qui de Court veulent estre Apostate ;
Je ne m'en merveil pas, car chascun les y flate,
Ou ilz flatent autruy pour que l'en n'en s'embate ;
Car la cuisse mangue qui ung petit la grate.

Lourt est de non flater à homme mandient, 845
Vient de trop grant vertu selon mon escient ;
Il n'est si preude femme de cy en orient,
Qui ung pou en ce cas ne si voit ortient.

Mais tout fait ce qu'ilz flate ou qu'ils soient flaté, [850
Ne pour quant moult de biens qu'ilz font sont en clarté ;
Car ilz gectent par an mains chétifz délaté,
Qui autrement seroient roupt ou debareté.

Ilz sermonnent de Dieu, ilz confessent, ilz chantent,
Ilz scelent, ilz conseillent, ilz sont hantez, ilz hantent,
Ilz ayment leurs Amys, ilz arrachent, ilz plantent, 855
Et si sçavent & veulent tenir ce qu'ilz créancent.

※

Et si lors ilz trouvassent qui leur preu tenir seissent
Aussi-bien comme ilz font jà ne s'entremetissent
D'estre à ces testamens, ainçoys je croy que meissent
Leur us en autre chose ou leur prouffit ilz veissent. 860

※

Mais ung bon testament ou une sépulture,
Qui leur vault or endroit a la comble mesure,
Leur valoit assez moins ains qu'ilz y missent cure.
A chevir; car l'argent leur parestroit trop dure.

※

[865
Ne meurent nulz qu'ilz puissent sans faire testament,
Et si n'a si grant homme dessoubz le firmament :
Vers qui ilz ne pourchassent leur droit si roidement,
Soit en Court de Prelat, ou en plain Parlement.

※

Ce n'affiert pas à frere, ne à gent qui maudit;
Car quant frere de Cloistre sont frere de landit, 870
Leur bonne renommée forment en amendrit,
Pou se peut eulx garder que le peuple n'en dit.

※

Il n'affiert, ce dit l'en à un Frere Prescheur,
Ne à Frere Mineur qu'ilz deviennent Plaideur :
Longs-temps se sont monstrés simples & contempleur, 875
Or jà ne puissent-ilz estre escandaliseur.

De tous les Testamens, s'ilz pevent, s'entremectent,
Et ilz sont plus pour eulx, que pour ceux qu'ilz alectent;
Car ilz les font & gardent & de perdre se gaictent,
Et com les plus créables s'y font mectre ou s'y mectent.
[880

Mais on dit en mains lieux & maintes gens le croyent,
Que jà tant ceste gent ne testamenteroient,
Pour le prouffit des ames ou des corps quels qu'ilz soient,
Ce n'est leur grant prouffit temporel qu'ils y voyent.

Leurs œuvres nous sont foy de leur entencion; 885
Car par celluy Jesus qui souffrist passion :
Ilz prennent tout & puisent en exécution,
Que moult de gens en ont moult grant admiracion.

Des Testamens ont huy ces deux ordres le cours ;
Et s'ilz s'en entremettent par commun entrecours 890
Testamens, sepultures leurs font si grant secours
De tout quanqu'il leur fault trouvent illec secours.

LE CODICILLE

Les Testamens les vestent & hebergent & paissent;
Car les riches du monde hantent tant qu'ilz les plaissent
D'avoir corps pour l'avoir a la mort s'ilz les pressent, 895
Que Parens & Paroisses quelz qu'ilz ayent les laissent.

N'y vault affection de pere ni de mere,
De mary, ne d'enfant, ne de seur, ne de frere;
Ordre blanche, ne noire, se ceulx ne se compere:
Tout leur font pour le leur guerpir, c'est chose clere. 900

Ne pour quant le Saint Pere, ne ly Saint Patriarche
Et Tobie & Jacob & Noé qui fit l'Arche,
Qui tint seul en son temps du monde la Mornarche,
Esleurent à Gesir ou les leur en leur marche.

L'en doit amer les siens de sa nativité, 905
Et les saintz Cymetieres de grant antiquité,
Ou la chair & les os de ceulx furent gitté,
Dont ly vifz sont au monde richement herité.

Qui autrement le fait sans grant nécessité,
Je ne sçay s'il fait bien selon la vérité; 910
Car ilz ront autre part si grant affinité,
Qu'en y pourroit noter ung pou d'iniquité.

DE JEAN DE MEUNG.

Se Dieux com grant doulceur est vouloir habiter
Avec ceulx de qui corps Dieux nous daigna jetter,
Nulz homs plus doulce chose ne nous peut ajetter, 915
Que nous avec le nostre doy en ressusciter.

※※※

Et se les freres dient que celle souvenuë
Fust doulce & prouffitable devant leur survenuë;
Mais l'ordre moult en doit estre plus clere tenuë,
Pour les biens & les Messes en quoy est maintenuë. 920

※※※

Jà je ne sceusse souldre très-bien cest argument,
S'ilz prenissent les corps sans autre émolument;
Mais nul tant soit-il sage bien joue d'instrument,
N'aura s'il ne leur donne avec eulx monument.

※※※

S'autre si les bons povres comme riches prisassent, 925
Et de leurs corps avoir à la mort les priassent,
Ce ne fust pas merveille se les gens esperassent
Que le corps pour amour des ames pourchassassent.

※※※

Mais s'ung grant Usurier ou ung grant Baretierres,
Combien qu'il ait esté desloyal & pechierres 930
Leur veult estre à la mort larges & grant donnierres;
Il mourra Cordelier, se il veult, ou Preschierres.

※※※

Se la pitié des ames les meut principalment,
Prenissent povres & riches avec eulx égalment,
Ainsi doit l'en aymer qui ayme loyalment ;   935
Car vraye amour s'estend par tout generalment.

Mais ilz prennent les riches, & des povres n'ont cure,
Il semble ou peut sembler que telle sepulture
N'est mye pourchassée de dévocion pure,
Ains doubte qu'il n'y ait ung pou de suppressure.   940

Car honneur ou avoir leur fait ces corps attraire,
Et ilz par leur preschier leur laiz & l'autruy traire,
Les font si bien lier comme ilz sçaivent retraire,
Je ne sçay s'ilz le pevent faire sans eulx meffaire.

Que leur ont desservy Ordres blanches & noires,   945
Où il a tant de bien & Messes & provoires,
Et de sainctz & de sainctes, que selon les hystoires
N'orent pas Dieu pour courre par Marchiés & par Foires.

Lieux solitaires furent leur habitacion
Pour entendre au secret de contemplacion ;   950
Et s'ilz ne veulent vivre qu'en Congrégacion,
Et en tourbe de peuple plain de turbacion.

Pource

DE JEAN DE MEUNG.

Pource se Moynes blans ne courent pas les ruës,
Et ilz n'ont cordes ceintes pour mesurer les nuës ;
Ains travaillent leurs corps aux boys & aux charruës, 955
Doyvent pource avoir sépultures perduës.

⁂

Qui sçauroit tous les biens que Moyne a en estuy,
Prieres & Aumosnes dont a parler m'estuy,
Plus grant secours aux ames en nul ordre n'est huy ;
Car nul bien n'est trouvé qui ne soit en cestuy. 960

⁂

Qui a fiance en Messes, cilz en ont, & font tant
Qu'il n'a Ordre en ce monde qui les voit surmontant,
Pour neant en yroie le nombre racomptant ;
Car trop sçauroit de compte qui les yroit comptant.

⁂

Tant d'hommes & de femmes doulx & dévotz y a, 965
Psaultiers & Patenostres & Ave-Maria,
Que nul n'en scet le compte fors Dieu qui les créa,
Qui à laisser le monde si les humilia.

⁂

Or peut bien Frere Jehan & li Frere Gaultiers,
Que plus vault une Messe ne que treize Psaultiers ; 970
Voir est ; mais l'Ordre blanche en a plus que le tiers,
Dont l'argument aux Freres ne remaint pas entiers.

⁂

Tome III.　　　　　　　　　　　　　　　G

Si dient, nous sçavons bien mieulx que cilz preschier;
Et la Saincte Escripture espondre & reverchier;
Et pour le pris des ames & de nous nestoyer,   975
Encor n'est-ce pas droit de l'autruy empeschier.

❦

Et leur Messe vault quatre, ilz ont bonne couleur
De dire que leurs Messes sont de greigneur valeur,
Que celles de Cisteaulx, & qu'il se fait meilleur
Entrer avecques eulx; mais seroit grant folcur.   980

❦

La vertu de la Messe gist au Saint Sacrement;
Car Prestres quelz qu'ilz soient uniement,
S'ilz dient les paroles avec l'entendement,
Bon bonté ne luy donne, ne mal empirement.

❦

Et s'ilz me dient, Sire, nostre dévotion,   985
Quant nous disons nos Messes prent conformation;
Si grant à remembrer Dieu en sa pension,
Que merveilles y prennent les mors dont nous prion.

❦

Certes je m'y accords; mais je pour veoir suppose
Que qui plus tient des mors, plus les ayme sans glose; 990
Com ly Moynes ont plus, si puis conclure & ose
Que l'amour de leur mort les point sur toute chose.

❦

DE JEAN DE MEUNG.

Lequel doit plus aymer la mort à voſtre advis,
Ou cil qui tout a d'eulx, ou cil qui a des vifs,
Grant confort eſt aux ames, certes je vous plevis ; 995
Car ceulx qui plus les ayment les ont en leurs pervis.

Les Freres convient vivre des vifz toutes ſaiſons,
Et Moynes ont des mors vivre, robe & maiſons ;
Pour quoy l'en peut conclure par toutes ces raiſons
Que plus amer le doyvent, ſe le voir n'en taiſons. 1000

Vrayement ſi ſont-ils & ſi croy tout de voir,
Qu'ilz en ſont nuyt & jour envers tous leur devoir ;
Car les larges Aumoſnes que j'en voy recevoir
Aux Povres de leurs biens m'en font apparcevoir.

Prieres & Aumoſnes prouffitent plus enſemble 1005
Que priere par ſoy, dont encor plus me ſemble
Qu'envers Dieu Jeſu-Chriſt ces deux choſes enſemble,
Moult plus doyvent valoir que vray dire me ſemble.

A prier pour les ames ſont larges & diligens,
Et à faire en Aumoſnes ne ſont pas négligens, 1010
Et rendre leurs ſervices jour & nuyt bel & gens,
Et jeunent autretant ou plus que d'autres gens.

C 2

Dehors chars ne mangevent & tousiours vont en langes,
Et hebergent o eulx & privez & estranges,
Et font d'autres biens tant que S. Michel ly Anges   1015
Ne les devroit changer s'il sçavoit qu'estoit changes.

En port & en paroles se portent humblement,
Beaulx Dieux com povre vie tiennent communéement;
Car en leur Couvent vivent assez petitement,
Et de leur povre vie louent Dieu haultement.   1020

Dieu ayme plus je croy simplete & bonne vie,
Qui ne fait soy prier par force de Clergie,
Que se nulz homs sçavoit toute Philosophie,
Se il n'est doulx & humble, tout ne vault une ortye.

[1025
Estre humble sans Clergie vault mieulx que la Converse,
Que quanque ly ungs dresse, ly autre tumbe & verse;
Science quant elle enfle est chose si traverse
Qu'el envenime tout se la voye n'est terse.

Ne pour quant l'Ordre blanche se je suis voir disans,
A bien de trestous Cleres subtilz & suffisans,   1030
Et de bons escoliers & de maistres lysans,
Et croistront, s'ilz m'en croient, ains que vienne dix ans.

Mais nul pour grant Clergie ne se doit trop priser,
Ne ceux qui bien luy font grever, ne despriser,
Ne par ses grans paroles haynes attaisier;   1035
Ains doit moult, s'il est sage, de ses vouloirs briser.

Il ne vint oneques bien d'estre si courageux,
Ne de grever autruy à certain ou à jeux;
Homs de religion est par trop oultrageux,
Quant à religion veult estre dommageux.   1040

Toutes Ordres sont bonnes, bien gard chascun la souë,
Chascun fait grant priere, s'il fait bien ce qu'il vouë;
Mais l'en ne doit priser ce que Robin se louë,
Personne nul qui porte le venin à la quouë.

[1045
Souffrons que ceulx amendent de qui nous amendons,
Plaise-vous que ceulx praignent en aumosne & en dons;
Car s'il autrement est, mal pour bien leur rendrons,
Et croy que mal loyer de Dieu en actendrons.

Ne voulons tout avoir, souffrons qu'autres gens aient;
Car ceulx qui d'autruy bien se deulent & mal paient, 1050
De mortel appostume n'avrent leurs corps & plaient;
Frere & Moine ont assez, jà de ce ne s'esmayent.

Freres ont plus Clergie & moins possessions ;
Mais ilz ont trop plus gistes & Procurations
Sur Prelatz & sur Princes & sur Religions, 1055
Et sur tout autre peuple par toutes régions.

Et cuide estre certain qu'ilz ont bonnes pastures ;
Et si ont en mains lieux du leur mis en pastures,
Qui leur valent assez sans autres avantures :
Or voyons qui les meut à avoir sépultures. 1060

Sépultures pavent leur Cloistre & leur Eglise,
De mainte belle tombe polie, blanche & bise,
Fort & dure & espece, qui ne se casse & brise ;
Mais je voy pou de povres tant soit bon qui y gise.

Les riches sont dedans & les povres à la pluye ; 1065
Car ly ung les boutoye, ly autres les desvie,
Et si n'est povreté qui à la foys n'ennuye,
Ne nul si grant beguin qui en ce cas ne fuye.

Cestuy fait ainsi mene par gent si tres-experte,
Devroit estre compté devant Dieu pour deserte, 1070
En ce ne font-ilz point que je saiche de perte ;
Car nulle gent qui vive n'est en ce plus apperte.

DE JEAN DE MEUNG.

En ce font si appert que nulz ne les surbat,
Les riches tiennent près tout com l'ame leur bat,
Et ad ce qu'ilz les ayent mectent si grant debat, 1075
Que chascun, s'il osoit, pour pou ne s'en debat.

Larges font du leur prendre, & larges d'eulx abscondre;
Bien sçavent de vingt livres les dix avoir sans tondre,
Se l'exécucion du mort a de quoy fondre,
Alors ils en envoyent l'ame plus droit que couldre. 1080

Pou font de testament qui autre note chante,
Tant aux Freres de Chartres, tant aux Freres de Mente,
Pou y voy d'autre fruit, je ne sçay qu'on y plante,
Tout ce peut sçavoir homme & femme qui les hante.

Vous enfans ne beguines n'y font pas ramenteu, 1085
Ne les povres honteux, ne plus les povres veu,
Ne blanc Moyne ne noir, dont sont-ils souvent peu,
Trop moins font congnoissans ains qu'ilz ne sont con-
(gneu

Par le Saint Sacrement du tres-benoist Autel,
Les testamens qu'ilz font ou font faire sont tel, 1090
Que l'on devroit à paine croire langue mortel,
Trop en tiennent de telz réponz en leur Hostel.

C 4

Quant ilz ont mieulx qu'ilz peuvent subtile leur attrait,
Et ly testamens sont ordonné & attrait ;
Tantost si s'en saisissent qu'on ne saiche leur trait, 1095
Et pource que leurs dons ne leur soient retrait.

Mais ainçoys qu'ilz le passent s'en veulent enformer,
Lors par le Sacrement & par Foy affermer,
Dont il convient ainçois aucuns des hoirs lermer,
Qu'ilz les puissent avoir pour leurs propos fermer. 1100

Ainsi nous servent-ilz de testamens soubz chappe,
Et ne plaignent iceulx fors ce qui leur eschappe,
Et advient moult de fois ains que corps soit soubz chappe,
Que ly ungs y vendenge & ly autre l'y grappe.

Trop sont sages & subtilz pour acquerir à l'ordre, 1105
Trop auront mal aux dens quant ilz n'y pourront mordre
Rien ne leur peut fouyr, ne rien ne leur peut tordre ;
Conscience, ce semble, ne les en peut remordre.

Ilz osent bien en don ou en ausmone prendre,
Quanque bons & maulvais leur oseroient tendre ; 1110
S'ilz font bien, Dieu le sçait ; mais ne le sçay entendre
Que l'on puisse aumosner ce que l'en doit tout rendre.

Et s'ilz par advanture vouloient sermonner, (ner,
Qu'iceulx pevent mieulx prendre qu'on ne leur peut don-
Bien leur en conviengne, je n'en quiers mot sonner; 1115
Mais assez mieulx, ce semble, pourroient raisonner.

❧❧❧

Peut l'on prendre d'Anthoine ce qu'on toult à Renyer,
Quant l'en sçait que du sien n'y a ung seul denier,
Je ne sçauroye dire par Jugement planier
Qu'on peust de telles prises faire loyal grenier. 1120

❧❧❧

Ne prennent pas sans plus meubles & heritages,
Dont ly Papes est Sire, mais leur est ly usages;
Car aucunes gens sont qui qu'en soit ly dommages,
Qui reviendront encores a part à leurs lignages.

❧❧❧

Ne pour quant avoir propre où l'en peut revenir, 1125
N'est pas si grant péril com l'autruy retenir;
Car ainsi l'autruy prendre ne se peut à chenir,
Qui de legier sans rendre puisse à mercy venir.

❧❧❧

Combien com ait ses Freres ou leur Religion :
L'en ne leur doit acquerre trop bonne intencion, 1130
Autruy proprieté, ny autruy possession,
Icy ne peut cheoir grace, ne dispensacion.

❧❧❧

Quant les hoirs n'y ont droit, comment le retiendront
Ceste gent qui d'Auvergne ou de Romme viendront;
Je cuyd que quant exemple à Thobie prendront   1135
De telz morceaulx manger, ce croy-je, se tiendront.

Quant Thobie qui Dieu nulle fois n'oublioit,
Entendit d'avanture le chevrel qui crioit:
Dont faire le deust paistre où il tant se fyoit;
Garde, dit ly saint Homs, que larrecin n'y soit.   1140

Quant cil tençoit sa femme lui qui estoit loyaulx,
Pourquoy ne doubtent cilz avoir tres-desloyaulx,
Ou n'a de bon acquest qui vaille deux naveaulx,
Nul ne peut bonne andoille faire de telz boyaulx.

L'en trouve bien entr'eulx une bonne personne,   1145
Qui ne se messeroit pour riens ne pour personne;
Ains prennent à bon gré tout ce que Dieu leur donne,
Et leur poise & ennuye quant nul yst hors de bourne.

Et ne se font pas trop par les ruës congnoistre,
Qui les vouldra trouver si les quiere en leur Cloistre,   1150
En riens fors qu'en bien faire ne se veulent congnoistre;
Car ne prisent le monde la montance d'une oistre.

Cilz vivent & conseillent selon Dieu & à droit,
Et qui les ayme & prise vrayëment il a droit ;
Se tous estoient telz jà bien ne leur fauldroit,   1155
Et cesseroit murmure dont chascun mieulx vauldroit.

Raison m'esmeut à croire ; car qui onc les veist tieulx
Si dévotz & si humbles & si espiritieulx,
L'en mettroit tout ainçois & meubles & chastieulx,
Qu'on leur laissast avoir souffrette en leurs hostieulx. 1160

Mais pource que l'en voit que mains d'eulx se forvoient,
Les ont huy moins à cueur aucuns qu'ilz ne souloient,
Et pourroit encores estre que se femmes n'estoient,
Qu'ilz auroient souffrette s'ilz ne se humilioient.

[1165
Moult leur donnent les femmes de ce qu'ilz ont mestier,
Jà si bien les maris ne les sçauroient guetter ;
Car ilz sçavent les cueurs tormentez rehaitier,
Et du salut des ames songneusement traictier.

Se les femmes trouvassent leurs maris si entiers,
Elles s'y appuyassent par pou plus voulentiers ;   1170
Mais si-tost com ly corps en gyst sur deulx sentiers,
A peine feroient faire pour l'ame deux tranchers.

C. 6.

Telle est l'amour des homs, c'est douleur & domma-
Trop est fol qui s'y fie, ce n'est pas heritages, (ges,
Pense chascun de s'ame & si sera moult sages ; 1175
Car loyaulté se dort & pitié est en gages.

※

Tieulx sont après la mort les maris à leurs femmes ;
Je n'en excepte nulz, Clerc, ne lay, ne bigames
Fors espoir trois en cent. Or reparlons de femmes
Quât leurs maris sont mors qu'elles font pour leurs ames.
[1180

※

Madame ses voisines & ses parentes mande,
Pour garder la coustume & pour fuyr l'esclande ;
Lors fait son parement d'une vieille truande,
Qui lui porte son pain & son vin à l'offrande.

※

L'argent & la chandelle pource que petit poise, 1185
Porte par contenance à l'Autel la bourgoise ;
Et la vieille est si duyte, si sage & si courtoise,
Qu'elle va à l'offrande devant luy une toise.

※

Lors offre pain & vin couvert d'un pou de toille,
Et ung denier fichié dedans une chandelle ; 1190
Puis estend son mantel, tout ainsi comme une voille,
Tu qui n'as ce veu va à Paris ; or voy-le.

※

DE JEAN DE MEUNG.

La verras-tu offrir, Dames, à grant convine,
Autres si bien parées, ou mieulx comme une Royne ;
Et sont si très-remplies de la grace divine, 1195
Que les convient-ils ceindre jusques sur la poictrine.

De telles en verras par Paris offrir maintes,
Qui ainsi, com je dy, sont sanglées & ceintes
D'unes larges ceintures, qui si pou sont estraintes,
Qu'on ne congnoist souvent les vuides des enceintes. 1200

Toutes sont par rains lées, combien que mesgres soient,
Ne sçay qu'elles y boutent, ou qu'elles y emploient ;
Fors demys pelissons, si comme la gent croyent,
Tout ce sçavent espoir telles ou tielz qui m'oyent.

Pensons qu'elles font bien, & ne l'appetisson 1205
Par ce demy chiot, ou ce demy plisson,
Dont elles sont hourdées ainsi com herisson,
Les gardent mainteffois de froit & de frisson.

Dieux, com il leur advient à faire anniversaires,
Et à porter la torche & autres luminaires, 1210
Mieulx en pert la beaulté des yeulx & des viaires,
Ou telz musent espoir, il ne leur en chault gueres.

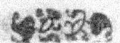

Bon est que pou leur chaille de ceulx qu'elles amusent;
Mais ne sçay si par tout du remenant s'accusent;
Car ly tour & la cure où elles le leur usent, 1215
Donnent de folier cause à ceulx qui y musent.

Tu qui ce a peuz veoir sans maulvais desirer,
Et sans penser folie dont se doit Dieu yrer;
Voy comment elles sçaivent tout leur corps attirer,
Par ce que de bien veoir ne puisses empirer. 1220

(ment:
Voy comment elles portent leurs manteaulx propre-
Voy comment elles nagent dessus le panement,
Comment elles se chaussent contemplativement,
Voy du col en amont grant esmerveillement.

La gorge & ly gorgeons sont dehors la tonelle, 1225
Où il n'a que trois tours à la tourne bouelle;
Mais il y a d'espingles demy une escuelle
Fichées en deux cornes & entour la touelle.

Pardieu j'ay en mon cueur pensé mainte fiée,
Quant je veoye Dame si faictement lyée, 1230
Que sa touaille fust à son menton clouée,
Ou qu'elle en eut l'espingle dedans la chair ployée.

DE JEAN DE MEUNG.

Je ne sçay que cuider foy que je doy saint George,
Fors qu'elles ont trouvé celle nouvelle forge,
D'eulx lier pour monstrer leur menton & leur gorge, 1235
Qui mye n'est ytelle d'eaue, ne de pain d'orge.

Pour dire vérité, ne sçay se je foy loy;
Mais se les escrouelles, ou le mau saint Eloy,
Y faisoient leurs nidz, comme en leur franc alloy,
Elles se raliassent à l'ancienne Loy.   1240

Se je l'osoye dire sans elles courroucier,
Leur chausser, leur vestir, leur lyer, leur tressier
Leurs chapperons troussiés & leurs cornes dressier,
Ne sont venuz avant fors pour homme blecier.

Je ne sçay s'on appelle potances ou corbeaulx, 1245
Ce qui soubstient leurs cornes qu'ilz tiennent pour si
Mais tât sçay-je bien dire que saincte Elizabeaulx (beaulx;
N'est pas en Paradis pour porter telz lambeaulx.

Encor y resort-elles ung grant haribourras,
Que vois entre la toille qui n'est pas de bourras, 1250
Et la temple & les cornes pourroit passer ung ras,
Aussi greigneur souriz qui soit jusques Arras.

Plus fort ; car sur les cornes entour le hanepel,
Senglent estroit leurs testes d'un latz ou d'ung chapel,
Pour leur fronc reffroncier pour desrider l'apel,   1255
Dieux, se je mens, ou non, a garent en apel.

❦

Ne le font mye toutes ; mais aucunes le font
Quant Dieu & maladie les ride, gaste ou font,
Dieu les fist une foys ; mais elles se deffont,
Non font pas à voir dire ; mais els se contrefont.   1260

❦

Or en y a aucunes qui coulourer se veulent,
Qui font ne sçay quel chose, je ne sçay qu'ilz y meulent,
Je ne sçay se des mors s'esjoissent ou deulent ;
mais leurs visages sont plus luysans qu'ilz ne seulent.

❦

Pour Dieu de trop mirer leurs agaiz nous gardon ;   1265
Car plus poignent & persent qu'ortie ne chardon,
Je ne suis mye pleige se trop les esgardon,
Que nous ne soyons pris comme rat au lardon.

❦

Tant font les savoureuses en venir en aler,
En s'adayer des bouches, en regars en parler,   1270
Qu'il en eschiet souvent les plus chaulx devaler,
Les plus fermes fremir, les plus sains mesaler.

❦

Toute jour sont & trouvent nouvelles mignoties,
De guigner, de pigner, d'estre par rains fournies,
D'elles hault se courcer pour estre moins honnies, 1275
D'estre aux plus haultes femmes de paremens unies.

Certes nulz telz exceps à Bourgoyses n'aviennent;
Car leurs chétifz mariz qui de ce les soustiennent,
Usurier ou pejour toute jour en deviennent,
Par quoy les lasses ames en Enfer droit s'en viennent. 1280

Elles font mal du faire, & eulx pis du souffrir;
Car quant de leur bon gaing ce ne leur peut souffir.
Certes ains les devroient toutes laissier bouffir,
Que leurs ames par elles aux Diables en offrir.

                                               (chiefz, 1285
Dieu soubzmist femme à homme, & voult qu'il fust ses
Quant il est autrement c'est honte c'est meschiefz,
Pou en souvient aux Dames des coups & des meschiefz;
Mais qu'assez aient robes, joyaulx & couverchiefz.

Il n'a si vaillant homme de Paris jusques à Tours,
Soit Conte, ou Roys, ou Ducz, ou Prince, ou Senatours;
Pour quoy elles laissassent leurs curieux atours, [1290
Ains se laisseroient batre autant com l'en bat ours.

66 LE CODICILLE

Bien se passent à pou de boire ou de mangier;
Mais cil qui se veult faire hayr ou ledengier,
Avoir groings, rechigners & riote ou dangier,   1295
Joyaux, ne belles robes ne leur face estrangier.

Je dy toutes ces choses pource qu'elles leur vaillent,
Et que mieulx se congnoissent en quoy elles deffaillent,
Et que ceulx qui pour leurs laidanges à neant aillent,
Restraignent leurs folies ains que plus avant aillent. 1300

Je leur dis qu'ilz appreignent le chant de la bergiere,
Ou la gent qu'ilz carolent dient retourne arriere,
Je me tayray à tant d'endroit ceste matiere;
Car les femmes espoir ne l'ont mye trop chiere.

Et se je leur en dy nulle ne le desvueille;   1305
Mais droit est que chascune en ses excès se dueille,
Si leur pry que chascune en bon gré le recueille;
Car ce n'est pas par m'ame pour mal que je leur vueille.

Je ne dy riens par yre, ne par contreuvement,
Fors ce que ly commun en voit communement,   1310
Ne je ne juge pas de leur entendement;
Car bon compte en rendront à Dieu, se je ne ment.

Espoir qu'elles le font en bonne entencion,
Pour garder leurs maris de fornication ;
Mais se Dieu prent en gré leur contemplacion, 1315
Il fera, s'il luy plaist, aux mors rédempcion.

Pour l'offrande des mors pris-je cest incident,
Qu'en ne doit pas tenir à maulvais accident ;
Car moult mieulx me vauldroit espoir en Occident,
Que mal dire souffrisse ma bouche ne my dent. 1320

Ainsi offrent les Dames pour les mors, ilz font bien ;
Car mieulx vault ainsi faire que l'en n'en fist rien,
Aumoins en est-il mieulx au Prestre Paroissien,
Et au mort, si Dieu plaist ; mais je ne sçay combien.

Ne pour quant, je sçay bien que l'en ne fait mémoire 1325
Que pour ceulx seulement qui sont en Purgatoire ;
Car les saintz sont là sus en pardurable gloire ;
Mais aux damnez ne vault bien qu'on face une poire.

Et pour ce qu'on ne sçait qui est damné ou saulx,
Ordonna saincte Eglise que l'en priast pour saulx 1330
Qui attendent mercy, c'est ly meilleur consaulx
Qui à tout Chrestien est commun & consaulx.

Du salut de tous ceulx ayons bonne esperance,
Qui trespassent en foy ou en vraye esperance,
Pour qu'il appere en eulx signe de repentance, 1335
Tousjours devons payer pour eulx leur délivrance.

Et se noz Oraysons espoir ne leur valloient,
Sur ceulx qui grace actendent dessus nous retourroient;
Prieres ne se perdent, ne biens faitz, quelz qu'ilz soyent,
Pour ce sont ceulx trop bien qui tousjours de cueur
(proyent 1340

Car qui pour autruy prye soy-mesmes ne s'oblie,
Ains se gecte de pechié qui tout taint & troublye,
Et puis est en mémoire sa fin & son obeye,
Nectement tient son cueur qui ainsi le forbie.

Mais il convient troys choses à empetrer Priere; 1345
Il convient avoir grace, il convient qu'en requiere
Chose moult raysonnable, qui aviengne & affiere;
Et si convient avoir du requerre maniere.

Qui a grace & qui prye amesuréement,
Et qui parle par bel & aviséement, 1350
Prier peut & requerre le tout presentement;
Mais que cil qui déprie ait bon entendement.

Et Dieu sect & congnoist, dit & pense le fait ;
Il a tout, il peut tout, fol est qui lui meffait ;
S'il ne veult riens ne peut, & quanqu'il veult est fait, 1355
Ne riens qu'il vueille faire ne peut estre deffait.

※

Il est courtoys & large, toutes bontés luy duisent,
Tous les biens, quelz qu'ilz soient, en lui sont & reluisent,
Et tous ceulx qui bien sçavent & font en luy le puisent ;
Requerons, nous aurons se pechiez ne nous nuysent. 1360

※

Mectons-nous en estat que Dieu nous doye oyr,
Ne nous laissons couvers en pechié ne veoir,
Pechié qui trop se lasse s'y peut si espoïr,
Homme & femme qu'à peine peut puis de soy joir.

※

Qui pechié mortel couve, il est mort & ravis, 1365
Pechié monte plus tost qu'à degrés ne qu'à vis ;
Tantost qui ne se guecte est rompu & ravis ;
Car pechié attrait autre, ce dit ly Roy Davids.

※

Mal herbe croist tantost, ce dit l'en en Proverbe,
Et ce qu'icelle joinct estainct qui ne la cerbe, 1370
Maint bel jardin s'en pert & maint belle gerbe,
Nul ne doit aleicher mal arbre, ne mal herbe.

※

Nulle herbe ne fait pis que font mortelz pechiez ;
Car il n'est homs qui vive tant soit bien entachiés,
Se d'ung seul mortel vice est folié & tachiés,   1375
Que tout le bien de luy ne soit mort & tachiés.

Et puis qu'un seul pechié mortel tout nous encombre,
Que feront ceulx & celles qui en ont fait sans nombre,
Qui vivent en tenebres & en mort & en ombre ;
Certes trop ont à faire, se Dieu ne les descombre. 1380

N'as pas petit à faire, se m'aist saint Denis,
Qui petit jusqu'à ores s'est à bien faire mis ;
Il sçait bien que son temps n'est pas encore démis,
Et qu'il peut pou de soy, & a fors ennemys.

Ainsi est-il de nous vrayement, comme je dy,   1385
Se nous sçavions combien nous avons Dieu laydy,
Et combien de bien faire nous sommes refroidy,
Nous verrions clerement que je point ne mesdy.

Noz pechiés sont si grans, & nostre vie est briefve,
N'est mye de cent ung qui son ààge acheve ;   1390
Et nous pour quant ly diables de toutes pars nous greve,
Et la chair & le monde les yeulx du cœur nous creve.

Le monde nous attrait, & la chair nous tormente,
Et le Diable leur aide qui par dedans nous tempte,
Qui assaut toute jour dix fois, ou vingt, ou trente, 1395
Pour ce qu'il a grant paour que cueur ne se repente.

❦❦

Ces trois murtriers nous mainent mainte guerre diverse,
Qui la paix de noz cueurs tumbe, trouble & traverse,
Moult est à grant péril qui avec eulx converse,
C'est ores une chose trop pesant & diverse. 1400

❦❦

Ly pejour ennemy de tous sont ly privé,
Et ces trois sont à nous si joinct & si rivé,
Et de nous décevoir si duyt & abrivé,
Que nous sommes par eulx presque tout chaitivé.

❦❦

La chair nous est si près, que plus près ne peut estre; 1405
Car en chair nous convient vivre, mourir & naistre,
Le monde nous atteint à dextre & à senestre,
Ly Diable court par tout sans fraing & sans chevestre.

❦❦

Puisqu'ilz nous sont si près, & qu'ilz sont telz & tant,
Et qu'ilz sont d'un accord à nostre mort traictant, 1410
Soyons donc pour nous-mesmes si sage & si guettant,
Tant que nous sommes vifz & sain & en estant.

❦❦

Nous sommes trop subtilz aux choses de ce monde,
En congnoistre, en acquerre tant que tout surhabonde,
Et si sommes certains que ce ne vault une unde,   1415
Ains repaire à néant comme ly chant de l'aronde.

❦

Eslevons noz engins & noz affections,
Noz cueurs & noz pensées & noz dévocions,
A Dieu & à ses œuvres, & illec nous fions;
Mercions-le de cueur, & aymons & prions.   1420

❦

Priere à grant vertu, & si vous diray d'elle
Elle espurge & nettoye, elle doubte, elle cele,
Elle se joingt à Dieu, elle répont soubz celle;
Priere est si grant chose, je n'en sçay nulle Itelle.

❦

Priere doulce & humble, embrasée & dévote,   1425
Se joingt si près de Dieu & accointe & accoste,
Que du cueur dont elle yst toute maulvaistié oste
Chair & monde & ly Diable, & fait de Dieu son hoste.

❦

Priere va à Dieu plus tost que vent ne vole,
Plus tost court & racourt que ne tourne une mole,   1430
Quanqu'elle veult impetre du souvrain Apostole,
Seul à seul y raisonne, seul à seul y parole.

❦

Trop

Trop est grand & puissant la vertu d'Oraison,
De Dieu & de ses joyes est par ly à chois hom,
Trop est fol qui les pert par petite achoison ; 1435
Car tous les biens du mond luy met en sa cloison.

Ceulx qui les bonnes œuvres ont par pechié estainctes,
Doyvent honteux estre & hūbles en faisant leurs cōplain-
Qui Dieu prie & sa mere & ses saintz & ses sainctes, (tes;
Jà n'est si loing de Dieu qu'il ne viengne aux attaintes.
[1440

Oraison nous impetre vertu de congnoissance,
Oraison nous impetre grace de repentance,
Oraison nous impetre de tous maulx allegeance ;
Nulz homs, ne nulle femme ne doit estre sans ce.

Mais à soy pou prouffite & Dieu petit honneure, 1445
Qui pense ung & dit l'autre, puis dessoubz, puis desseure,
L'en doit avoir le cueur, à ce qu'on dit & œuvre ;
Car viande est perduë qui bien ne la saveure.

Ne se peut affermer ne que sur ung desgiel,
Qui tient son cueur en terre & la langue a au Ciel, 1450
N'est mye belle chose que le cueur gyse en fiel,
Quant l'en change parole de doulceur & de miel.

Quant ta parole est blanche & ta parole est fauve,
Tu voles en tenebres comme une souris chauve,
Tieulx prieres ne valent une fueille de mauve ; 1455
Car du cueur doit yssir ce qui nous damne & saulve.

Que te vault quant à Dieu le mouvoir de tes levres,
Quant le tien cueur ne pense qu'à moutons & à chievres,
Ta langue n'est pas saine quant ton cueur a les fievres,
Et Dieu congnoist tantost quant l'ung de l'autre sevres.
[1460

Se tu veulx que cil praigne en gré tes Oraisons,
Ne pense pas que blé si vauldra en roisons ;
Car se Dieu ne te vent ses biens & ses saisons,
Petit te peux fier en laines n'en toisons.

Se tu metz tout ton cueur à compter une fable, 1465
Ou a emplir ton ventre quant tu siez à la table,
Moult le doys ores mieulx avoir & ferme & estable,
A Dieu quant tu le pris, c'est chose véritable.

Dieu est le franc oyseau qui ne veult que sa proye,
Que le cueur proprement sans gezier ne sans foye ; 1470
Là prent Dieu son repos, son confort & sa joye,
Trestout le remenant ne prise ung pou de croye.

Ja Dieu, s'il n'a le cueur, il ne sera bien peu ;
Car par Dieu & pour Dieu ne fut ton fait esleu,
Ou cueur est Dieu amé, ou le cueur est Dieu creu,   1475
Du cueur est Dieu servy, & loué & congneu.

Se nous y pensions bien com grant chose est de cueur
Pour pere ne pour mere, pour frere ne pour seur,
Ne pour trestout le monde ne ferions tel sueur,
Et si l'avanturons souvent à gecter pueur.   1480

Cueur est la greigneur chose qui soit, c'est chose clere
Que par le très-doulx cueur de sa très-doulce Mere,
Vint le Fils Dieu en terre de la destre son Pere,
Qui pour noz cueurs gaigner voult souffrir mort amere.
[1485

Cueur rend à Dieu les ames, cueur gouverne le corps,
Cueur recorde & apaise à Dieu tous noz discors,
Par le cueur nous est Dieu doulx & misericors ;
Cueur, sans comparaison, vault mieulx qu'argent ne ors.

Et puisque cueur est tel & de si grande valeur,
Donne le tout à Dieu fraiz & en sa chaleur ;   1490
Car Dieu n'en auroit cure s'il tournoit en paleur,
Ne se ses adversaires eut le tenois à leur.

D 2

Dieu n'a cure de cueur froit, ne palle & porry;
Ce n'est pas don pour Dieu, ains est pour maistre Orry.
Tu qui m'oez ne te gabes de moy, ne te sourry; 1495
Car mal fuz oncques né, s'en tel cueur és norry.

❦

Dieu ne prent mye en gré chose morte & pourrye;
Ne ne veult demourer en telle compaignie,
Cueur ne peut hebergier Dieu en sa compaignie,
Se toute autre pensée n'est de luy forbanye. 1500

❦

Se le cueur est charnel, Dieu est espiritable,
Se le cueur est mentierres, Dieu est très-véritable;
S'il est glout & yreux, Dieu est très-charitable,
Nulz cueurs de Dieu contraires ne peut estre habitable.
[1505

❦

Cueur ne peut qu'ung seul hoste ensemble hebergier;
Pource doit l'en tenir à fol & à bergier,
Qui veult Dieu & pechié en son cueur enchergier,
Nul ne peut ces deux choses enclorre en son vergier.

❦

Le Ciel sur toute chose est de très-grant espace;
Et si ne peut avoir le premier pechié place, 1510
Ains fondit en abisme plustost qung pou de glace;
Car il n'est rien au monde que Dieu autre tant hace.

❦

De cueur devons hayr trestout mortel pechié,
Dont moult de gens de cil en sont moult entechié,
Par droicte acoustumance si sont si allechié, 1515
Que Dieu veoir ne pevent tant en sont à eschié.

Dieu ne fist pas pechié, mais il fist toute chose,
Dont est pechié neant, je ne sçay autre glose,
Et puisqu'il est ainsi par voir dire vous ose,
Que qui gyst en pechié en neant se repose. 1520

Hayons ce que Dieu hait, car je sçay vrayement
Que riens ne luy desplaist fors pechié seulement,
Et si suis tout certain, ou l'Escripture ment,
Que nous ne povons perdre Paradis autrement.

[1525
Dieu créa toutes choses pour valoir, non pour nuyre;
Mais pechié ne vault riens, ains est pour tout destruyre,
Il semble aux sotes gens qu'on s'y peut trop déduyre,
Mais tout ce n'est pas or qu'on voit par dehors luyre.

Il n'est cueur pour qu'il ait sens & discretion,
Qu'il ne voye en peché pure décepcion; 1530
Car l'en en sent après cent ans d'affliction,
Que l'en n'eut par devant de delectacion.

D 3

Adès dure la lune, adès dure ly vers,
Qui mort la conscience du long & du travers,
Nul esté tant soit chault, ne nulz très-frois yvers, 1535
Ne nul autre torment n'est au cueur si divers.

Conscience est la guecte qui guecte le Chastel,
Jà si pou n'y ferra pechié de son martel,
Qu'elle ne tourne à Dieu plustost que ung cartel,
Et encuse & descueuvre quanqu'il a au platel. 1540

Conscience ne laisse ly cueur pecheur durer,
Jà pechié se j'espoir n'y vouldra pasturer,
Qu'elle ne crye haro sans soy trop asseurer,
Pour cela nous voult Dieu en noz cueurs envoyer.

Nulle riens fors que Dieu ne peut percier la haye, 1545
Qu'elle puist avoir paix jusqu'à tant que la playe
Soit sanée & reclose par contrition vraye,
Riens ne la griefve tant com quant Dieu la delaye.

Jusqu'à tant que le cueur se repente & congnoisse,
Ne l'y est conscience jour vivre sans angoisse; 1550
Conscience le foule, conscience le froisse,
Conscience le point plus que serans & broisse.

Jacobins nous tesmoignent, si font Frere meneur,
Que n'est riens qui soit plus envers nostre Seigneur;
Et Dieu la croit & l'ayme, & ly fait ung bonneur, 1555
Si grant, que je ne sçay qui peut estre greigneur.

Preigne soy chascun garde qu'il fait & qu'il fera,
Et soit trestout certain que Dieu le jugera,
Ainsi que conscience le ly encusera;
Car jugié du contraire autre pas ne sera. 1560

Jà n'y aura mestier barat, n'impatience;
Car Dieu qui est fontaine de toute pacience,
Fera son jugement de notre conscience,
Qui ne tesmoignera riens fors de sa science.

Elle a par tout esté, bien doit en estre creuë; 1565
Car à vie ni à mort ne scet mie du cueur meuë,
Ains y fut aussi-tost comme raison conceuë,
Si doit estre sa preuve sans nulle autre receuë.

Certes si sera elle nul n'en doit avoir doubte,
Pour Dieu & pour sa mere retiengne qui escoute, 1570
N'est si mal sourt com cil qui ne veult ouir goute;
Ouvrons noz cueurs à Dieu, puisqu'il y heurte & boute.

D 4

Moult nous est grant honneur d'avoir tel compaignon,
Trop sommes desdaigneux, se nous le desdaignon;
Car si-tost com il entre fourbannist le gaignon,   1575
Qui nous traict en Enfer parmy le thaignon.

Ce grant bien nous fait Dieu & autres plus de cent,
En sa doulce venuë quant en noz cueurs descent.
Certes je m'esmerveille comment cueur se consent
A herbergier autre hoste, quant si doulx hoste sent. 1580

Cueur qui les biens de Dieu congnoist & sa puissance,
Et voit l'engin au Diable & sa grant décevance,
Doit avoir dedans soy grant honte & grant amence
Quant le pire reçoyt, & le meilleur hors lance.

Il convient que ly ungs ou ly autres y soit,   1585
Dont cil doit y mieulx estre qui l'ame nourrissoit,
Que cil qui cueur & corps & l'ame meurtrissoit;
Car Dieu ne pourroit estre se cil ne s'en yssoit.

Dieu! comment puet durer cueur où ly Diable habite;
Car s'est des créatures du tout le plus despite,   1590
La plus espoventable, la plus vil, la plus triste
Et la plus très-horrible qui peut estre descripte.

DE JEAN DE MEUNG.

Ainsi me vueille Dieu à grant besoing aidier,
Qu'il est trop plus horrible qu'on ne peut souhaitier;
Mais ne m'en convient mye trop longuement parler; 1595
Car ce doyent toutes gens sçavoir sans y cuider.

Avec ce qu'il est lait, il est plain de tous vices;
Car faire au pis qu'il peut est ses propres offices,
Pour ce, dis-je & voir est que trop est folz & nices,
Qui en son escient s'enclost dedans ses lices. 1600

Qui à sa propre forme le pourroit regarder,
Il ystroit de son sens, je cuide sans tarder;
Mais il scet ses malices si soubtlement farder,
Que nul ne s'en prend garde, ou ne s'en veult garder.

Si le peut l'on bien faire qui faire le vouldroit; 1605
Qui à la verité d'Oraison retourroit,
Je suis certain que Dieu si-tost le secourroit,
Que tant ly ennemis froissier ne le pourroit.

Dieu veult que l'en soit bon & Dieu veult que l'en vaille;
Dieu, se nous nous aydons, est en notre bataille, 1610
S'il ne nous chault de nous, cuidez qu'à Dieu en chaille,
Nul ne doit, ce dit l'en mangier, qui ne travaille.

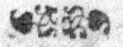

D 5.

Mangier ne bien avoir ne doit qui ne s'aïde;
Ains tiengne de soy-mesmes celluy pour homicide,
Qui se pert par paresse que Clerc Clement occide; 1615
C'est un pechié mortel dont pou de gens l'aide.

Dueil & honte & hideur doit chascun concevoir,
Qui se pert par paresse ; car chascun doit sçavoir
Que qui se veult aidier, Dieu fait bien son devoir;
Riens, se nous ne voulons, ne nous peult décevoir. 1620

Touteffoys que ly Diable te tempte ou contrarie
D'orgueil, ou de paresse, de luxure, ou d'envie;
Dy tousjours non feray, où il ne me plaist mye,
Et je te dy sur m'ame que sa force est faillie.

Pense ou dy non feray, & vrayement tu le vains, 1625
Et puis il ne pourra trop lever ses levains,
Ly penser & ly dire doit estre pou grevains,
Dont ly Diables par tout demeure vils & villains.

Où est le champion qui se laissast oultrer,
Pour penser non feray, ou pour le démonstrer. 1630
Certes l'en le devroit d'ung tinel affronter,
Qui pour si pou de chose se lairoit surmonter.

Quant la temptation dedans le cueur s'embat,
Se la discretion le refuse & debat;
Dieu encontre le Diable en ce point se combat, 1635
Ne Dieu ne peut cheoir se le cueur ne l'abat.

Jà ceste vilenie ne nous soit reprouchée,
Ne Dieu ne se consente qu'à nous tant y meschée,
Que nostre champion par nostre faulte chée;
Car tout en retourroit dessus nous la hachée. 1640

Quant Dieu chiet, c'est-à-dire, que nous ne ly duyons
Nos cueurs & noz pensées, & nous y actrayons
Le Diable, lors je dy qu'il chiet & nous chayons;
Car ce qui est sien propre à tort ly fortrayons.

Saint Pol or dit que nous sommes de Dieu aideurs, 1645
Non pour lui; mais que nous qui sommes tous pecheurs,
Aydons-luy & luy nous, & n'ayons pas de poeurs;
Car Dieu pour nous saulver print le nom de saincteurs.

Dieu se deult plus pour nous que nous ne nous dolons,
Dieu nous veult plus de bié que nous ne nous voulõs, 1650
Dieu nous est debonnaire plus que n'est ungs coulons,
Trop sommes aveuglés quant ainsi le troublons.

84   LE CODICILLE

Aymons ce qui nous ayme ; car nature le porte,
Et à ce qui nous het cloons très-bien la porte,   [1655
Qui veons que ly Diables quant il vient nous enhorte,
Et comment comme Dieu quant il vient nous conforte.

Quant ly Diables y vient je dy qu'en sa venuë,
De tous maulx nous revest, de tous biens nous desnuë ;
Car les yeulx de noz cueurs nous cueuvre d'une nuë,
Qui de Dieu & des sainéts nous toult la seurvenuë. 1660

Quant ly doulx Jesus-Christ est mis en oubliance,
En l'amour de noz cueurs doit estre la fiance,
Tantost si saulte en nous ly Diables sans desfiance,
Et devenons ses serfz par estroite aliance.

Premierement ce fist nostre consentement ;   1665
Car de nous ne peut faire son vouloir autrement,
Lors nous fiert de sept vices mortelz parfondement,
Puis de l'ung, puis de l'autre entremelléément.

Orgueil & la luxure, paresse & avarice,
Envie, gloutonnie, ire sont mortel vice,   1670
Dont ly Diable nous fiert & embrase & atice,
Trop est hardy ly homs qui le cueur n'en hérice.

Car se nous ne cheons par l'ung ou par les deux,
Nous tumbons par les autres ; car trop sommes en eulx
Soubtilement nous frappe ly traistre ly hideulx,   1675
Et si sommes trop foibles, c'est dommaige & d'eulx.

De chascun de ces vices qui très-bien si advise,
Nous tempte lors le Diable en mainte subtil guise ;
Car il tempte d'orgueil celluy qui tant se prise,
Ou qui est boubancier, ou qui autre desprise.   1680

Orgueil desobeist, orgueil fiert & guerroye,
Orgueil veult achever tout quanque celle enroye,
Tant y a de racine qu'à paine le pourroye,
Toutes bien diviser, ne jamais fait n'auroye.

Ire le suit de près qui a plusieurs sions,   1685
Rancunes & haines, plaiz & detractions,
Meurtres & homicides & autres occisions,
Et le pis que g'y voye c'est desperations.

Avarice rengendre une vil nourriture,
Termoyement, rapine, larrecin & usure,   1690
Et toute ydolatrye qui selon escripture,
L'honneur du Créateur toult pour la créature.

Idolatrie vault autant com mescreance,
C'este qui en avoir mect toute sa créance,
Qui tant le croit & ayme qu'ailleurs n'a nul beance, 1695
C'est ung trop vil pechié & plain de mescheance.

Cueur qui n'ayme ne Dieu, ne soy, ne son prouchain,
En luy n'a charité ne qu'il a en ung chien;
Car riens ne luy suffist, ne ne peut dire rien,
Ains pense tout à soy, prent-tout & tout retien. 1700

Du sien & de l'autruy est aver par martire;
Car du sien prent à dueil, & pour l'autruy souspire.
Il est de tel nature; car qui bien le remire,
Qu'il ne peut ung jour vivre sans envie & sans yre.

Envie n'est pas seule; mais à grant compaignie 1705
De mesdiz, de contreuves, est d'autelle mehaignie,
Soy-mesmes destruit l'orde & vile rechinie,
Tant se deult d'autruy bien que jà ne sera lie.

Mains maulx yssent d'envie, sans ceulx que nous disons
Barat & tricheries, haines & traysons, 1710
Trop de gens sont espriz de ces quatre toysons,
Envie est ung pechié des grans que nous lisons.

De paresse renaissent négligence, & oyseuse
Desplaisance de bien qui trop est périlleuse,
Paresse n'est de Dieu, ne d'autruy curieuse, 1715
Ne de faire le bien par trop est ennuyeuse.

De gloutonnie naissent & oultraige & yvresse,
Et prodigalité qui est fole largesse,
Aveuglement de cueurs efforcie & foiblesse,
Gloutonnie est ung vice qui trop durement blesse. 1720

Nul ne doit affoyblir sa corporel substance,
Pour boyre jusqu'à yvrer, ne pour emplir sa pance;
Mais par grant conscience & par grant abstinance,
De boyre & de mangier pour faire sa penance.

Luxure est ung pechié que gloutonnie aluche; 1725
Et si le fait flamber plus cler que seiche buche,
C'est ung feu enragié qu'en trop de lieux se juche,
Moult est fermes & fort qui en ce ne tresbuche.

Luxure n'est de riens endormie, ne crampe, 1730
Par tout court, par tout monte, & par tout raint & rampe,
Car gloutonnie l'orde lui fait ardoir sa lampe,
Qui ne laisse de luy compter nul bon exemple.

Se pechié de luxure n'est de trop près gardez,
L'en peut par tout crier, vous ardez, vous ardez,
Presque trestout le monde en est engarbardez,   1735
Nul ne se pert si-tost par tables, ne par dez.

❦

C'est ung pechié à tous communaulx & moïens
A tout chrestienne gens, à Juifz & à Paians,
Tous nous y abutons quelque gré qu'en ayans,
Croye soit, se Dieu plaist, que pas tous n'y chaiens. 1740

❦

Luxure regne en yeulx, & en piedz & en mains,
Et en bouche & en cueur, qui n'est mye du mains,
Briefment elle envenime tous noz membres humains,
Nulz n'en est espargné, soit Françoys ou Rommains.

❦

Luxure a deux aidans qui tout le monde affollent, 1745
C'est charnel mouvement & ly Diables qui vollent;
Car les cinq sens du cueur qui le fol corps rigollent,
De déliz folz & vains qui congnoissance tollent.

❦

Bouche, mains & oreilles, & les piedz sont le pont,
Par où ly ennemis en noz cueurs se repont,   1750
Qui par sa grant malice luxure couve & pont,
Par les charnelz desirs qu'il attire & espont.

❦

Ainsi nous enveniment & la chair & ly Diables,
Par leur barat soubtilz, couvers & contreables;
Car se celuy faulx traitre povoit estre veables,   1755
De rien qu'il en heurtast il ne seroit creables.

※

Ainsi se naist du Diable ceste temptation,
Et de nostre charoigne nostre indignation,
Et de nostre consent la consommation,
Par quoy Luxure est mise à execution.   1760

※

Ainsi entre Luxure qui a trop mal entrée,
Et pejour maintennë & fin desesperée;
Car quant acoutumance s'y est enveloppée,
Honte & foy de Dieu part comme chose aveuglée.

※

Luxure est un pechié qui trop s'y laisse vivre,   1765
Si vit jusques à la mort a paine sans délivre;
Virgile & Aristote en furent jà si yvre,
Que pou leur y valut leur engin & leur livre.

※

David & Salomon en furent si déceu,
Et maintautre grant homme & sage & apparceu   1770
Qui s'y laisse endormir trop a le sens déceu;
Car elle rend au Diable le double & triple creu.

※

LE CODICILLE

Luxure damne au coup a tout le moins deux ames,
Non pas tant seulement ces Seigneurs, ne ces Dames;
Mais tous les consentans soient hommes ou fémes, 1775
Luxure est ung pechié qui trop espraint les femmes.

❦

Luxure est contre Dieu & contre mariage,
Et contre chasteté & contre pucellage,
Contre Religion soient de Moiniage,
Ou au plus hault estat, ou de heremitage. 1780

❦

Luxure emboe tout & en riens ne la raince;
Car en tous les estatz mort, acroiche ou apince,
D'un Duc fait ung villain & d'ung villain ung Prince,
Ce sçavent ceulx & celles qui bien ont aprins ce.

❦

Luxure confond tout là où elle sa oultre; 1785
Car maint droit heritier desherite tout oultre,
Et herite à grand tort maint bastard, maint advoultre,
Trop de maulx se tapissent par dessoubz ceste poultre.

❦

Luxure est si vil chose, si orde & si despite,
Qu'el nous put plus assez qu'elle ne nous délicte, 1790
La paine en est sans fin & la joye est petite,
De cest ort vil pechié se font ly Sodomite,

❦

Or avez-vous ouy les noms & la nature
Des sept pechiés mortelz & de leur nourriture,
Par qui nous sommes tout de perdre en advanture, 1795
Se la bonté de Dieu ne nous prenoit en cure.

❦❦

Donc nul ne se doit trop en sa bonté fier,
Combien qu'il soit preud'hom ; mais soy humilier
Vers Dieu de plus en plus, & doulcement prier
Qu'ennemy ne le puisse par pechié conchier.   1800

❦❦

Car trop sçait ly maulvais daguets & de cautelles,
Pour les plus fors survaincre telz les veult-il & telles ;
Car pou s'efforce à ceulx qu'il tient entre ses esles,
Qu'il trebusche en Enfer sans fourgons & sans pelles.

❦❦

Trop ly plaist quant il peut sainctes gens mal baillir, 1805
Et faire perdre grace & en pechié saillir,
Aux maulvais, ce luy semble, ne peut-il pas faillir,
Se ne luy chault pas moult de tels gens assaillir.

❦❦

Qui fort se cuyd ou sage gard soy en tous costez ;
Car si-tost com tel cueur s'est aux pechiés frotés,   1810
S'en est aucunesfoys tout ly plus assotez,
Et qui envys à peine en peut puis estre ostez.

❦❦

Donc il est grant mestier que qui se sent en grace,
Et il se veult garder, qu'il pense souvent à ce,
Garde que humilité hors du corps ne luy glace ; 1815
Car il n'est riens ce croy que maulvais autant hace.

❦

Toutes vertus se gardent en vraye humilité,
Et prennent fondement en vraye charité,
Ces deux ont sur les autres greigneur auctorité,
Pource qu'icelles donnent & force & seureté. 1820

❦

Qui les a si les gard, & qui non, si les quiere
Pour faire bonnes œuvres, & par doulce priere ;
Car nul ne peut attaindre à la vraye lumiere,
Sans ces deux sans lesquels nul n'a riens qu'il requiere.

❦

[1825
Ambedeux sont moult grans, mais charité est graindre ;
Car que qu'il soit des autres il eschiet ceste maindre,
Sans fin en Paradis où nul ne se peut faindre,
D'amer très-ardemment sans cesser, sans reffraindre.

❦

Là cesse le mistere d'esperer, & de croire
Quant il voit ce qu'on croit, & tient ce qu'on espoire 1830
Aymer Dieu, & le veoir estre tousjours en gloire,
C'est toute leur entente & toute leur mémoire.

❦

Très-doulx Dieu com cy a très-doulce vision,
Où l'en voit face à face Dieu sans division,
En trois vrayes personnes en sa vraye vision, 1835
Bien devons desirer tel contemplation.

ᘛ⁐̤ᕐᐷ

Là verrons-nous la force de tous les Sacremens,
En Dieu qui est de tous fin & commencemens,
Ce ne peut cy comprendre humain entendemens,
Tout est ce que le croyre, s'est nostre saulvemens. 1840

ᘛ⁐̤ᕐᐷ

Là nous feront noz yeulx aperte ostention,
De la Divinité & l'Incarnation,
De la Nativité & de la Passion,
Du Résuscitement & de l'Ascention.

ᘛ⁐̤ᕐᐷ

Sacremens & article seront là descouvert, 1845
Qu'à nostre congnoissance n'y aura riens couvert,
Quanque cy nous est cloz nous sera là ouvert,
Quanque cy nous est sec nous sera là tout vert.

ᘛ⁐̤ᕐᐷ

Là verrons le Fils Dieu & sa très-doulce mere,
Et son saint Esperit & son glorieux Pere, 1850
Et les ames saulvées dont chascune est plus clere,
Sept fois que le soleil quant plus cler nous esclere.

ᘛ⁐̤ᕐᐷ

Et puisque tant est clere chascune ame saulvée,
Moult aura grant clarté icelle bieneurée,
Qui en son tres-doulx ventre porta celle ventrée, 1855
Dont toute créature est si enluminée.

Quelz seront saintz & saintes & aussi vous démenge.
Quelz cuydez-vous que soient ly Ange & ly Archange?
L'Ange ne pourroit dire, ny privé, ny estrange,
Leur clarté, leur bonté, leur purté, leur louenge. 1660

Quel sera Jesus-Christ en sa grant Déitez.
Que cuidez-vous que soit la sainte Trinitez?
Pour Dieu vous qui en grace vivés & habitez,
Pensez en ce souvent, & vous y délitez.

Pensez qu'est le délict de tousjours remirer, 1865
Quanqu'en peut en ce siecle vouloir ne desirer,
Là devons tous & toutes tirer & aspirer,
Et en ceste memoire de joye souspirer.

Trop voit-l'en voulentiers au monde ce que on ayme;
Mais pou vault cil déduyt, car adés y fault trayme, 1870
Tard vient, a tost trespassé com ung petit de rayme,
Pource n'est pas bien sage qui son cueur trop y seyme.

Mais tout cil qui cy ayme ou bien y veult aymer,
D'amour nette & durable se doyvent enflamer,
Et Dieu ly ung pour l'autre prier & reclamer,   1875
Qui le maint à la gloire où ilz n'ont point d'amer.

Puisque gens s'y s'entr'ament ont des ames pitié,
Que l'en doit plus aymer que le corps la moytié,
Toute la court du Ciel prisent leur amytié,
Et de maint grant péril sont par ce respitié.   1880

Netz sont & amoureux tout cil de celle court ;
Car nulle autre monnoye en Paradis n'a court,
Tous les biens de ce monde nous semblent estre court ;
Mais leur joye amoureuse ne sault, ne ne décourt.

[1885
Là verrons-nous les Anges qui cy aval nous gardent,
Qui leur doulx Créateur ayment tant que tous ardent,
Sans cesser les contemplent & louent & esgardent,
Une toute seule heure de ce faire ne tardent.

Qui bien savoureroit quelle chose Dieu peut estre,
Qui fist toutes les choses qui oncques peurent estre, 1890
Qui tous a à nourrir, à garder & à paistre,
L'en devroit bien tenir à Seigneur & à Maistre.

Qui remire le Ciel, le Soleil & la Lune,
La beaulté des estoilles dont nul n'en feroit une;
La mer, l'air & la terre, chascuns homs & chascune 1895
S'en devroit merveiller; mais c'est chose commune.

&⁂&

Toutes les œuvres Dieu sont trop esmerveillables,
Et puisque telz merveilles faites choses voyables,
Croyons que trop greigneurs les fait és pardurables,
Ne pour quant les communs sont les moins agréables.
[1900

&⁂&

Voir est, & si je croy que ly quatre élément
Durront sans prendre fin; mais tout le mouvement
De toutes choses prenent vie & corrompement,
Cesseront & seront purgiés parfaictement.

&⁂&

Mais toute leur beaulté qui cy tant nous délite, 1905
Courra sur les saulvez que Dieu prent a eslite,
Et toute sa vilté qui y est & habite,
Courra sur les damnez qui tousjours seront triste.

&⁂&

Pensons quantes plaisances peuvent estre trouvées
En ces quatre élemens qui soient ordonnées, 1910
Toutes revertiront sur les ames saulvées,
Et trestout le contraire sur les ames damnées.

&⁂&

Chault

DE JEAN DE MEUNG.

Chault & froit sans mesure, pueurs intolérables,
Botereaulx & couleuvres, & vision de Diables,
Le ver de conscience qui parest trop grevables, 1915
Deffaulte de tous biens, toutes choses nuysables.

❦

Certes trop mal se fait en tel clos emmurer,
Où il convient par force en tel clos demourer,
Las comment y pourront ces orgueilleux durer,
Qui ne pevent nul rien ne souffrir n'endurer. 1920

❦

Que feront ces riches hommes, ces grans délicieux,
Ces aisiez de ce monde, ces grans luxurieux,
Qui de leur vil charoigne sont si très-curieux,
Quant toutes les angoisses courront là parmy eulx.

❦

Comment pourra gesir au feu qui art & fume, 1925
Qui ne peut cy dormir fors que sur lict de plume,
Comment pourra souffrir tous maulx à ung volume,
Qui ne peut cy dormir pour ung petit de reume.

❦

Comment pourra souffrir sur son ventre une mole,
Qui ne peut cy souffrir une dure parole; 1930
Car tous les vens d'enfer lui courront par la gole,
Et ne peut cy souffrir ung pou de vent qui vole.

❦

Tome III.   E

Sent & fouldre & tonnoirre qui tout perce & entefte,
Feu, grefle, noif & glace & orage & tempefte,
Les tormentent adés des pieds jufqu'à la tefte ;   1935
Car Enfer eft tout comble de tormens jufques au fefte.

Tormens y a pour Papes, pour Roys, pour Chevaliers,
Pour faulx Clercs, pour faulx Lays & pour faulx Réguliers,
Pour les Religieux & pour faulx Séculiers ;
Tormens y a communs, propres & finguliers.   1940

Plus y a de tormens que de fueilles en tremble ;
Car les damnés y font tormentez, ce me femble,
Autrement cil qui tuë, autrement cil qui emble ;
Las ! quant il m'en fouvient treftout le cueur me tremble.

S'aucuns pour fole amour fe font entredamnez,   1945
Là feront mys enfemble & joings & enchaignez,
Batus & derompus, froifliés & efchinez,
Et mauldiront le jour qu'ilz furent oncques nez.

Et ont pour leur amour perpetuelle hayne,
Pour leur joye, triftefle, & pour leur paix atayne,   1950
Et pour leur faulx délit très-deftraignant gehaine,
Perilleufe eft amour qui telle queuë traine.

Tormentés sont ensemble cilz qui se entrehéent,
Qui veoir point ne se veullent, qui leur parole béent,
Et ces faulx Usuriers qui la povre gent héent,   1955
Si près que riens qu'ilz puissent alessier ne leur béent.

Ceulx gens ne vont pas seulz en Enfer le puant ;
Car leurs femmes & leurs hoirs vont après eulx bruant,
Où ilz ne trouveront qui les aille huant,
Ains feront tous ensemble tormenté ly ruant.   1960

Tieulx gens qui s'entredament selon m'oppinion,
Sont en la paine ensemble à leur confusion,
Pource que devant eulx voyent l'occasion,
Et la cause certaine de leur damnation.

Et se les amoureux ont espoir paine grande,   1965
Non pourtant damnez sont nulz nez en peut deffendre,
Ne nulz qui soient en vie ne souffreroit la cendre
Du feu qui sans estaindre leur ardra la chair tendre.

Voyon que ly pechié ne soit pas tout honny,
Et que entre pecheurs il soit trop plus pugny ;   1970
Mais iceulx toutesvoyes n'istront jamais du ny,
Où tous, s'ils s'y boutent, sont perdu & honny.

La paine des chétifz qui en enfer vont maindre,
Est si grant que chascun souffrir cuide la graindre,
L'en n'y oit que cueur braire & guermenter & geindre;
Car le feu les destraint qui ne se peut estaindre. [1975

❦

Et tant leur font les Diables souffrir après hachie,
Qu'il convient que chascun son Créateur mauldie;
Ilz ne pevent mourir, si het chascun sa vie,
Ne ne pevent vouloir qu'ilz ne reffusent mie. 1980

❦

Cy à fort chose à croire & si est véritable,
Car la Sentence de Dieu est si ferme & estable,
Que puisqu'ils sont donnez & delivrez au Diable,
Riens ne peuvent vouloir qui leur soit prouffitable.

❦

Pensés à ce souvent; car qui y penseroit, 1985
S'il estoit bon, je croy qu'encor meilleur seroit,
Et s'il estoit maulvais, il s'en amanderoit,
Et de ses voulentés moult ce croy laisseroit.

❦

Femme & homs qui le jour une fois seulement,
Veult remembrer sa fin & son commencement, 1990
Paradis & Enfer, & leur démainement
Ne doit estre damné s'il a entendement.

❦

Pensons qu'Enfer est plain d'angoisses & de leurs vices,
Et Paradis de joye & de toutes délices ;
Et que Dieu est si franc, si doulx & si propices, 1995
Que se nous y faillons je nous tiens pour trop nydes.

Boutons-nous entre nous, demandons, il donra,
Querons, nous trouverons, voulons & il voudra,
Jà sans nous ne demourre, en luy ne demourra ;
Mais que l'en vueille en temps que temps valoir pourra.
[2000

Nul ne sçait qu'est bon vin qui bien ne l'assaveure,
Assavourons bien Dieu, & si desirons l'heure
Que nous soyons au lieu, car trop plus nous demeure,
Que mestier ne nous fust ; mais pechié nous court seure.

Et s'aucuns vouloient dire qu'ainsi lassez se sentent 2005
D'amours qu'ilz ne s'en pevent partir, je cuyd qu'ilz men-
Mais or ce sõt les Diables qui sort ainsi les temptent, (tent;
Et leurs foibles courages qui trop tost se consentent.

T'en à paine & travail ains qu'ung fol délict viengne,
Moult doit l'en plus pener à ce que l'en s'en tiengne ; 2010
Et quant le Diable tempte que l'en s'en contretiengne,
Qui se sent en ce point de ces motz luy souviengne.

E 3

Grant coust ne grant travail ne fault en ceste guerre,
Fors que telle vigour qu'il n'eschiet pas loing querre;
Mais en son corps mesmes dedans sa propre teste, 2019
Plus n'y fault sors que Dieu dévotement requerre.

Par qui ce fait n'estoit jà si embaboynez
D'amour, ne d'autre vice tant soient enracinez,
Qu'en assez petit d'heure ne soit enluminez,
Et de sa maladie guéris & terminez. 2020

Ne nous peut délaisser ce qui nous fait pesance,
Ne nul ne peut guerpir ce qui nous fait grevance,
Tost oublyé pechié qui ainsi le exence;
Car riens ne greve tant com male acoustumance.

Aise de tout pechié est si envenymée; 2025
Car il n'est créature tant soit en Dieu fermée,
S'elle hante souvent une autre ou est hantée,
Que pechié ne s'y glice ou male renommée.

(veoir,
Quant deux gens s'entreveulent trop souvent entre-
Parler, ou compaiguer, ou longuement seoir, 2030
Trop leur a donné Dieu grant force & grant povoir,
S'ilz se peuvent garder bien longuement sans cheoir.

Et la chair & ly Diables sont si malicieux,
Et si adviséement & si contagieux,
Qu'à paine peut nul estre si très-Religieux, 2035
Qui ne branle en ce point soit Abbé ou Prieux.

L'en peut tout autre vice en combatant destruire;
Mais il convient cestuy especialment fuyre;
Car son feu & sa flambe fait si près de luy bruyre, [2040
Car nul qui près s'en tiengne ne s'en part sans luy cuyre.

Car jà tant n'y aura d'esperitalité,
S'il ne fuyt & escheve toute opportunité,
Et trestout son aiséement, si comme le dy é
Que mort ne s'y embate de la carnalité.

Fuyons en combatant, combatons en fuyant, 2045
Et esperons que Dieu nous va de près suyvant;
Et s'il tarde à la foiz ne vous voyse ennuyant,
Ains soyons vigoureux contre le souldoyant.

Cil puissant Roy de gloire qui sans fin regne & vie,
Qui tout ains que riens feust, sceut & congneut & vie,
Qui tout peut & soustient & gouverne & chevie, [2050
Vueille garder noz cueurs jusques à la devie.

E 4

La Vierge glorieuse qui glorieusement
L'enfanta Vierge, après Vierge au commencement
Luy face comme Mere son doulx commandement, 2055
Et luy prye comme Fille de nostre saulvement.

Vierge très-gracieuse de toutes graces plaine,
Vierge qui n'as pareille premiere ne derraine ;
Clere estoille de Mer, qu'on nomme tresmontaine,
Maine-nous & conduit à la joye souveraine.   2060

Vierge doulce, à laquelle nulle ne se compere,
Vierge fille ton filz, Vierge mere ton pere,
Navre-nous des cinq plaies ton filz si qu'il y pere,
Que son glorieux sang en noz cueurs bille & pere.

Vierge qui du corps Dieu ton filz t'enceinturas, 2065
Qui le doulx fruict de vie en tes flans demeuras,
Dont tout l'amertume du monde assavouras,
Ne nous oublie mye, cure de nous auras.

Dame de Paradis, & Royne couronnée,
Tresoriere de grace avant saincte que née,   2070
De la grace de Dieu avant prédestinée,
Or Benoiste soit l'heure que tu nous fuz donnée.

Dame en qui la beaulté tout Paradis se mire,
Dame qui la bonté langue ne peut descrire,
Tant a de bien en toy qu'a nul ne peut suffire, 2075
Tu es mere de Dieu, & nul ne te peulx nuyre.

C'est la greigneur honneur que nul te puisse faire,
C'est la chose qui plus te plaist & te doit plaire;
Pource je te supplie mere Dieu debonnaire,
Que tu par ton saint nom nous vueilles à toy traire. 2080

Pour ce es-tu mere de Dieu que de nous pitié ayes,
Dont plus feablement te prie que tu nous oyes,
Et que tu nous impetres les souveraines joyes,
Encontre l'ennemy nostre deffense soyes.

Très-doulce mere Dieu, se je ce te reprouches, 2085
Tu n'y as vilenye, ne blasme, ne reprouches;
Ains est ton grant honneur & qui plus près te touche,
Pource s'en enhardissent & mon cueur & ma bouche.

Tu sçais ma voulenté, tu sçais m'entencion,
Pource te supplyé-je par grant affection, 2090
Que tu si nous impetres vraye rémission,
Et là sus avec toy gloire & rédemption.

A ceste vision nous vueille convoyer,
La court de Paradis qui en vueille prier,
Ton filz qui est le pris de tout nostre loyer, 2095
La saincte Trinité la nous vueille ottroyer.

E

LE CODICILLE

Se je dy gueres plus je doubte qu'il n'ennuyt,
Aux oyans cui Dieu doint joye & santé ennuyt;
Car à seul escouter trop forment en ennuyt,
Qui met dix jours à dire ce qu'il peut dire en huyt. 2100

Ly plusieurs s'esjouyssent de briesté orendroit,
Et la prolixité ennuye en tout endroit,
Or convient souvent taire ou soit tort, ou soit droit,
Mainte bonne parole plus qu'il ne conviendroit.

L'en dit communément que beau parler ennuye, 2105
Et que qui a trop vent que Dieu luy donne pluye;
Si vault mieulx, ce me semble, qu'en taire me déduye,
Que je par trop parler ce que j'ay fait destruye.

Et s'il y a nul bien à la gloire de Dieu aille,
Et au salut de m'ame & aux escoutans vaille, 2110
Et du mal, s'il y est, leur prie qu'il ne leur chaille;
Mais retiengnent le grain & jettent hors la paille.

Le bien soit mys en œuvre & le mal oubliés,
Et du bien qui y est Dieu en soit mercyés;
Si vous prie tous & toutes que vous pour moy priés 2115
Celluy qui fut pour nous en Croix crucifiés.

Cy fineray mon dit au nom de Jesu-Christ,
Et chascun qui l'orra mercie en Jesus-Christ,
Et luy prie humblement que nous soyons escript
Au saint Livre de vie que cil mesme a escript. 2120

Fin du Codicille.

LE TESTAMENT DE MAISTRE JEAN DE MEUNG.

O Glorieuse Trinité, 1
Une essence en vraye unité,
En trois singulieres personnes :
O glorieuse deité,
Et souveraine majesté, 5
Qui ung Dieu de toutes pars sonnes,
Qui toutes choses nous feiz bonnes,
Qui les quatre élémens esbonnes,
Qui regnes en éternité,
Qui vivre & entendement donnes, 10
Et tous les biens nous habandonnes,
Aide-moy à ce ditté.

Tu es cil Dieu qui trestous feis,
Qui la chair en la Vierge pris,
Sans sa virginité mal mettre, 15
Dieu & homme en ung corps tu mis,
Et à la foy tu te soubzmys,

E 6

LE TESTAMENT

Où foy ne te povoit soubzmettre ;
Car circoncis fuz à la lettre,
Et baptisé pour nous démettre,   10
Du pechié que tu a maulditz :
Nul ne se povoit entremettre,
Fors toy de ce pechié remettre,
Par quoi à toy nous a acquis.

※

Moult de voyes tu peusses querre,   25
S'il te pleust pour tous nous acquerre ;
Mais ceste fut plus convenable,
A mouvoir vertueuse guerre,
Pour nostre adversaire conquerre ;
Si nous doit estre souvenable,   30
Et à deux mains entreprenable,
Pour la grant joye permanable,
Gaigner ce qui n'est pas en terre ;
Ains y est le monde & le Diable,
Et chair ensemble guerroyable,   35
Que la grace vaint & atterre.

※

Qui contre ces trois veult emprendre,
Il luy convient pour soy deffendre,
Avoir foy & ferme esperance,
Et charité qui n'est pas mendre,   40
Et doit haubert & escu prendre,
Et vrayes œuvres de penance,
Et qui à ce soit en doubtance,
Que d'art tant soit agu ne lance,

Puist son escu percier ou fendre, 45
Ne doit riens doubter qu'on luy lance,
S'il a foy & ferme esperance,
Qu'on doit en sept choses emprendre.

※

Vraye foy de necessité,
Non tant seulement d'équité, 50
Nous fait de Dieu sept choses croire,
C'est sa doulce Nativité,
Son Baptesme d'humilité,
Et sa mort digne de mémoire,
Son descens en la chartre noire, 55
Et sa résurrection, voire
S'ascencion d'auctorité,
Sa venuë judicatoire,
Où ly bons seront mys en gloire,
Et ly mal en adversité. 60

※

Tenons donc pour vray fondement,
De Jesu-Christ le naissement,
Le baptesme, la passion,
Le descens, le suscitement,
L'ascension, le jugement, 65
Qui sera consummacion
De ce siecle & division,
De l'humaine créacion ;
Quant les bons sans département,
Auront joyeuse vision, 70
Et les maulvais confusion,

Qui durra pardurablement.

Ces sept choses, ces sept article
Sont du tout qui bien les applique,
Contraire aux sept pechez mortelz ; 75
Ces sept sont drois, ces sept oblique,
Ces sept sont sain, ces sept éthique ;
Car Diables si les a sechiez,
Qui les a par tout aluchez,
Puisqu'il fut par luy trebuschez : 80
Mais par les sept saintz y replicque,
Dieu qui est en nous embuschiez,
Par grace où il crye tu chiez,
Se tu ne tiens foy catholique.

Se foy n'as, en vain te phisiques 85
Car foy a toutes les reliques,
Par foy toutes vertus sont faictes,
Elle guerist les ydropiques,
Les pouacres, les frenatiques ;
Car elle a l'art & les receptes, 90
C'est la fin des sept ars pourtraictes,
C'est la vision des prophêtes,
Ce sont-là les Dames croniques,
Ce sont les sept vertus parfaictes,
C'est le pouvoir des sept planettes, 95
Qu'on nomme estoilles erratiques.

C'est la vertueuse septaine,
C'est le misterial sepmaine,
Qui parfaictement signifie
Le cours de nostre vie humaine,   100
Ce sont les sept dons de demaine,
Du saint Esperit c'est la hye,
Qui tout froisse, desjoint & esmye,
Orgueil & yre où Dieu n'est mye,
Et Gloutonnie la villaine,   105
Luxure, paresce & envye,
Et avarice l'endurcie,
Et toute leur pourrie graine.

Ces sept articles de foy vraye,
Qui dressent quanque pechié playe,   110
Sont figurés en maintes guyses;
Salomon son temple en estaye
Sur sept pilliers, mais la gent laye
N'ont pas telz figures aprises;
Saint Jehan en a fait ses devises   115
Des sept anges, des sept eglises,
Des sept chandeliers où Dieu raye,
Des sept estoilles de Dieu prises,
Des sept lampes au trosne assises,
Où toute charité est gaye,   120

Sept signaulx y a en ung livre,
Que Dieu qui siet au trosne livre,
A l'Aignel qui sept cornes a

Et sept yeulx ; mais nul qui puist vivre
Fors cil qui de mort voult revivre, 125
Aux signes ouvrir n'a deça ;
Mais si-tost que ouvers les a,
Dont saint Jehan si se repaisa,
Qui le mistere voult descrire,
De l'Aignel que Judas baisa, 130
Qui pour pour nous tant se mesaisa,
Que nous feussions de mort délivre.

❧❀❧

Doncques en sept lieux sept louanges,
Et sept busines & sept anges,
Businans successivement, 135
Monstrans les visions estranges,
Qui sont se vraye foy ne changes,
Des sept articles fondement,
Se tu y voys parfondement,
Sans herese confondement, 140
Lors résourdront les mors des fanges,
De terre en leur corps proprement,
Et en leurs ames ensement,
Sans erreur de foy ne t'enfanges.

❧❀❧

Ces ames que j'ay nommées, 145
Ne sont pas fables controuvées,
De blanche fleur ne d'esglantine ;
Ains sont visions esprouvées,
A noz saintz Peres démonstrées,
Par inspiration divine,

Toutes naissans d'une racine
Qui est de vraye foy medicine,
Qui rend les ames terminées,
Qui par foy les purge & affine,
Et qui par œuvre vraye & fine, 155
Les rend devant Dieu affinées.

Ces sainctes septaines sans doubte,
Qui comprennent nostre foy toute,
En vérité & en figure,
Qui en aspirant la mere goutte, 160
Et la savoure bien & gouste,
Selon nostre saincte Escripture,
Tiennent nostre vie bien seure,
Et nostre maniere bien meure,
Et purge toute mortel goutte, 165
Ceste vive & divine armeure,
Qui devers Dieu si nous asseure,
Qui ce ne croit-il ne voit goutte.

Goutte certes ne voit-il point,
Ains est aveugles en ce point, 170
Quant aux yeulx de l'entendement ;
Car Dieu de ses sept poins n'ont point
Et ceste armeure & ce pourpoint,
C'est nostre garentissement
Contre toute envahissement, 175
Pour ce vueil singulierement
Parler de chascun point à point;

Car si affectueusement,
Ne si très-amoureusement,
Riens que je saiche ne me point.   180

※

O très-glorieuse naissance,
Qui humilias la puissance,
A qui nulle ne se compere,
Qui fis du Filz de Dieu enfance,
Qui desordonnas ordonnance,   185
Quant tu fis de la fille mere,
Char de déité pure & clere,
Homme de Dieu frere de pere,
Et de mortel guerre aliance;
Ceulx qui virent ce saint mistere   190
Ne vouldrent ce que j'ay dit taire,
Troys mil ans & plus devant ce.

※

Moyse qui la Loy ordonna,
Et Foy chrestienne y entonna,
Couverte de cerimonies,   195
Saint Abraham la rebonna,
Qui la circoncisionna,
Et puis vindrent les Prophecies;
David, Daniel, Ysaies,
Ezechiel & Jeremies,   200
Et maint autre en sermonna;
Leurs paroles sont averies,
En ung baptesme tesmoignies,
Quant la voix du pere y tonna.

※

Vertueux baings & moult feris, 205
Qui saulvez & riens ne péris;
Puisque Dieu entrer y daigna,
Et tout le monde estoit péris,
Ne bien qui fust n'estoit méris;
Quant le doux Fils Dieu se baigna, 210
Dieu le pere l'acompaigna,
Qui telz mots dits sur le baing a;
Oyez-le, c'est mon fils cheris,
Ce saint Sacrement empreigna,
Le coulon qui ce enseigna, 215
Com vray Dieu & sainct Esperis.

Fontaine vivificative,
Saincte eaue generative,
Fleuve de remede final,
Clere unde purificative, 220
Du vieil homme renovative,
Qui par son pechié criminal,
Espandit de son orinal,
Par tout le vice original
Chargié de paine obligative, 225
Du fruict du ventre virginal,
Pour nous délivrer de tout mal.
Donna ceste eaue purgative.

Glorieux Fleon, glorieuse Eve
Qui lavas ce qu'Adam & Eve, 230
Ont par leur pechié ordoyé,

Tu trouves au gâtel la feve,
Et metz en buche seiche seve,
Par les motz qui sont desploié
Sur toy, par quoy t'y souldoié 235
Sont en ung moment souldoié,
En la joye qui tout acheve,
Tu es le Fils Dieu baptoyé,
Par qui nous sommes nectoyé
D'ordure, d'escume & de beve. 240

※

Comme grant Sacrement cy a,
Qui la Trinité dédia,
Baptiser oyant & veant;
Quant cil qui tout fist & créa,
Nos pechiez il mondiffia, 245
Et il recreut le recreant,
Et nous soubstrait du soubstrayant,
Qui tous nous alloit soubstrayant,
Par noz parens qu'il conchia,
Soyons de ce ferme & créant, 250
Car je vous afferme & creant,
Que Dieu nous y sanctifia.

※

Moult a cy vertueux Baptesme,
Qui enta sans huille & sans cresme,
Salut d'invocacion trine, 255
Qui tout peut sans nombre & sans esme,
Qui enchasse l'esperit pesme,
Par sa vertu puissant & digne,

DE JEAN DE MEUNG. 117

Qui par tout rend l'ame benigne,
Et en trait toute riens maligne, 260
Et d'innocence si la sesme,
Qui la fait plus blanche que cresme,
Et la seigne de son saint signe,
Et la retient tout à soy-mesme.

Or parlons du Sacrement tiers, 265
Ou je peus tant plus volentiers,
Quant il plus nous vault & proffite,
C'est le nostre greigneur rentiers,
Et nostre amy ly plus entiers,
Et où plus grant amour habite, 270
Qui toutes noz debtes acquitte,
Et nous radresses & herite,
Qui nous adresse és drois sentiers,
Qui a mort par mort desconfite,
Qui a vie en son sens confite, 275
Qui a fait quanqu'il est mestiers.

Mestiers fist à l'humain lignage,
Que plus fort de luy mist en gage,
Suffisant pour luy acquitter
Vers Dieu qui l'eut fait a s'ymage, 280
Qui Paradis a heritage,
Luy livra pour luy délicter;
Mais petit luy peut prouffiter
Pour Eve & Adam qui jetter,
S'en firent à tout leur menasge, 285

Pour ce vint en terre habiter
Le Filz Dieu pour eux hériter,
Où il souffrit de mort la rage.

❦

 Mort très-angoisseuse & sans feinte,
Mort très-douloureuse & pou plainte, 290
Mort nette de mortel desserte,
Mort très-glorieuse & très-saincte,
De vie & de victoire enceinte,
Où Déité estoit couverte,
Mort dure doulcement soufferte, 295
Puissance est à son gré offerte,
Souveraine beaulté estainte,
Fort couverture descouverte,
Forteresse en cinq lieux ouverte,
Pitié de toutes parts empraihte. 300

❦

 Très-doulx Dieu qui peut dignement
Parler de ce saint Sacrement,
Où tout ly autre ont vertu prise,
Ou cil qui est Dieu proprement,
Sans fin & sans commencement, 305
S'obligea pour mettre à justise,
Et qui pour nous si pou se prise,
Qui la mort maistrise & justise,
Par effect de faulx jugement,
Qui termine arbitrage & mise, 310
Qui paye la paine commise
Du trespassé commandement.

DE JEAN DE MEUNG.

Adam par grant impacience
Et par fole inobédience,
Mordit le mors qui mort engendre, 315
Pource vint par obédience
La vertu & la sapience
De Dieu chair en la Vierge prendre,
Puis se souffrit trahir & vendre,
Batre, lyer, clouer & pendre, 320
Pour haster vostre expedience,
Son doulx costé ouvrir & fendre,
Sa glorieuse ame à Dieu rendre
En souveraine patience.

❦

Par tout souffrit pour nous saulver, 325
Forment fut pour nous mener
Aux délictz qui sont sans essoine,
Où nul ne povoit assener,
Sans luy qui se laissa pener,
Pour nous oster hors de la paine, 330
Qui a mort pardurable maine,
Par tout fut trouvé sa broyne,
Par noz ennemis refrener,
N'y ot emplastre, ne cyroyne,
Ne n'y ot nerfz, ne os ne vaine, 335
A estendre n'à estrener.

❦

Tous ses membres jusques au feste,
Pieds & mains, bras, costé & teste,
Furent tous de sang arrousé,

Pour laver sa gent & sa geste , 340
Qui par leur coulpe manifeste ,
Estoient par tout si housé ,
Et si ort & si embousé ,
Que se le sang dont dit vous é
Ne fust jamais sainct n'eust esté , 345
N'aux nopces du saint espousé ,
N'entrast homme rez ne touzé ,
Pour Priere ne pour Requeste.

Pour Dieu or ne vous soit paresse ,
D'assavourer com grant aspresse , 350
Dieu souffrit en sa passion ;
Car qui au voir dire s'adresse ,
Sa doulceur & sa grant destresse ,
Fut sur toute estimation ,
Pour sa noble complexion , 355
Qui soustient ceste affliction ,
Et pour plus fort causeant ce ,
Ce fut l'amoureuse union ,
Dont la mort fist division ,
Au meilleur point de sa jeunesse. 360

S'ame de son sainct Corps partir ,
Luy fist un tant greigneur martir ,
Quant l'ame plus le corps ayma ;
Mais ceste amour fut sans mentir
Plus grant que cueur ne peut sentir ; 365
Car saint Esperit l'enflamma ,

Et

Et l'embrasa fort & flamma,
Du doulx feu qui doulce flamme a,
Qui fait amer sans repentir :
Qui si s'y joignit & ferma,
Que déité y afferma, 370
Pour tout saulver & garentir.

Glorieux corps, glorieuse ame,
Conceu de Dieu, ne de femme,
En humanité honorant
Dieu se texit en ceste lame, 375
Rotée en Croix comme une game,
Du précieux sang decurant,
Qui amortit mort en mourant,
Qui auxentit plours en plourant,
Qui nous délivra de la flame 380
Er du feu d'Enfer demourant,
En homme & femme secourant,
Pour ame serve faire Dame.

Dieu qui vous meist en ce vouloir,
Pour quel cause offristes vous loir 385
De Paradis à mort pour homme,
Qui vous mist à vous tant douloir,
Pour voz ennemis desdouloir,
Qui vous mist à porter leur somme,
Par les glorieux saintz de Romme, 390
Vous ne mangastes pas les pomme,
Ne leur en donnastes vouloir,

Du mangier si me merveil comme
Nul qui soit, ose c'est la somme,
Riens qui vous vueille desvouloir. 395

S'aulcun pour ses enfans endure,
Aulcune male grant advanture,
Ou les amis pour les amis,
Loyauté & droit de nature,
Font & soignent ceste cousture, 400
Par les poins que Dieu y a mis;
Mais de son gré cil c'est soubzmis,
D'acomplir ce qu'il a promis,
A mourir à si grant laideure,
Et prier pour ses ennemis, 405
Que leur meffait leur soit remis,
C'est rage d'amour sans mesure.

Nul ne s'en peut amesurer
A parfaictement mesurer,
L'amour Jesu-Christ & la mort, 410
Nul ne les peut si grans jurer,
Qui s'en peut de riens parjurer,
Tant en juge qu'à mort la mort,
Qui d'amour endure la mort;
Car la pomme & cil qui la mort, 415
Qui bien le sçait conjecturer,
Firent tant que cil contre mort,
Que conscience ne remort,
De mort souffrir pour mort curer.

S'amour fut si caritative, 420
Et sa mort si amerative,
Que nul engin ne peut atteindre,
Ains convient que cueur se coytive;
Car les mies yssent de rive,
Qui trop veult les croustes estraindre; 425
Mais qui veult grappe a droit espraindre
La bonté du vin en est graindre,
Et plus vertueuse & plus vive,
Pour ce voult Dieu au meilleur maindre,
Pour nous donner exemple à fraindre, 430
Et de laisser chose excessive.

※※※

Saint Pol qui sçeut si haultement,
Enseigne à sçavoir sobrement,
Et non plus que sçavoir comment,
Assez sçait qui croit fermement, 435
Et qui se régeist simplement,
Dieu qui tout peut & dont tout vient,
Cueur peut tost errer laidement,
Qui parler en veult autrement,
Quant de la mort Dieu me souvient, 440
Une pensée me sourvient,
Ou je pense entendivement.
C'est que tout bien de Dieu nous vient.

※※※

Povoirs & vouloirs & bontez,
Ces trois tout ung en Dieu compter, 445
Créerent tout nostre roison;

Anges à Dieu plus hault monter,
Et donna à leurs neuf costez,
Franc arbitre par livroison ;
Mais ly plus que par mesprison,   450
Et par orgueilleuse achoison,
Cheirent du tout ahonter,
Et vuyderent le Ciel ; mais hom
Fut fait pour remplir leur maison
Qui cheyt, puis fut remontez.   455

Ly Ange par soy se déceupt,
Pource n'eut-il & ne receupt,
Saulveur ne nul médiatour ;
Mais tantost contre homme conceupt
Par envye, car il parceut   460
Que Dieu l'eut fait de tel atour,
Pour monter au Ciel en sa tour,
Avec son très-doulx Créatour.
Lors tempta homme, & homs le creut ;
Pource luy donna curatour,   465
Dieu le pere qui cura tout,
Par arbre & que l'arbre l'acreut.

Helas ! pourquoy tant meschey,
A hom qui le desobey,
A Dieu qui bel & bon loeset ;   470
Car tantost en pechié chey,
Quant Dieu l'eut fait & l'eut beney ;
Ce fut de bien fait à tort fait ;

Car il mist en son vil coffret
La pomme que cil luy offret, 475
Que Dieu avoit or jà maley,
Cy ont fort font & ont fort fait;
Car le Fils Dieu pour ce fort fait,
Qu'il ne pécha mal en chey.

Hé coulpe bien advantureuse, 480
Qui de la mort Dieu précieuse,
Estre ravise desservis,
Tu nous fuz trop contrarieuse,
Destraignans & contagieuse;
Car tout le monde as asservis, 485
Tu feis serfz mors & feis serfz vifz;
Dieu seruyt & tu desservis,
De gloire & de vie joyeuse,
Dieu mesmes de la mort servis,
Qui a mort faulse le transmis, 490
Par la fine mort vertueuse.

Ceste vertu par tout courut,
Quant soy-mesmes ne secourut,
Fors ceulx qui le croyent & creurent;
Car qui par foy n'y acourut, 495
Par mescheance vil mourut,
Et pires après qu'avant furent,
Ceulx qui en ceste foy ne creurent,
Et qui n'ont fait ce qu'ilz deurent;
Car puisque le Fils Dieu parut, 500

En chair si bel fait & parurent,
Parmy furent ceulx qui mescreurent;
Car Raison adonc fort courut.

⁂

 Fort courre est muer droicte voye,
Et cil se mue trop & desvoye,   505
Et desvoya qui lors le veit,
S'il ne le creut ; car il ravoye,
Les desvoyés & les convoye
A la gloire qu'il leur promist,
Où tous leurs souhetz assovist,   510
Où nul n'entre qui se forvist,
Ne n'entrera qui se forvoye,
Cil qui tout gouverne & chevit,
Qui vray Dieu sans fin regne & vit,
Nous doint que chascun là le voye.   515

⁂

 Là le verrons-nous, c'est le voire,
Par bien ouvrer & par bien croire;
Mais foy est la premiere porte
D'entrer en pardurable gloire,
L'autre est bien ouvrer sans recroire;   520
Car foy sans bien ouvrer advorte,
Foy sans bonnes œuvres est morte,
L'une sans l'autre est voye torte,
En ceste vie transitoire ;
Quant l'une avecque l'autre porte,   525
Elle allege tout & réconforte,
Et oste Enfer & Purgatoire.

⁂

Ces deux lieux sont faitz à punir
Tous ceulx qui faillent à venir,
A ces biens souverains ensemble, 530
Qui pevent blanchir & brunir
Tout homme, & garnir & munir
Paradis ou Dieu, ce me semble,
Que nul s'il n'est net ne resemble
A une, les bons y assemble, 535
Pour les Sieges vuydes remplir;
Car quant ennemys y dessemble,
Il convient que Dieu y rassemble,
Ains que ce siecle doie finir.

   Tu qui m'os, les yeulx du cueur euvres; 540
Car vraye foy & bonnes œuvres
Feront ceste doulce assemblée;
Et si par ce ne l'a recueuvres,
Là en vain t'excuses & œuvres;
Car jà n'y sera acceptée 545
T'excusation, n'escoutée;
Ains est t'ame & ta chair boutée,
En Enfer, au lict aux couleuvres,
Qui peut cy estre recouvrée,
Et garantye & délivrée, 550
Se tu as foy & bien tu œuvres.

   Vray foy, esperance & amours,
En homme & femme qui amours
Sont les trois vertus de salu,

F 4

Dédiées de deux coulours, 555
Qui décoururent des doulours,
Du costé Dieu à grant palu,
Qui de la chartre tantalu,
Et de la maison dedalu,
Nous mist hors ou tant à de tours, 560
Se plus ne nous en eust valu,
Qu'il ne nous a de luy chalu,
Là fust de nous tous ly retours.

Là retourner nous convenoit
Par force quant homs ne tenoit 565
De quoy suffisamment payer ;
Se ly doulx Filz Dieu ne prenoit
Chair d'homme, cil ne la prenoit
Pour homme à son pere apayer,
Pource se laissa-il player, 570
De son précieux sang rayer,
Car force d'amour le menoit ;
Bel fut nez qui sans délayer,
Voult en cueur souvent essayer,
Que son corps en Croix soustenoit. 575

Toutes vertus parfaictement,
Comme en leur propre fondement,
Sont en luy qui veult dire voyr,
Pour ce ama-il plus vivement,
Et souffrit plus sensiblement, 580
Quant vint à la mort recevoir ;

Car chascun peut apparcevoir
Qu'il fist pour chascun son devoir,
Qui povoit avoir sonnement,
C'est ce qui me fait concevoir, 585
Que s'amour fut sans décevoir,
Sur tout humain entendement.

Veoir povez en la saincte Croix,
Se de penser tu n'y recroix,
De sa grant amour le mistere; 590
Car se tu en t'ame m'accroix,
Ou tes propres yeulx ne mescroix;
Il tend ses bras hault à son pere,
Son chief au peuple & à sa mere,
Esquelz le fruict de sa priere 595
Descent aussi comme une escroix,
Qui fendit la dure pierriere,
Qui de biere & de mort amere,
Ressourt maint mort à celle foys.

Les piedz pour nous aval descendent, 600
Et du long de la Croix s'estendent,
Vers terre pour fructifier,
A ceulx qui ce mistere entendent,
Et sa doulce mercy actendent,
Pour eulx ou luy se confier, 605
Pour leurs ames justifier,
Pour aymer & croire & fier,
Qui leur vie & leurs us despendent,

Et luy doulcement mercier,
En luy très-humblement prier, 610
Que leurs cueurs o luy en Croix pendent.

Cueur qui en ceste Croix se pent,
Dont nostre saulvement despent,
Ne peut ne ne doit riens doubter,
Qui des maulx passez se repent, 615
Et aux maulx presens se souspent,
Que ne luy puissent point grever,
Au salut de s'ame eschiver,
Seur se peut couchier & lever,
Qui son temps en tel us despent ; 620
Car toutes boces peut crever,
Et son cueur jusqu'au vif caver,
Pour garir tous maulx de serpent.

Toute morsure venimeuse
Garist celle Croix précieuse, 625
En cueur qui la sçet aguiser,
Elle est & riche & très-heureuse,
Elle est en tous biens planctureuse ;
S qu'on ne la peut espuiser,
Tant y peut-on prendre & puiser, 630
Ce n'est pas puis huy, ne puis hier,
Que Croix est & fut vertueuse,
Nul ver ne la puist pertuisier,
Ne son vernis vermenuisier ;
Car elle est de tous vers tueuse. 635

Croix fut du sang Dieu vernisée,
Dont une goutte ou quelle chée,
Pourroit nul monde rachapter,
Croix fut par grace pourchassée,
Croix fut avec Dieu clofichée, 640
A qui nulz ne peut contrester;
Croix acquitte sans endebter,
Croix aide sans barater:
Et quant elle est en cueur fichée,
Dyable n'y peut yvroye gecter, 645
Ne giboer, ne fureter,
Car Croix ne peut estre enforcée.

Croix a fort cueur & dure escorce,
Croix ne doubte cisel, ne force,
Ne diable, ne chair, ne le monde; 650
Les fors frappe, froisse & defforce,
Les foibles conforte & enforce;
Car tout effort en Croix se fonde,
Croix est la pierriere & la fonde,
Qui tout encravante & affonde; 655
Car le sang Dieu luy donne force,
Longue, lée, haulte & parfonde
En tous lieux & de tous biens bonde;
Car Diable ne craint riens fors ce.

Croix ne peut mie estre deffuyte, 660
Car elle est du sang Dieu confite,
Et qui ce sçait & regehist,

Avec Dieu en sa Croix habite,
Croix fut jadis vieulx & despite,
Ains que le Fils Dieu ne s'y mist ; 665
Car qui adoncques se messit,
Croix de double mort si l'occist,
L'une & l'autre honteuse & triste ;
Le corps du bon Larron mort prist,
Et l'ame jamais Dieu ne vist ; 670
Car nul bien n'avoit lors merite.

❦

Riens quant à pardurable gloire,
N'estoit devant croix méritoire ;
Mais ceste Croix dont je vous dy,
Nous ediffia Purgatoire, 675
Qui rend paine consolatoire,
A ceulx dont on chante au Lundy ;
Car le Filz Dieu qui y pendy,
Pour son sang qu'il y espandy,
Qui avoit vertu rédemptoire, 680
Tant y hurta & contendy,
Que la vie nous y rendy,
Par mort qui eut de mort victoire.

❦

A mort de toutes mors non paire,
Et à qui nul ne se compere, 685
Sans qui nul n'est sauf ne sera,
N'oncques ne fut ; quant ly saint Pere
Veirent & creurent ce mistere,
Ta vertu qui mort enfer a,

Qui ce croit, ou creut, ou croira ; 690
Et pas ne se démentira
Jà ne mourra de mort amere ;
Car ta vertu le saulvera :
Qui povoir de tout saulver a,
Tu nous es fille, Dame & mere. 695

Fille humble, Dame prouffitable,
Mere advenant & amyable,
Amour & amye amoureuse,
Grace aggreant & aggréable,
Pitié, piteuse & piteable, 700
Qui descendit victorieuse
Jusqu'en la charte ténébreuse,
Où la lumiere glorieuse
S'espandit, & se fist voyable
A ceulx qui vie langoureuse 705
Menerent en vie joyeuse,
Quant lors tu triumphas du Diable.

O com Joyeuse descenduë,
Par qui lumiere fut renduë,
A ceulx qu'en tenebres estoient, 710
Moult leur en fut grant joye creuë,
Quant cil qui souffrit à leur veuë,
Que si ardamment desiroient,
Et qui prophetisié avoient,
Et sa descenduë attendoient 715
Deux mille ans devant sa venuë,

Et croy que mains ſi luy diſoient,
O très-doulx Saulveur noz yeulx voient
Noſtre Prophecie advenuë.

    Adonc David & Yſaies   720
Ne teurent pas leurs Prophecies,
Qui parloient de ceſt endroit,
Ezechiel & Ieremyes,
Et Saint Jehan & ſaint Zacharies,
Qui bien ſçavoient qu'il viendroit,   725
Et qu'à eulx ſaulver entendroit,
S'eſcrierent lors orendroit,
Sont noz paroles avéries ;
Il nous promiſt que chair prendroit,
Et que de nous luy ſouviendroit,   730
Ses promeſſes ſont acomplies.

    Qui veult eſcrire, dire & lire,
Et les motz peſer & eſlire,
Dont ce preſent article traicte ;
Il verra ſe bien les remire,   735
Que trop de beaulx motz peurent dire,
Ly Patriarche & ly Prophête,
Quant virent la clarté parfaicte,
Que ſainte Trinité a faicte,
En quoy tout Paradis ſe mire,   740
Dont toute clarté eſt extraicte ;
Car nulle autre clarté que ceſte,
Ne peut à ſi grant fait ſouffire.

O saincte Ame déifiée,
Qui hors ta chair crucifiée, 745
Tantost en Enfer descendiz,
Doit à ta grant mortifiée,
Qui par toy fut vivifiée,
Quant ceste clarté leur rendiz,
A eulx délivrer entendiz, 705
Pour grace avoir & Paradiz;
Si la feis par toute fiée,
Habiter à toy ung tendiz,
Jusqu'à tant que tu ascendiz,
A la clarté glorifiée. 755

Trop fut grant ta compassion,
Souffrir pour les tiens passion,
Et puis eulx tantost visiter,
Et donner consolation
De toute tribulation, 760
De coulpes & paines quitter,
Et du limbe d'Enfer gecter,
Et en eulx par gloire habiter,
Et au jour de l'Ascension
Monter ès Cieulx sans respiter, 765
Et de faire les heriter
En ta joyeuse mansion.

Or avez des articles quatre,
Qu'il convient croyre sans débatre,
Sans errer & sans forvoier 770

Huy, mais me vueil au quint embatre;
Car plus bel ne me puis esbatre,
Ne mes rimes mieulx emploier,
Qu'en parler & en rimoyer
De mon glorieux souldoyer, 775
Qui a ses coustz sé vint combatre,
Pour moy en terre guerroyer
Mes ennemis & fouldroier,
Pour leur très-grant orgueil abatre.

Le quint est qu'il ressuscita, 780
Et quarante jours habita
En terre avecques ses esleuz,
Et plusieurs foys les visita,
Les receupt & administra;
Car si pas il ne les eust veuz, 785
Et visitez & puis repeuz,
Moins il en auroit esté creuz;
Mais tant de biens leur recita,
Que chascun d'eulx si fut esmeuz,
Et que de tous fut recongneuz, 790
Par grace qui les excita.

En ceste saincte quarantaine
Apparut, c'est chose certaine,
Ly doulx Filz Dieu visiblement
A sa mere & à Magdelaine,
A saint Piere qui la sepmaine, 795
Devant l'ot renié nicement;

Mais pour ce que du niement,
Ne versast en desperement,
Vint à luy pitié souveraine, 800
Qui souffrit son tresbuchement,
Pour ce qu'après plus humblement,
Se portast vers nature humaine.

Se Dieu qui à tout sçet pourveoir,
N'eust mie laissé cestuy cheoir; 805
Sy grandement comme il chëy,
Il cui Dieu donna son povoir
En terre, & qui se devoit seoir
Plus hault qu'onc homme n'eut sey;
Si comme Dieu mesmes gehy, 810
Eust tant tous les pécheurs hay,
Qu'à paine les daignast-il veoir,
Ainsi fussions mors & trahy;
Si qu'en ce qu'il luy meschey,
A restrainct Dieu nostre mescheoir. 815

Ainsi apparut à saint Pere
Jesu-Christ le Filz Dieu le pere
Après sa résurrection,
Laquelle il nous monstra si clere,
Que tout disciple & tout ly frere, 820
Orent celle opération,
Cilz en peregrination,
Quant il fist du pain fraction,
Et ly frere en mainte maniere,

En mer, en terre, en manfion,   825
Orent de luy cognition,
Par deux foys que leur huys clos yere.

Fors & ens fouvent les voyoient
Ceulx qu'il aimoit & qui l'amoient;
Mais Magdalaine fut premiere   830
Qui le dift à cent qui eftoient,
Repoftz pour ce qu'ilz fe doubtoient,
Des felons Juifz plain de crifme,
C'eft celle-là qui à Dieu mefme
Dift fe tu l'as ofté dis-me,   835
Où tu l'as mis & luy rendoient,
Ses yeulx de pleur & de lacrime,
Et auffi le fien cueur haultifme,
Pour veoir tout ce que defvoyoient.

O glorieufe pechereffe,   840
Glorieufe repentereffe,
Pardonnée parfaictement,
O glorieufe prefchereffe,
Glorieufe demonftrereffe,
Ce très-faint reffufcitement   845
Que tu veis tout premierement,
Se faincte Efcripture ne ment,
Laquelle n'eft pas menterelle,
Tu l'amas de cueur fermement,
Et le queis moult foigneufement,   850
Tant que tu en fus trouvereffe.

DE JEAN DE MEUNG.

Tu perseveras en querant,
Et tu queis en perseverant,
Sans toy cesser, ne sans retraire,
Tu desiras en esperant,   855
Tu esperas en desirant,
Ce te fist raige d'amour faire,
Qui te faisoit crier & braire,
Et tant soustenir de contraire,
En plorant & en souspirant,   860
Que ton cueur ne povoit plus taire,
Si t'en desservis à attraire,
La grace de Dieu inspirant.

❦❦❦

O femme moult hardie & seure,
Qui si comme contre nature,   865
Demouras sans toy despartir,
Où ceulx que Dieu à eslecture,
Et créez & prins à sa cure,
N'oserent à peine vertir,
Qui l'eurent sans riens desmentir,   870
Par Sur, par Sidoine & par Tyr,
Gouverné en sa norricture.
Lesquelz n'oserent sans mentir,
Adonc o lui estre martir;
Ains guerpirent sa sépulture.   875

❦❦❦

Toute seule illec te seulas,
Si ne vueil-je pas estre las,
De tes œuvres magnifier,

Par mains pechiez te violas ;
Mais de coulpe en grace volas, 880
Quant Dieu te voult faire veiller,
Et repentir & travailler,
Et tes fains crains esparpiller,
Sur ses piedz que tu accolas,
Et les baiser & les mouller 885
De tes larmes dont feis courcier,
Diables que tu lors afolas.

Quant pechié t'eut desordonnée,
Tu fus adonc si deffrenée,
Que fraing ne regne, ne tenis ; 890
Mais bien quant Dieu t'eut reffrenée,
Tu fus lors toute eforcenée,
De repentence où tu venis,
Et tant icelle soustenis,
Que toute y vesquis & fenis, 895
Et sans faillir heure ne journée,
De tous pechiez lors te tenis,
En toutes vertus maintenis,
Tant que toute fus pardonnée.

Ainsi Jesu-Christ te munda, 900
Qui par toy monstré au monde a,
Nul ne nulle ne desespoire ;
Car s'en toy pechié habonda,
Si grant grace s'y abonda,
Que blanche fuz qui estois noire, 905

Tu feis icy ton Purgatoire;
Car ton charbon devint yvoire,
Par Dieu qui s'y te feconda,
D'amer, d'efperer & de croire
Que la greigneur es en fa gloire, 910
Fors celle où tout bien fe fonda.

Celle eſt de ſi grande grandeſſe,
Qu'autre grandeur ne s'y adreſſe,
En Ciel, en terre, ny autre part;
Tout autre grandeur eſt mendreſſe, 915
Vers la ſienne fors la haulteſſe,
De ſon filz qui tonne & eſpart,
Cil n'a pas grandeur de poupart;
Ains l'a ſi grant qu'il en départ,
A ſa mere a ſi grant largeſſe, 920
Que cil la redonne & départ;
Si qu'elle s'eſpant & eſpart,
Par tout ne point ne s'en eſtreſſe.

Cette Dame s'elle & non autre
A grace, & grandeur ſans deffaulte; 925
Car elle l'a ſelon la Lectre
Longue, lée, parfonde & haulte;
Car ſon filz qui a droit l'a haulſe,
Et de ſes vertus en luy mectre,
Et par luy grace à nous promectre, 930
Et ſoy-meſmes à luy ſoubzmectre;
Là fiſt ſi trefferme & ſi caute,

Qu'oncques ne se peut entremectre
Pechié de riens en lui mal mectre,
Ne ne luy peut donner assault.   935

※

O Vierge sur toutes esleuë,
Et de toutes vertus pourveuë,
Voir est que saint Piere & Marie
Magdelaine en eurent la veuë
Et de ton saint Filz & de la sceuë,   940
Tantost qui vient de mort à vie,
Toy qui fuz sa greigneur amie,
Et de sa mort plus amortie,
Et de son glaive au cueur feruë,
D'eusse estre je n'en doubte mie,   945
De luy la premiere esjouye,
Trestout s'en soit l'histoire t'euë.

※

S'amour & foy & esperance
Peurent plus tost donner monstrance
De ton filz à homme ou à femme ;   950
Tu en a euz telle habondance,
Et de s'amour si grant grevance,
Que son glaive te persa l'ame ;
Amour qui tout art & enflame,
Qui en toy ardoit à grant flame,   955
Fist tout muer par violence,
Quant celle qui est mere & Dame,
Fille & ancelle & clere game,
Te visita sans demeurance.

※

Je ne sçay se je dy que nices ;   960
Mais puisqu'en toy ne regna vices,
Ne grant, ne petit nullement,
Et que Dieu t'encloft en ses lices,
Qui sçeut & voult estre propices
Aux plus parfais parfaitement ;   965
Je dy, sauf meilleur jugement,
Que de son ressuscitement
Glorieux en euz les prémisses,
Non pour tant s'il fut autrement,
Dieu le peut faire oultréément ;   970
Car tout povoir est ses offices.

❦

Je ne me vueil pas encores taire,
Pour chose qu'on m'oye retraire,
De toy très-doulce Magdelaine ;
Car tu fuz de si bonne affaire,   975
Que le Filz Dieu voult de toy faire
Sa propre & privée hostelaine,
Tu fuz une grant chastellaine
Gente & donnante & non villaine,
Où il prist souvent son repaire,   980
Tousjours luy fuz doulce & humaine,
Toy & Marthe ta seur germaine ;
Car qui de vous est souëf flaire.

❦

Tousjours & vif & mort l'amastes,
Et en s'amour perseverastes,   985
Tant com l'une & l'autre fut vive ;

Car vif très-souvent le herbergastes,
Et par bonne exemple monstrastes,
Vie bonne & mémorative ;
Car Marthe mena vie active,   990
Et Marie contemplative,
Dont tout le monde enluminastes,
L'une fut vie positive,
Et l'autre fut supperlative,
Dieu vivant celle vie menastes.   995

✣

O quant très-glorieuse vie,
Quant cil qui tout peut & maistrie,
Voult esprouver pour nécessaire,
Ne pour quant il ne blasma mie
La vie de Marthe sa mie ;   1000
Mais il lui donna exemplaire
D'autrement vivre, & de bien plaire
A Dieu & plus de bien à faire ;
Pour ce conclut-il que Marie
Qui estoit à ses piedz sans braire,   1005
Et pensoit d'entendre & de taire,
Esleut la plus saine partie.

✣

La meilleur partie esleut elle,
Et la plus saine & la plus belle,
Qui jà ne luy sera ostée ;   1010
Car par vérité se fut celle
Qui fut tousjours fresche & nouvelle,
D'aymer Dieu & d'en estre aymée ;

Car

DE JEAN DE MEUNG.

Car jusqu'au cueur fut entamée,
Et si ardamment enflamée, 1015
Que tousjours ardoit l'estincelle;
Par quoy elle fut visitée,
Et de Dieu premier confortée;
Car charité est trop ysnelle.

❦

Après la résurrection, 1020
Et sa manifestation,
Plusieurs foys en mains argumens,
Voult le Dieu de création,
Pour greigneur confirmation,
Monter sur les quatre élémens, 1025
Dont il estoit commencement,
Et moiens & deffinement,
Et la juste probation,
Des cueurs & vray entendement,
A qui cil ressuscitement 1030
Estoient en dubitation.

❦

Quant Dieu prist nostre humanité,
En indivisibilité,
Et se voult ès cieulx revertir,
Dont vint nul par humanité, 1035
Vestir nostre fragilité,
Pour tous les pécheurs convertir,
Conforter te voult au partir,
Et leur dist de celle partir,
Dont je vins ayez-charité; 1040

Tome III. G

Car je vous vueil bien advertir,
Que nul ne pourra la vertir,
Sans l'esperit de vérité.

※

    Ce paraclist, cest esperit,
En quel garde riens ne perit,   1045
Qui a nom de consolatour,
Que mon pere com moy cherit,
Qui est amour qui tout merit,
Vous envoyeray de la tour
Du Ciel, où j'ay fait mon atour;   1050
Mestier est que je y retour;
Mais paix vous l'aist qui tout guarist,
Dont nul autre n'est curatour,
Tant com vous estes viatour,
N'est paix qui mieulx vous asseurist.   1055

※

    Adoncques ses mains esleva,
Et les seigne & ès cieux monta,
En la recepte d'une nuë,
Qui de terre le soubleva,
Et tant de leurs yeulx s'obscura,   1060
Que tost en perdirent la veuë;
Mais très-bien virent à la nuë,
Dieu à blanche Robe vestuë,
Disant véez comme ce va
Celle allée, celle venuë,   1065
Celle verrez apperte & nuë,
Quant le monde juger vouldra.

※

Ainsi monta selon l'histoire,
Trestoute vraye & toute voyre,
Le doulx Filz Dieu à son saint Pere, 1070
En celle honneur, en celle gloire,
Et ainsi parfaite victoire,
Qu'il n'est jamais jour qu'il n'y pere ;
Car il mena soubz sa baniere,
Ceulx qui creurent à ce mistere, 1075
Dont saincte Eglise fait mémoire,
Et nous osta de la misere,
Où tout le monde lors mis pere,
Par exigence obligatoire.

Com eut grant exaltation, 1080
Et à celle élevation,
Par tout le Ciel destre & senestre ;
Car qui a inspiration,
De sainte méditation,
Nulle tel' joye ne peut estre, 1085
Les Anges receurent leur maistre,
Le Pere son Filz à sa dextre,
Gloire, honneur, jubilation,
Soit à la Trinité celestre,
Si comme est, & tousjours doit estre 1090
Sans fin & sans inition.

D'illec en avant, ce me semble,
Se tindrent ly disciple ensemble,
Plus qu'ilz n'avoient fait devant,

G 2

Tant que cil qui mieulx ne reſſemble, 1095
Tous en ung ſeul lieu les aſſemble,
A l'heure de tierce levant,
O le ſaint Eſperit vivant,
En langues de feu avivant,
Leur envoya à tous enſemble, 1100
Qui leur alla de ce me vant,
Tous langaiges ramentevant,
Dont ly ungs l'autre ne reſſemble.

⋆⋆⋆

Pour ce tous langaige parloient,
Que ces paroles vrayes ſoient, 1105
En toute terre yſſit leur ſon,
Si par tout pour Dieu le preſchoient,
Et la foy evangeliſoient,
Riens ne leur grevoit l'achoiſon,
Par tout faiſoient leur maiſon, 1110
Plus ne peſchoient de poiſſon;
Mais les gens qu'ilz convertiſſoient,
Par tout ſemoient leurs leçons,
Par leurs œuvres, par leurs ſermons,
A ceulx qui ſaulver ſe vouloient. 1115

⋆⋆⋆

Si haſtif & ſi habondans,
Vint ſur eulx & ſi fecondans,
Ly ſaint Eſperit à celle heure,
Qu'après y parut par moult d'ans,
Et encores eſt-il redondans, 1120
En chaſcun s'en luy ne demeure;

Car quant aucun se plaint & pleure,
Et prye que Dieu le sequeure,
Cil saint Esperit tout mondans,
Par tout où il veult si labeure.   1125
Or portons en paix sa demeure;
Car Dieu nous en est responnans.

❦

Esperit où il veult espire,
Et sa voix oy; mais ne sçay dire
Dont ce vient, ne quel part elle aille,   1130
Dont on ne doit nulluy dispire;
Car souvent fait meilleur du pire,
Ainsi que par cy le me taille,
Paix, amour sont de sa pietaille,
Qu'il mect devant en sa bataille,   1135
Pour les felons cueurs desconfire.
Adonc n'y remaint cueur, n'entraille,
Par où feu ou flambe ne saille,
Par cest engin là sus nous tire.

❦

Ainsi saint Estienne y tira,   1140
Que cil Esperit expira,
Si qu'il en fut tout enflamés;
Car qui la Legende lira,
Je crois, se n'est fol, qu'il dira,
Amés voz ennemis, amés   1145
Pour Dieu, & si le reclamés
Doulcement, & si le sommés
Que quand de vous se partira,

L'ame de vous soye plongés,
Là au Ciel qui tel est nommés,　　　　1150
Pour tous par amour s'en ira.

❧

Cil fut plain de grace & de force;
Car il mit le cueur & l'escorce,
Pour l'ame garder necte & munde,
De la cité fut traict à force,　　　　1155
Et à genoux ne pria, fors ce,
Que Dieu pardoint sa mort au monde,
Qui ainsi le froisse & esmonde,
Et son Esperit en Dieu fonde,
Tant que de son corps soit desvorce,　　　　1160
L'ame à qui donna si grant bonde,
Charité qui en luy habonde,
Que jusqu'au Ciel monter l'efforce.

❧

Par ces armes au Ciel monta,
Par ces armes premiers dompta,　　　　1165
Saint Estienne tous les Tirans,
Par ces armes les surmonta,
Et desconfit & ahonta,
Ly sains Esperis inspirans,
De notre salut desirans,　　　　1170
Au commun prouffit aspirans,
Qui le passage & le port a
Fait passer à tous expirans,
Au pere & au filz souspirans,
Pourquoy povoir si adjousta.　　　　1175

❧

O com glorieux champion,
Onques meilleur n'eut champyon;
Car bonté rendit pour bonté,
O glorieuse vision,
Qui vit des Cieulx l'aspection, 1180
Et le filz au pere monté,
Estant à son dextre costé,
Dont Juifz furent si ahonté,
Et mis à rédargution;
Car Dieu lui a Jesus monstré, 1185
Dont ilz eurent tousjours doubté,
S'il estoit Dieu ou fiction.

Cil fist la bataille premiere,
De Dieu qui estoit sa lumiere,
Cil eut la premiere victoire, 1190
Cil & la premiere chaire,
Cil ficha premier sa baniere,
Devant le Roy Jesus de gloire;
Car il dreça son Oratoire,
Au point où nulz ne devoit croire, 1195
Que l'on fit pour autruy priere,
Pour quoy son nom est en mémoire,
En la joye consolatoire,
Où toute obscurté rent lumiere.

Ainsi cil sainct signe apparurent, 1200
Quant ce saint Esperit receurent
Ceulx à qui Dieu l'avoit promis;

Car adonc fermement le creurent,
Et seurement le ramenteurent,
Par tout où il leur fut commis, 1205
A ennemis & à amis,
Car le monde leur fut soubzmis,
Et ses Royaulx tesmoings y furent,
C'est que chascun tout y a mis,
N'oncques ne furent jour remis, 1210
Jusques à tant qu'ils en moururent.

※

Non moururent, ains trespasserent,
Car de cette vie passerent
A celle où l'en ne peut mourir,
Leurs bonnes euvres amasserent, 1215
Et devant Dieu les entasserent,
En esperance de florir,
De triumpher, de seignourir,
Tousjours penserent de courir,
N'oncques ung jour ne se lasserent : 1220
Or ce les faisoit rangourir,
Qui ne faisoit qu'alangourir
Ceulx qui au monde se plungerent.

※

Trop parest vuide & trop est vaine,
La chétive vie mondaine, 1225
N'y a fors que travail & luicte,
N'y a fors que paour & paine,
De toutes miseres est plaine,
C'est l'ombraige qui tout desvite,

C'est le temps qui tousjours annuite, 1230
C'est l'arbre qui tost se destruycte,
C'est l'y espy qui point ne graine;
Chose sodoirant & soubzduycte,
De grever tous ses ames duycte,
& à ses prouchains moult villaine. 1235

※

Pource que ja le monde est vieulx,
Vint de son Ciel entre nous Dieux,
Aussi comme en païs de guerre;
Mais pource que fut en grieux,
Des Sarrazins & des Ebrieux, 1240
Vint le saint Esperit en terre,
Pour la vie périe querre;
Car quanque le Filz voult requerre,
Luy donna le Pere des Cieulx,
C'est luy qui euvre & riens ne serre, 1245
Et qui clost & nul ne desserre,
Qui fist que son Filz fut mortieulx.

※

C'est cil qui oncques ne laissa,
Ce qui est & ne s'abaissa,
A estre ce qui n'estoit mye, 1250
Qui tant par grace s'appressa
De nous, qu'en luy nous ennexa,
Sans jamais faire departie;
Dieu est homs, c'est grant courtoisie,
La greigneur qui puisse être ouye; 1255
Quant ly Dieu homme se exposa,

G iij

Se ce ne fust que chascun crye,
Que qui plus vault plus s'humilie,
Je deisse qu'il excessa.

❦

 Non pourtant, bien puis dire & ose, 160
Et je le croy & le suppose,
Que Dieu, qui est bon par essence,
En qui trestous biens se repose,
Dont bien monstrer le sçay sans glose,
Toutes vertus par excellence, 1265
Humilité & pacience,
Charité & obédience;
Car il n'eut oncques la main close,
Puisque sa doulce pacience,
Prist sur soy nostre mescheance, 1270
Qui fut trop merveilleuse chose.

❦

 Merveilleuse à humanité,
Non merveilleuse à déité,
A qui toute chose est possible,
De néant fist réalité, 1275
Et d'anges mutabilité;
Car riens ne luy est impossible,
La déité est invisible,
Permanant en luy & visible;
Vertueuse en infinité, 1280
Et vertant toute riens vertible,
De toute grace convertible,
A humaine fragilité.

❦

Ceste bonté fut si intense,
Si communal & si extense, 1285
Par le monde generalment ;
Qu'il n'est nul qui profont y pense,
Qui peut d'une mortel offense,
Satisfaire especialment,
De soy acquicter loyaulment, 1290
Vers celluy qui si royaulment,
Fist faire par tout sa deffense,
Que nul ne peche mortelment,
Je les y prens tous égaument,
Il n'est nul qui le récompense. 1295

❧

Ne nous n'aurions de quoy ce faire,
Se n'estoit sa très-debonnaire,
Et très-doulce misericorde,
Qui luy fist accepter & plaire,
Noz œuvres de petit affaire, 1300
Dont nous venons à sa concorde,
Par ce travail ; par celle corde,
Nous attrait à soy & accorde,
Cil qui doulceur nul ne doit taire ;
Car qui bien sa vie recorde, 1305
Il la trouve par tout si orde,
Qu'il n'y a de quoy satisfaire.

❧

Dont est droit que nous doyons dire,
Que de toy doux Jesu-Christ, Sire,
Vint ce de quoy nous te plaisons ; 1310

Mais pource que le cueur me tyre
A parler d'une autre matire,
Est-il bien deformais faisons,
Que de ceste-cy nous taisons,
Et que nous mencion cy faisons   1315
Du septiesme article plain d'ire,
Dont tout pecheur & maulvais homs
Parmy autre dix gamboisons,
Doit trembler & perdre le rire.

※

Cest article, qui est derrains,   1320
Si doit estre ly premerains,
En cueur d'hom & de saige femme ;
Car quant homs pense qu'il n'est riens,
Fors porriture & vieulx merriens,
Et qu'il luy convient ce passaige,   1325
Passer & payer son truage,
Et qu'il aura aufeur l'empleige,
Et trop plus de maux que de biens,
Cueur qui la fin de ce dommaige
N'a tousjours devant son visaige,   1330
Est presqu'ensevely en fiens.

※

En fiens de parfaicte ignorance
Est ensevely sans doubtance ;
Cueur qui par tout se sent pecheur,
Est en vieillesse & en enfance,   1335
Est à doubter de ville dance,
Ne sçay comment il est asseur,

Et qu'ose vivre sans peur ;
Car il sent son accusateur,
Qui tout poise à juste balance,   1340
Et si se sent courant moureur
Par force & puis mourant coureur ;
Car mort de toutes parts la lance.

Mort vieulx & jeunes, nous court seure
Mort nous prent, nous ne gardons l'heure ; 1345
Mort nous est de nécessité,
N'est nul qui à la mort ne queure,
Ne qui nullement y sequeure ;
Car le Juge de vérité,
Purger veult nostre iniquité,   1350
Par la balance d'équité,
Qui au val de la chantepleure,
Nous boute en grant adversité,
Sans fin à perpetuité,
Et y persevere & demeure.   1355

Jesu-Christ le Filz Dieu le Pere,
Mourut pour nous, c'est chose clere,
Et au tiers jour ressuscita ;
Si convient par certain mistere,
Que sa Résurrection paire   1360
En ceulx où sa grace habita ;
Car mort pour mort desconfit a
De ce que noz parens gecta,
De povreté & de misere,

De quoy sa mort nous acquita, 1365
Qui bien croit saint Esperit a,
Et en tous temps y persevere.

❧❦

Pense donc chascun qu'il mourra,
Et que mort fouir ne pourra,
Et ne scet quant, ne de quel mort, 1370
Et que Dieu juger le viendra,
Ne riens de luy destournera ;
Car nulz sur son povoir ne mort,
Ne par Appel, ne par ressort,
Ne ny faveur, ne ny déport ; 1375
Car sans fin en Enfer plourra,
Qui aura bien fait si le port,
Et qui mal riengne soy par mort,
Car sa roe tout droit tournera.

❧❦

Les chétifz Pecheurs que feront, 1380
Quant tous les Anges trembleront,
Et les Archanges précieux,
Et les Busines corneront,
Qui la venuë annonceront,
Du très-doulx Fils gracieux, 1385
Qui se monstrera si crueulx,
Et si très-petit gracieux,
A ceulx qui en pechié seront,
Que le feu d'Enfer sur yceulx,
Courra fouldroyant parmy eulx, 1390
Ne jamais mieulx n'espereront.

❧❦

Las où est cil qui actendra,
Quant Dieu au Jugement vendra;
Car pure vérité s'accorde,
Que quant son Jugement tiendra, 1395
Tous & toutes nous reprendra
Du deffault de misericorde,
Qu'il nous réprouvera par ordre;
Si com l'Evangile recorde,
Et bons & maulvais jugera, 1400
Ne n'est qui à ses motz remorde,
Ne qui son accord desaccorde;
Car riens-fors droit ne maintiendra.

Premierement, de ce me vant,
Mettra les bons au front devant, 1405
Et ly dira, mes très-doulx frere,
Mes très-doulx filz venez avant,
Et parcevez doresnavant
Le Royaulme mon très-doulx Pere;
Car bien est que l'amour se pere, 1410
Que vous & moy en ma misere
Monstrates aux miens recevant:
Or entrez en la joye clere,
A qui nulle ne se compere,
En tous vos desirs achevant. 1415

J'ay euz fain, & vous me saoulastes;
Et si euz soif, vous m'abeuvrastes;
Hoste fuz, vous me recueillistes;

Nu fuz, à vestir me donnastes,
Et enferme me visitastes ;   1420
En Chartre fuz à moi venistes,
Toutes les fois que vous me veistes,
A meschief vous me pourveistes,
Et du vostre m'administrastes ;
Quant qu'en ces miens povres vous meistes, 1425
Lors à moi-mesmes vous le feistes :
Or cueilliez ce que vous semastes.

❦

Aux maulvais dira par contraire,
Auyes d'icy gens députaire,
Mal feustes-vous oncques conceu ;   1430
Oncques donner ne vous put plaire,
Ne des miens vous n'eustes que faire ;
Or si avez-vous assez eu,
En ma fain vous ne m'avez peu,
N'en ma soif n'ay vostre vin beu,   1435
Tant je sceusse crier ne braire :
Or vous crierés tousjours, heu,
Sans jamais en être receu,
Et vous aurez tousjours à faire.

❦

Mil ans seront & plus assez,   1440
Autant com le jour d'uy passez,
Et tousjours recommenceront ;
Ainsi est le temps compassez
Pour tousjours, c'est trop plus assez ;
Car adès le tormenteront.   1445

Ceux qui de povoir ce faire ont,
Tousjours crieront & brairont,
C'est l'estat de tous trespassez,
Qui en pechié trespasseront,
Et qui aumosnes ne feront,   1450
Mal fut tel avoir amassez.

    Braire, crier, hurler, complaindre
Et forsener, mal dire & plaindre,
Est ly usages des damnez;
Car leur feu ne se peust ettaindre,   1455
Ne mais leurs tormenteurs refraindre,
Qui les tiennent fort enchainez,
Mal furent oncques d'Adam nez;
Car leurs faitz les ont condamnez,
Qui les font punyr & contraindre: 1460
Or là sont si fort anhanez,
Que cil qui moins y est penez,
Cuyde avoir des moindre la graindre.

    Ceste horreur, ceste merveille,
Qui des autres est non pareille,   1465
Et qui du tout est véritable,
Me corne si fort en l'oreille,
Qu'il me semble quant je m'esveille,
Que j'oy l'Archange espiritable,
La venuë Dieu excitable,   1470
Et la Busine espoventable,
Qui les mors suscite & esveille,

Et la venuë inévitable
De Dieu qui est si redoubtable;
Haro: las j'en voy cy la veille. 1475

※

Dieu venra en grand poesté,
En sa très-puissant Majesté,
Tous le verrons grans & menuz,
Percé en mains, pied & costé,
Jà n'y auras mys ne osté: 1480
Tous les signes sont advenuz,
Nous sommes tous vieulx & chenus,
De pure grace soubstenus,
Et n'avons jà grant temps esté,
De quanque Dieu a maintenus, 1485
Ne fault qu'Antechrist soit venuz,
Par qui nous serons tempesté.

※

Estoilles, & Soleil & Lune,
Prisés en terre de gent commune,
Nous monstre par signe évidant 1490
La fin du monde; car rancune,
Fain & terre, qui tout esgrune,
Sont d'Orient en Occident,
Terre mene par accident,
Jà ne s'en ouvrissent my dent; 1495
Mais l'en revoit en terre aucune,
Floes & sont de mer incidens
Es lieux où ils sont presidens,
Ce peut veoir chascun & chascune.

※

DE JEAN DE MEUNG.

Ceste chose n'est pas contreuve, 1500
Car Dieu mesmes si nous la preuve,
Et Saint Mathieu en s'Evangile;
Si est raison qu'on la recoevre,
Et que nul cueur ne s'en descueuvre;
Ains croye fermement que qui le 1505
Croit, com ces bonnes gens de Ville,
Qui sont sans barat & sans guille,
Et croient quanque on leur remuë,
Mains en yront en ce Concile,
Où l'en ne forge, ne ne file, 1510
Ou à tousjours joye continuë.

A celle joye doulce & tendre,
Nous maint cil qui se laissa pendre
En la Croix pour nous rachapter,
Qui sa précieuse chair tendre, 1515
Souffrist à lapider & pendre,
Pour nous de la mort délivrer,
De s'amour nous vueille enyvrer;
Si que nous puissions eschever
L'arsure d'Enfer & la cendre, 1520
Et que nous puissions arriver
Aux biens de la sus sans priver,
Que cueur icy ne peut comprendre.

Des sept articles ay parlé,
Par long, par travers & par lé, 1525
Au mieulx ce sçait Dieu que je sçay,

Que tous feroient mefalé,
S'ilz n'eſtoient frit & ſalé,
D'amour, d'eſperance & de foy,
Avec ces ſept y ſont cy troy, 1530
Ainſi que je le tiens & croy,
Qui en l'ung fault c'eſt mal allé,
Ces dix ſont la chreſtienne loy,
Ces dix ſont d'une même aloy,
Ces dix ſont un eſcu palé. 1535

Le corps de l'eſcu ſi eſt Dieux,
Qui eſt palé de ces dix pieux,
Leſquels font naiſtre & baptiſier,
Mourrir, deſcendre aux inferneulx,
Reſſuſciter, monter ès cieulx, 1540
Jugier & croire ſans noiſier,
Eſperer avoir le loyer
De Paradis, & Dieu prier
Qu'il luy plaiſe à nous faire tieulx,
Que nous puiſſions luy appayer, 1545
Et luy du dixieſme armoyer,
Qui eſt amour eſpiritieulx.

C'eſt amour vraye & ordonnée,
Qui charité eſt appellée,
Eſt en Dieu qui du tout y maint, 1550
Et Dieu en luy qu'ailleurs ne bée,
Vraye charité a bien née,
Que Dieu aime, il convient qu'il maint;

Ce sçait très-bien Preud'homme maint,
Que charité seule remaint, 1555
La sus en la saincte contrée :
Charité, Ciel & terre attaint ;
Car elle est ce dient ly saint,
Haulte, parfonde, longue & lée.

❦

Selon la Loy & ly Prophete, 1560
Que qui a charité parfaicte,
Il aime Dieu sur toute rien,
De cueur, de force & d'ame necte ;
Celuy devons-nous tous de debte
Com soy-mesmes, son prochain 1565
Qu'on dit qui m'aime, ayme mon chien
De tel pierre & de tel merrien,
Est ès Cieulx nostre maison faicte ;
Car nulz ne peut dire c'est mien,
Fors ce qu'il a mis en ce bien, 1570
Tout le remenant est retraicte.

❦

Charité ne fiert, ne ne boute,
Tout seuffre, tout vaint & escoute ;
Charité ne murmure point,
Se je doint ma pécune toute ; 1575
Sans charité je n'y voy goutte,
Riens ne me prouffite en ce point,
Qui vouldra donc bien faire a point,
Charité tousjours o lui maint ;
Car c'est celle qui riens ne doubte. 1580

Or prions Dieu qu'il la nous doint,
Et que nos pechiez nous pardoint,
Si que nous soyons de sa route.

Dame du ciel, Dame de terre,
Dame qui tout cloft & enferre, 1585
Sus & jus sans division ;
Car qui veult Dieu traicter & querre,
Tu es le quadran & l'esqueire
De divine division,
En toy fut saincte l'union, 1590
Où Dieu le Pere avec ly hom,
Furent appaisiez de leur guerre ;
Se tu euz Dieu en ton giron,
Tu as tout en possession,
Nul sans toy ne peut Dieu acquerre. 1595

Dame, qui oncques ne sentis,
Pechié ne ne le consentis ;
Vierge, très-précieuse Dame,
Très-glorieuse, très-gentilz
Canques qui oncques ne mentiz, 1600
Belle & bonne de corps & d'ame,
Sur toutes les benoistes femme,
Tu es à droit nommée Dame ;
Car chascun doit être ententis
A toy loüer à haulte game, 1605
Selon ce que Dieu les engame,
Qui ce fait n'est pas apprentis.

Et pour ce Dame debonnaire,
Que je me vueil cy du tout taire
De toy loüer, & si ne puis   1610
Toutes tes louanges retraire,
Te supply qu'il te vueille plaire,
A prendre en gré ce que je puis ;
Car je croy vrayement que puis
Que mon cueur ne peut de toy puis,   1615
Sachier ce qu'il en vouldroit traire,
Que les coppeaulx & les chapuis,
Prendras en gré ce que j'en puis ;
Car ce te plaist qu'on en peut faire.

Epitaphe des Trespassez.

Dieu ait l'ame des trespassez ;   1620
Car des biens qu'ils ont amassez,
Dont ilz n'eurent oncques assez,
Ont-ils toute leur part euë ?
Et nous qui les amasserons,
Si-tost que nous trespasserons,   1625
La part que cy nous en lerrons,
Celle aurons-nous toute perduë.

Or vueil, pour vous mieux conforter,
Les cueurs semondre & enhorter,
Se riens vous en voulés porter ;   1630
Faictes voz fardeaulx maintenant,
Voz corps, si comme vous devez,
Vestez, chaulciez, mangiez, buvez,

Et puis que riens n'en retenez,
Donnez pour Dieu le demourant.   1635

Car des biens que vous laisserez,
Si-tost que vous trespasserez,
Tant seulement emporterez
De vos aumosnes le guerdon :
Or donnez donc si largement   1640
Aux povres, que Dieu qui ne ment,
Vous en ottroye au Jugement
De son saint Paradis le don.

Mais de ceulx qui povres se faignent
Et de leurs mains ouvrer ne daignent   1645
Et tous en richesses se baignent,
Mendians & puissans de corps ;
De ceux ne veuil-je pas entendre
Que l'on leur doye aumosne tendre,
Sans les chastier & reprendre,   1650
C'est escript & je le recors.

Et se rien donner ne vous laisse,
Povreté, qui si vous abaisse,
Qu'elle vous maint com chien en lesse,
Tant que la mort vous assauldra,   1655
Le vouloir au moins en ayez,
Et prestz de Dieu prier soyez ;
Ainsi lamez & appayez,

DE JEAN DE MEUNG.

Ce vouloir autant vous vauldra.

Si povez pour la preuve entendre, 1660
De mes deux chiens exemple prendre,
Dont ly ung vient pour moy deffendre,
Et ly autre n'y peut venir ;
Mais voulentiers il y venfift,
Se les lyens ne le tenift, 665
Et brait, pource qu'il ne s'en yft,
Egaument les doy chier tenir.

Car c'est chose très-bien congnuë,
Se ja vous avez adès euë,
La voulenté qui ne se muë, 1670
C'est bien Dieu souffrans & juste,
Qui peut seul dans tous les cueurs veoir,
Quant de donner n'avez povoir,
Autant lui doit-il plaire & seoir
Le bon vouloir que vous en eustes. 675

Et toutes voyes en trois parties
Sont tousjours nos choses parties,
Quant à la mort se sont parties,
Aussi des homs comme des femmes ;
Car ly vers ce devez sçavoir, 1680
Sont tous prestz à voz corps avoir,
Et noz amys à nostre avoir,
Et Dieu ou Diable en ont les ames.

Lors sont ce croy-je si repeu;
Qu'ung chascun si a de nous eu 1685
Telle part comme luy a pleu,
Tant est la chose à gré partie,
Que nulle & en nulle maniere
Ne vouldroit tant à part chiere,
Changer, ne retourner arriere 1690
Aux deux parts de sa départie.

Or devons donc de mal retraire
Nos cueurs & penser à bien faire,
Si que nous puissions à Dieu plaire,
Et luy prions qu'il nous secoure 1695
Au jour que la mort nous prendra,
Quant alors le Diable y viendra,
Qui nous attend & attendra,
Pour nous emporter à celle heure.

Lors se vous ne voulez ce croire, 1700
Quant il aura sur vous victoire,
Sans retour à sa chartre noire,
Au feu d'Enfer ardoir irés :
Et quant vous aurez-là bien sceu
Comment vous en feustes deceu, 1705
Quand vous ne m'en avez pas creu
A tard vous en repentirés.

Fin du Testament.

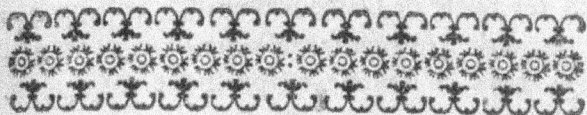

LES REMONTRANCES DE NATURE

A L'ALCHIMISTE ERRANT.

Par l'Autheur JEAN DE MEUNG.

Comme Nature se complaint,
Et dit sa douleur & son plaint
A un Sot souffleur, sophistique,
Qui n'use que d'Art mechanique.

NATURE.

Helas que je suis douloureuse   5
Me voyant ainsi malheureuse,
Quand je pense à toy, genre humain,
Que Dieu a formé de sa main,
A sa semblance & vraye image,
Pour le parfaict de son ouvrage,   10
Qui sur toute autre creature,
Te desreigle tant de Nature,
Sans user par temps & saison

En tes faicts de Dame Raison.
 Je parle à toy sot fantastique,   15
Qui te dis & nomme en practique
Alchimiste, & bon Philosophe :
Et tu n'as sçavoir, ny estoffe,
Ny Theorique, ny science
En l'art, ny de moy cognoissance. 20
Tu romps alambics, grosse beste,
Et brusle charbon qui t'enteste :
Tu cuis alumz, sels, orpiments,
Et fonds metaux, brusle attraments :
Tu fais grands & petits fourneaux, 25
Abusant de divers vaisseaux.
En effet je te certifie
Que j'ay honte de ta folie.
Qui plus est, grand' douleur je souffre
Pour la fumée de ton soulphre,   30
Et par ton feu chaud, qui ard gent,
Tu cuide fixer vif argent
Qui est volatil & vulgal,
Et non cil dont je fais metal. (1)
Povre homme tu t'abuses bien :   35
Par ce chemin ne feras rien,
Si tu ne marche d'autres pas.
Mal tu uses de mes compas :
Mal tu entens mon artifice.
Mieux vaudroit faire ton office,   40
Que tout dissouldre & distiller
Tes drogues, pour les congeler
Par alambics, & descensoires, (2)

 (1) Al. Ce n'est ainsi que fais metal.
 (2) Al. Sublimatoires.

DE NATURE, &c.

Cucurbites, distillatoires.
Par Pellicans & matheras: 45
Jamais tu ne l'arresteras.
Puis tu fais pour ta fixion,
Feu de reverberation,
Voire si très-chaud que tout fond.
Ainsi tes œuvres se perfont; 50
Enfin pers l'autruy & le tien.
Jamais tu n'y trouveras rien,
Se tu n'entre dedans ma forge,
Où je martelle & tousjours forge
Metaulx, ès terrestres minieres: 55
Car là tu verras les manieres
Et la matiere dequoy s'œuvre.
Ne cuide pas que te découvre
Le mien secret, qui tant est cher,
Si premier tu ne vas chercher 60
Le germe de tous les metaux,
Des animaux & vegetaux,
Qui sont en mon pouvoir tenus
Et en la terre detenus.
L'un, quant à generation, 65
Et l'autre par nutrition.
   Les metaux, n'ont fors que l'essence: (1)
Les herbes ont estre & croissance:
Les bestes, ont la sensitive,
Qui est plus que vegetative. 70
Metaux, pierres, & atramens
Je procrée des elements:

(1) Degrez de plusieurs choses naturelles.

D'eux je fais celle mixtion,
Et prime composition,
Leans au ventre de la terre,
N'ailleurs oncques ne les doibs querre. 75
Les herbes ont graines expresses,
Pour conserver cy les especes :
Et les bestes portent semence,
Dont ils engendrent leur semblance. 80
Brief, chacun faict bien son devoir.
Sans me tromper, ne decevoir;
Mais toy homme tout plein de vice,
Entreprenant sur mon office,
Tu te devoye de nature, 85
Plus que nulle autre créature.

   Metaux n'ont vie nullement, (1)
Ne nourriture aucunement
Pour pulluler & augmenter,
Ny nul pouvoir de vegeter : 90
Ils n'ont semence generable :
Aussi n'engendrent leur semblable.
Ils sont créez en prime instance
Des elemens ; & leur substance
De ces quatre je les fais naistre. 95
Les metaux & pierres n'ont qu'estre.
Toutes les pierres sont frangibles,
Et tous les metaux sont fusibles :
Après leur fusion, fixables
Doivent estre & bien malleables. 100
Les uns par dépuration
Reçoivent grant perfection,

  (1) La nature & origine des metaux & pierres,

Comme l'or fin, par mon art gent,
Que je depure & fin argent.
Mais les autres plus impurs sont : 105
Pource que le vif argent ont
Trop crud, & leur soulphre terrestre
Trop aduste. Si ne peult estre
Tel metail mis en pureté.
A cause que n'a merité 110
La matiere forme si bonne :
Car tous mes faicts tant bien j'ordonne
Que chacun son espece ameine,
Selon que la matiere est saine.
 Si sçavoir veux où je recouvre 115
Matiere, à ce tout premier s'ouvre
Le cabinet de mes secrets
Par outils subtils & discrets,
Et vays chercher propre matiere (1)
Prochaine pour faire miniere : 120
Laquelle je prens ès boyaux
De mes quatre elemens royaux ;
Qu'est la semence primitive,
Contenant forme substantive,
En simplicité composée, 125
Préparée & bien disposée
A transfumer les quatre en un.
Sous genre general commun.
Lors luy donne, tant suis benigne,
Par mon art vertu metaline, 130
Dont sont faicts metaux purs, impurs,

(1) Matiere des metaux.

Les uns mols, les autres plus durs.
Je l'ay des elemens extraicte
Par mes ciels l'ay ainsi pourtraicte
Laquelle par long-tems je meine   135
De la matiere primeraine,
En prochaine & propre matiere,
Dont je fabrique ma miniere.
Puis soulphre & vif argent en issent
Qui en métaulx se convertissent.   140
Non pas tel vif argent & soulphre
Que tu vois : jamais ne le souffre :
Car par contraires qualitez
Sont transmuez & agitez
De leur propre en autre nature,   145
Matiere ainsi par pourriture
Et idoine corruption,
Au moyen de privation,
Que la forme premiere tuë,
Puis de nouvelle est revestuë :   150
Et par la chaleur naturelle,
Qui la matiere tient en elle
Excitée de tous les cieux,
Avecques le feu gracieux,
Que je sçay en ma forge faire,   155
Forme je donne sans forfaire,
Enfin telle que la matire
Est bien susceptible & la tire.

 Ainsi privation, & forme, (1
Et matiere, dont je m'informe   160
Sont mes principes ordonnez,

 (1) Privation forme & matiere.

Qui d'enhaut me furent donnez
C'est mon maistre le Créateur,
Qui commanda comme un aucteur,
Que de matiere universelle, 165
Je fisses comme son ancelle,
Transmuer les quatre elemens,
Par mes actes & régimens,
Sous une forme generale
De toute espece minerale. 170
  Si fais par mon art naturel,
Circonferer le beau Soleil
En vingt & quatre heures la terre : (1)
Lequel jamais ne fault, ny n'erre
D'exciter par son mouvement 175
Chaleur en chacun element :
Aussi faict la huictiesme Sphere,
Les sept planettes, & leur pere,
Qui est le grand premier mobile
Lequel ravist, tant est habile, 180
Avecques luy les Spheres toutes :
Et n'y faut point faire de doubtes.
Son chemin fait en occident :
Et les autres sans accident
Font au contraire tous leurs cours. 185
Si conduis les longs & les cours,
Comme Saturne, qui son tems
Et son corps parfaict en trente ans. (2)
Jupiter en douze ans le faict,
Et Mars en deux ans le parfaict. 190

H 5

(1) Mouvement des Cieux.
(2) Saturne, Jupiter, Mars.

Le beau Soleil, pere de vie (1)
Sa circonference assouvie,
En passant par un chacun signe
Justement un an y assigne
Et six heures, pour tout le compte.   195
Venus, dont on faict si grand compte. (2)
Met trois cens quarante & neuf jours :
Et puis Mercure faict son cours
En trois cens trente-neuf en somme.
La Lune, prochaine de l'homme, (3)   200
Vingt & neuf & demy demeure
A passer les douze & quelque heure : (4)
Et ainsi par leurs cours divers,
Sont causez estez & yvers.
Es elemens mutations,   205
Et ça bas generations.
Et jamais rien, qui soit sensible,
Ou soit visible, ou invisible
Ne peut estre, ne avoir lieu
Sans moy, sans les cieux, & sans Dieu.   210
   Ainsi font les cieux toutes choses
Qui sont dessous la Lune encloses,
Et envoyent leur influence
Sur la matiere en sa puissance.
Et la matiere forme appette,   215
Comme femme l'homme souhaitte.
Tant d'estoilles sont au ciel mises,
Soubs qui matieres sont submises
Et subjectes en divers nombres.
Unes sont claires, autres sombres :   220

   (1) Le Soleil.   (3) La Lune.
   (2) Venus.   (4) Alias 27.

Tant & tant sont innumerables,
Que ce sont choses admirables.
Ainsi diverses choses font
Pour tant de divers cours quels ont
Là sus au ciel, ça bas vertus   225
Sus élemens : dont sont vestus
D'especes les individuës.

  Et sçachez que ne sont perduës (1)
Tant d'influences nullement,
Quand descendent sur l'élément   230
De la terre, posé quels soyent
Invisibles, & ne se voyent,
Et qu'avant quels tumbent sur terre
Sont si pressez & en tel serre,
Que par force l'une & l'autre entre,   235
En penetrant jusqu'au centre.
En si très-diverse maniere
Qu'elles font dedans la miniere
Diverses generations.
Par diverses impressions,   240
Sans erreur & sans nulles fautes
Obéissants basses aux hautes.

  Si est la terre environnée
Des cieux, dont icelle est ornée,
En recevant leurs influences   245
Et très-agreables substances,
Dont sa vertu chacun veut mettre
Et jusques au centre penetre,
Et par mouvemens & chaleurs (2)

H 6

(1) Influences.
(2) Vapeurs & exhalation.

S'engendrent en terre vapeurs ; 250
Aussi font exhalations
Des primes compositions.
La vapeur est froide & humide.
Voire que demeure & réside
Et est en terre retenuë : (1) 255
Mais si elle va en la nuë,
Humide & chaude pourra estre.
L'autre, qui demeure terrestre,
Et qu'est enfermée & enclose,
Par laps de temps je la dispose 260
En soulphre, qui est son agent,
Avec son passif vif argent.
Lors est seconde mixtion
De prime composition.
Le tout est tiré de la masse 265
Des quatre elements que j'amasse
Comme t'ay ja dict cy-devant :
Et pour toy j'en parle souvent,
Afin que point tu ne t'abuses,
Et qu'en pratique ne t'amuses. 260
    Après la putrefaction,
Se fait la generation,
Par chaleur, qui est annexée
Dedans l'œuvre jà commencée,
Très-amiable, sans ardeur, 275
Afin d'eschauffer la froideur
Du vif argent : lequel tant souffre
Qu'il est faict un avec son soulphre
Le tout en seul vaisseau compris,

  (1) La prochaine matiere du soulphre & vif argent metalliques.

DE NATURE, &c

Le feu, l'air & l'eau, que je prins. 280
Dedans son terrestre vaisseau,
Qui tous sont en un seul fourneau.
Je cuis lors, dissouls & sublime.
Sans marteau, tenailles, ni lime,
Sans charbon, fumier, baing marie, 285
Et sans fourneau de soufflerie.
Car j'ay mon feu celestiel,
Qui excite l'élement tel
Selon que la matiere appete
Forme tel qui lui compete. 290
 Ainsi mon vif argent je tire
Des élemens & leur matire.
Puis son soulphre le suit de près,
Comme tout un, qui par exprès
L'eschauffe petit à petit 295
Doucement à son appetit.
 Lors froid se faict chaut vertueux:
Et le sec, humide unctueux.
Or entens par hic & par hec,
L'humide n'est poinct sans son sec, 300
Ne le sec aussi sans l'humide ;
Car l'un avec l'autre réside
Sous une essence primitive,
Laquelle est l'élementative.
Et l'esprit & la quinte-essence, 305
Dont nostre enfant prent sa naissance.
Le feu l'enfante & le nourrist (1)
Dedans l'air ; mais avant pourrist
Au ventre de la vierge terre.

(1) Alias, Le feu l'enfante certes nourrist.

Puis en vient l'eau, que l'on doit querre, 310
Qui est la matiere premiere,
Dont je commence ma miniere.
Car un contraire circonstant,
Son contraire est fort résistant
En se fortifiant de sorte, 315
Non tant que l'argent ne l'emporte,
Lors est le passif transmué,
Et de sa forme desnué,
Par l'appetit de la matire,
Qui tousjours neufve forme attire. 320

 Du premier ciel & grand moteur, (1)
Est mon sçavoir gubernateur,
Mes mains sont la huictiesme Sphere,
Ainsi que l'ordonna mon pere :
Mes metaux, sont les sept planettes 325
Dont je forge choses si nettes.
La matiere dont fais ouvrages,
Pierres, metaux, arbres, herbages,
Bestes brutes & raisonnables,
Qui sont les œuvres très-loüables : 330
Generalement toutes choses,
Que sont dessous le ciel encloses,
Je la prens, & point je ne ments,
Seulement ès quatre elements.
C'est la matiere primeraine, 335
Cahos, hyle : c'est le domaine,
Dequoy je fais jouyr le Roy
Et la Royne, & tout son arroy.
Le Chevalier est tousjours prest.

(1) Le pouvoir de nature & ses instrumens.

La chambriere faict l'apprest. 340
Et tant plus est noble la forme,
Et plus noblement m'y conforme.
Sache que j'ay toutes puissances
De substanter toutes essences,
Et de les faire consister, 345
Et forme en matiere exciter.
 Or notez bien les trois parties, (1)
Qui de la masse sont parties,
Que Dieu fist au commencement :
De la pure, premierement 350
Il crea Cherubins, Archanges,
Les Seraphins, & tous les Anges :
Et de la moins pure & seconde,
Il crea les cieux & la ronde : (2)
Et de la tierce part moins pure. 355
Les elemens & leur nature (3)
Il crea : Mais le feu premier
De vertu voulut le premier,
Et le mist haut dessous la Lune.
Corruption ne tient aucune 360
En soy, mais tient de quinte essence
La plus pure part en puissance ;
Et puis l'air très-subtil il fist : (4)
Et de la quinte-essence y mist,
Non tant comme au feu : puis fit l'eau (5) 365
Qui est un visible & très-beau
Element : quinte-essence tient

 (1) Division de la masse & premiere matiere,
Esprits.
 (2) Cieux.   (4) L'air.
 (3) Elemens, Le Feu. (5) L'eau.

Autant comme à elle appartient :
Et puis la terre voulut faire, (1)
Afin de son vouloir parfaire : 370
Combien qu'en un petit moment
Il aye faict chaque element,
Et les cieux & toute nature,
Qui suit la prime créature.
La terre grosse opaque fist, 375
Où chacun trouve du profit,
Qui contient en soy sans doubtance
La moindre part de quinte-essence.
Premier furent simples notez, (2)
En leurs spheres elements tels, 380
Si est l'air proprement humide :
Appropriement le feu l'ayde :
Et l'eau est froide proprement,
Et humide appropriement,
Que de l'air elle prent & pesche : 385
La terre proprement est seiche,
Appropriement froide elle est
Qu'elle prent de l'eau : si faict prest
Au feu de sa grande siccité
Mais comme je t'ay recité 390
Le feu est noble & sur tout maistre,
Et est cause de faire naistre,
Par sa chaleur, & donner vie.
  Mais si faut-il que je ce die, (3)
Qu'il n'est nul element actif, 395
Qui peust agir sans le passif.

(1) La terre.
(2) Des qualitez des elements.
(3) Actions & passions des elements.

Comme le feu en l'air agist,
Aussi l'air sur l'eau reagist,
Et l'eau agist en l'air & terre,
Quand le feu veut esmouvoir guerre.   400
Or est terre mere & nourrice
De toutes choses & tutrice.
Ce que sous le ciel pourrira,
Si elle enfante, nourrira
Ce que chaleur luy met au ventre ; (1)   405
Et ne cesse jusques au centre
Incessamment de gouverner. (2)
Tant m'a voulu Dieu honorer,
Qui m'a donné telle puissance,
Que je fais à la quinte-essence   410
Réduire tous les quatre arriere : (3)
Lors se dict matiere premiere
Meslée generalement.
Et par tout chacun element,
Par mon art fais réductions ;   415
Dont viennent generations :
Mais les especes revenuës, (4)
Sont en la masse contenuës.
   Pource cil qui réduire veut
Les elements, certes il peut   420
En la matiere primeraine,
Sans moy, quelque labeur & peine
Qu'il sçeust prendre & se deut tuer ;

  (1) Al. De chaleur que, &c.
  (2) Al. Generer.
  (3) Réductions des elements en premiere matiere.
  (4) Al. Retenuës.

Car en moy est de transmuer
Leur espece & leurs elements. 425
Si tu dis autrement, tu ments;
Tu ne sçaurois, quant à substance,
Approprier propre influence,
N'y en rien proportionner
Les elements, ou leur donner 430
La forme, selon le merite,
Que la matiere bien merite.
 C'est moy qui forme creature,
Et donne matiere & nature:
Je fais par mes secrets celestes 435
Oeuvres parfaictes & honnestes;
Dont aucuns voyans mes oracles,
Les ont jugez quasi miracles.
Comme il appert en l'elixir, (1)
Dont tant de biens on voit issir. 440
Car les vertus & qualitez
Qu'il a, je les ay imitez:
Ny onques nul art méchanique.
N'eut le sçavoir ou la practique.
D'avoir multiplications 445
Et si très-nobles actions.
Se doit l'homme prudent & sage
Considerer que tel courage,
Telle vertu, telle science
Ne se peut sans l'intelligence 450
Des corps celestes, à fin duire,
Et sans leur puissance conduire:
Autrement seroit s'abuser.

(1) L'Elixir.

Qui voudroit sans moy en user,
Où prendroit-il son influence, 455
Pour infuser telle substance ?
Comme feroit la mixtion
Et la vraye proportion
Des Elements ? Nul n'y a signe,
Comme bien le dit Avicenne, 460
En son *De viribus cordis*,
Au deuxiesme, voicy ses dicts.
Vivons tant que vivre pourrons,
Telle œuvre entendre ne sçaurons
Comme de proportionner 465
Elements & mixtionner;
Ainsi le dit : bien m'en souvient :
Jamais nul homme n'y advient.
C'est un secret à moy donné,
Qui n'est à l'homme abandonné : 470
Car par mes vertus souvent fais
Qu'imparfaicts deviennent parfaicts :
Soit un métal ou corps humain,
Je le parfais & rends tout sain, (1)
Je fais temperance infuser, 475
Et les quatre symboliser :
Des contraires je fais accords,
Où jamais il n'y a discords.
C'est la belle chaine dorée,
Que j'ay circulant décorée, 480
Par mes vertus celestielles,
Et leurs formes substantielles.
Tellement & si bien j'y œuvre

(1) Nature donne santé.

Que tout mon pouvoir se descœuvre,
Voire si noble & si parfaict., 485
Que d'homme ne seroit point faict
Sans moy, sans mon art & sçavoir,
Quelque bon sens qu'il sçeut avoir.

 Vien-ça, toy, qui dit sçavoir tout,
Et qui entens venir à bout 490
De ma science tant notable,
Disant je feray l'or potable,
Par feu de charbon, baing marie
En mes fourneaux : Saincte Marie !
Je m'esbahis de ton erreur : 49.
Par ta foy n'as-tu point d'horreur,
En considerant mes ouvrages,
Et voyant cuire tels breuvages
Dedans tes vaisseaux & phioles,
Plus creuses que ne sont violes, 500
Du temps perdu & des despenses ?
Je ne sçay moy à quoy tu penses
Mon fils : aye pitié de toy,
Je te supplie, & pense à moy.
Entends bien ce que te diray : 505
Car de rien je ne mentiray.

 Regarde un peu, escoutes or',
Et tu verras bien comme l'or,
Qui est si noble & précieux,
A prins sa belle forme ès cieux, 510
Et sa bonne matiere en terre :
Si faict la belle gemme & pierre,
Comme Rubis & Dyaments :
Tout se faict des quatre elements,

Quant à matiere : & quant à forme. 515
Le ciel la qualité informe
En l'élement ja contenuë,
Par qui la forme est devenuë
Noble par dépuration,
Et long-temps en perfection. 520
Et toutesfois, telle noblesse,
Comme d'or & d'autre richesse,
Se faict par moy, j'en suis l'ouvriere :
Nul homme n'en sçait la maniere.
Et, l'entendant, si ne sçauroit 525
Dire comment il se feroit,
Ne quelle proportion prendre
Des elemens, ny bien entendre
Combien de feu, d'air, d'eau & terre
Sy est requis, ny où les querre. 530
Ne bien mesler aucun contraire,
Non plus que les substances attraire :
Ny donner telles influences,
Qu'il convient à telles essences.
Seulement si faire vouloit 535
Du fer, ou p'omb, il ne sçauroit :
Non pas la chose, que soit moindre :
Jamais homme n'y sçeut attaindre.
Comme doncques fera-il l'or,
S'il ne me robbe mon thresor ? 540
Ce n'est au pouvoir de son art.
Et si le dit, c'est un coquart :
J'entens par son art méchanique.
Il faut qu'il sçache ma practique
Laquelle est naturelle en somme, 545

Et que ne se faict de main d'homme.
    Or doncques, si l'or est si bon
Et se faict sans feu de charbon,
Et s'il est si noble tenu :
Que sur tous est le mieux venu,　　　　　550
Et que chacun en faict thresor,
Tant les humains estiment l'or ;
Toutesfois il ne garist mie,
Les metaux, ny la ladrerie,
Ny ne faict transmutation　　　　　　　555
Des metaux en perfection
De fin or, ne n'est si notable
De faire verre malleable,
Comme faict la très-noble pierre (1)
Des Philosophes, qu'on doit querre.　　560
Si est l'or, quant aux metaux, faict
Par moy le plus noble & parfaict.
    Ainsi donc, si tu ne sçais faire
Un peu de plomb, à l'exemplaire
De moy, ou quelque petit grain,　　　　565
Ou de quelque herbe un tout seul brin,
Ou encor moins faire du fer,
Comment te veux-tu eschauffer
A faire ce qui est plus noble,
Et dont on fait ducat & noble ?　　　　570
Et si tu dis, je ne veux mie
Faire l'or, mais bien l'Alchymie :
Je respons à toy non sçavant,
Que tu es plus fol que devant.
N'as-tu entendu que j'ay dict　　　　　575

(1) Vertus de la Pierre philosophale.

DE NATURE, &c.

Que mon secret t'est interdict?
Car ce que se faict par nature,
Ne se faict point par creature.
Et qui plus est, si l'or j'ay faict
De sept metaux le plus parfaict, 580
Ce que tu ne sçaurois entendre
Comment oses-tu entreprendre
De vouloir faire par tels faicts
Ce qui parfaict les imparfaicts,
Et en qui j'ay mis la puissance 585
De transmuer toute l'essence
Des metaux, en bon & fin or;
Et ce que je tiens en thresor
Le plus cher que Dieu m'a donné?
  Or est-tu bien desordonné, 590
Si tu ne cognois & entends
Que ce haut bien, où tu prétends,
En tant qui touche à creature,
Est le grand secret de nature,
Soit en metal, pierre, herbe ou beste, 595
Qui descend de vertu celeste.
Bien il y pert: car il guarist
L'homme de tous maux: & nourrist.
Il parfaict metaux imparfaicts,
Par ses vertus & hautains faicts 600
Que j'y mets par mon grand sçavoir,
Et du thresor de mon avoir.
S'il est donc si parfaict en soy
Qu'il n'en est un pareil, dis-moy
S'il ne fault que telle science 605
Vienne de haulte intelligence:

192 LES REMONTRANCES
Veu que nul ne sçait faire l'or,
Et que cestuy est le thresor
Des thresors, voire incomparable?
C'est un erreur irréparable : 610
Car si tu ne peux porter dix
Et veux porter cent, je te dis
Que tu te tuë cœur & corps
Ce faisant : sçache ces efforts.
 Mon fils, c'est toute ma science, 615
Mon haut sçavoir & ma puissance,
Que je prens ès cieux simplement,
Et le simple de l'element :
C'est une essence primitive,
Et quinte en l'elementative, 620
Que je fais par reductions,
Par temps & circulations,
Convertissant le bas en hault,
Froid & sec en humide & chault,
En conservant pierre & metail 625
Sous son humide radical.
C'est par le mouvement des cieux :
Tant sont nobles & précieux.
Et sçaches que les elemens
Ont des cieux leurs gouvernemens, 630
Obeissans par convenance,
Elemens à leur influence,
Et plus est pure ma matiere,
Plus suis par les cieux grande ouvriere.
 Cuides-tu que sus ton fourneau, 635
Où sont mis ta terre & ton eau,

         Et

DE NATURE.

Et que par ton feu & chaleur,
Par ta blanche ou rouge couleur,
Tu face de moy ton plaisir,
Pour parvenir à ton desir? 640
Cuides-tu les cieux esmouvoir
Et leurs influences avoir,
Pour infuser dedans tes drogues?
Cuides-tu que ce soyent des orgues,
Qu'on faict chanter à tous les dois? 645
C'est trop cuider en ton lourdois.
Ne sçais-tu bien qu'au mouvement
Des cieux est un entendement,
Qui ha ça bas intelligence,
Et qui faict, par son influence, 650
A toutes choses avoir estre?
Cy te prie vouloir cognoistre
Que hautes choses de haut lieu
Procedent de moy, de par Dieu:
Et ne cuide qu'art manuel 655
Soit si parfaict que naturel:
Car son sens est trop nud & linge;
Si me contrefait comme un singe.
Pense-tu que pour distiller;
Ou pour dissoudre, & congeler 660
De ta matiere en ton vaisseau,
Ou pour tirer de l'huile l'eau,
Soit que belle & claire la voye
Que tu ensuyves bien ma voye?
Mon fils, tu es trop abusé; 665
Car quand ton temps auras usé
A faire tous les meslemens,

Tome III. I

Et feparer les elemens,
Ton huile, ton eau & ta terre,
Tu n'as rien faict ; certes tu erre.   670
Sçais-tu pourquoy ? car ta matiere
Ne fçauroit demie heure entiere
Souftenir du feu la chaleur :
Tant eft de petite valeur.
Toute s'en ira en fumée,   675
Ou en feu fera confommée.
Mais la matiere dequoy j'œuvre :
Eft infaillible à toute efpreuve,
Quelque feu ardent que ce foit ;
Ains du feu tout fon bien reçoit,   680
Et fi vient l'eau de feiche fouche,
Que rien ne moüille qu'elle touche,
Ny ne sen vole, ny recule,
Ne fon huile jamais ne brufle :
Tant font mes elemens parfaicts.   685
Ainfi n'eft de ce que tu fais :
Auffi n'eft-ce pas ton office
De manier mon artifice.
  Pour conclufion je te dis,
Si tu veux bien noter mes dicts,   690
Je ne te veux point abufer,
Que tu ne fçaurois infufer,
Par ton feu artificiel,
La grand chaleur qui vient du ciel.
Ny par ton eau & huyle & terre,   695
Tu ne fçaurois matiere acquerre
Qui peut recevoir influence,
Pour luy donner telle fubftance.

DE NATURE, &c.

C'est don de Dieu, donné ès cieux
Aux elements à qui mieux mieux, 700
Conservé en la simple essence,
Dont nul que moy n'a cognoissance,
Fors l'homme, qui en moy se fie,
Et qui sçait bien Philosophie.

   Mon fils, je ne diray qu'un mot : 705
Ce sçait le createur qui m'ot,
C'est que l'œuvre se faict entiere (1)
D'une seule & vile matiere
Homogenée, en seul vaisseau,
Bien clos & en un seul fourneau, 710
En soy contient qui la parfaict,
Et par seul regime se faict.

   Or voy la generation
De l'homme & sa perfection,
Ou tout mon sens y abandonne, 715
Et le sçavoir que Dieu me donne :
Car faire sçais d'une matiere,
L'espece humaine non entiere (2)
Je forme le corps seulement,
Voire si très-subtilement, 720
Que Platon, aussi Aristote
N'y entendirent jamais note.
Je fais os durs, dents à marcher,
Le foye mol, aussi la chair,
Les nerfs froids, le cerveau humect, 725
Le cœur chaud, ou Dieu vie mect,
Les boyaux, & toutes les veines,

I 2

(1) L'œuvre de la Pierre Philosophale.
(2) De l'homme, voyez page 196.

Arteres de rouge sang pleines.

 Brief, le tout d'un seul vif argent, \
Masculin soulphre très-agent,   730 \
Fais un seul vaisseau maternel, \
Dont le ventre en est le fournel. \
Vray est que l'homme par son art \
M'ayde fort, quand en chaleur ard, \
En infusant en la matrice   735 \
La matiere qui est propice. \
Mais autre chose n'y sçait faire. \
Ainsi est-il de ton affaire : \
Car qui sçait matiere choisir, \
Telle que l'œuvre en ha desir,   740 \
Bien préparée en un vaisseau, \
Fort clos, & dedans son fourneau, \
Le tout fourny, plus ne differe, \
Car toy & moy devons parfaire : (1) \
Pourveu que chaleur tu luy donne,   745 \
Comme Philosophie ordonne. \
Car là gist tout : je t'en advise. \
Pourtant faut bien que tu y vise : \
En feu que l'on dit epsesis, (2) \
Pepsis, Pepansis, optesis. (3)   750 \
Feu naturel contre nature, \
Non naturel & sans arsure, \
Feu chauld & sec, humide & froit,

---

 (1) La Pierre philosophale est faicte par nature & art.
 (2) Feu.
 (3) C'est-à-dire, chaleur convenable à faire bouillir, digerer, meurir & rostir. Aristo. au 4. des meteor. faict mention de ces 4 especes de chaleur.

Penses-y & le fais adroit.

Sans matiere & sans propre feu, 755
Tu n'entreras jamais en jeu :
La matiere je la te donne ;
La forme faut que tu l'ordonne.
Je ne dis pas substantiale,
Ny aussi forme accidentale : 760
Mais forme de faire vaisseau,
Et de bien former ton fourneau.
Fais par raison ce qu'est propice,
Et par naturel artifice.

Ayde-moy, & je t'ayderay : 765
Comme tu feras, je feray :
Ainsi que j'ay faict à mes fils,
Dont ils ont reçeu les proufits :
A cause que sans vituperes
Ont ensuivi & mere & pere, 770
Obéyssans à mes commands ;
Comme tu peux veoir ès Romans
De Jean de Meung, qui bien m'appreuve, (1)
Et tant les sophistes repreuve.
Si faict Ville-neuve (2), & Raimon (3), 775
Qui en font noble sermon,
Et Morien le bon Romain,
Qui sagement y mist la main.
Si fist Hermes qu'on nomme pere,
A qui aucun ne se compare : 780
Geber Philosophe subtil
A bien usé de mon oustil,

(1) Roman de la Rose vers 16914. jusqu'au 16997.
(2) Arnauld de Ville-neuve. (3) Raymon Lulle.

Et tant a escript de beaux dicts,
Et d'autres, plus que je ne dis,
De ceste très-noble science ; 785
Lesquels ont par experience
Prouvé que l'art est veritable,
Et la vertu grande & loüable.
Tant de gens de bien l'ont trouvée,
Qui véritable l'ont prouvée, 790
Dont je me tais pour abreger.
 Or mon fils, si tu veux forger
Et commencer œuvre si noble,
Il ne te faut ducat, ny noble,
Au moins en grande quantité : 795
Suffist que sois en liberté,
Et en lieu qui te soit propice,
Que nul sçache ton artifice.
Prepare à droict bien ta matiere
Toute seule mise en poudriere, 800
En seul vaisseau, avec son eau,
Bien close, & dedans son fourneau,
Par un regime soit menée,
D'une chaleur bien attrempée,
Laquelle fera l'action 805
En soy, & putrefaction :
Car pour grande frigidité
Ne sçauroit tant la siccité
Résister contre tel agent,
Que ne soit tost le vif argent, 810
Par connexion ordonnée, (1)
Faict un subject homogenée,

(1) Alias. Commixtion.

DE NATURE, &c.

Reduit en premiere matiere.
  Soit ton intention entiere
D'enſuivre ta mere nature ; 815
Que raiſon ſoit ta nourriture ;
Ta guide ſoit Philoſophie :
Et ſi tu le fais, je t'aſſie,
Tu auras matiere & moyen
De parvenir à ce haut bien. 820
Et de choſe qui bien peu couſte
Tu ouvreras, mais que tu gouſte
Mes principes. Voy comme j'ouvre :
Regarde l'Ariſtote, & ouvre
Le tiers & quart des metheores : 825
Apprens Phyſique, & voy encores
Le livre generation,
Et celuy de corruption ;
Le livre du ciel & du monde,
Où la matiere eſt belle & monde. 830
Car ſi tu ne vois & entends,
Certes mon fils, tu perds le temps.
Et pour mieux ſçavoir les manieres,
Voir te faut celuy des minieres,
Que fit mon gentil fils Albert, 835
Qui tant ſçeut, & tant fut expert,
Qu'en ſon temps il me gouvernoit,
Et de mes faits bien ordonnoit ;
Comme il appert en celuy livre.
Or doncques, ſi tu es delivre, 840
Es minieres ſouvent liras,
Et là de mes ſecrets verras,
Que nulle pierre ne s'engendre

Que des élemens par son genre.

 Apprens, apprens à me connoistre,   845
Premier que de te nommer maistre.
Suis moy, qui suis mere nature,
Sans laquelle n'est creature,
Qui peut être, ny prendre essence,
Vegeter, monter en croissance,   850
Ny avoir ame sensitive,
Sans ciel & l'élementative.
Et pour connoistre tels effects,
Il te convient porter le faiz
D'estudier & travailler   855
En Philosophie & veiller.
Et si tu sçais tant par ses us,
Que tu cognoisses les vertus
Des cieux, & leurs grands actions ;
Des élements les passions,   860
Et parquoy ils sont susceptibles ;
Qui sont les moyens convertibles ;
Et qui est cause de pourrir,
Et d'engendrer, & de nourrir
De leur essence & leur substance.   865
Tu auras de l'art cognoissance ;
Combien que suffit seulement
D'avoir un bel entendement,
En considerant mes ouvrages.

 Mais n'ont pas eu tous clers & sages   870
Ce don de Dieu par leur science :
Ains ceux de bonne conscience,
Qui m'ont suivie avec Raison,
L'ont eu par moult longue saison ;

En ayant patience bonne,
Attendans le temps que j'ordonne.
  Fais doncq ce que je te dis or,
Si tu veux avoir le thresor,
Qu'ont eu les vrais Physiciens,
Et Philosophes anciens.   880
C'est le thresor & la richesse,
De plus grand' vertu & noblesse,
Que puis les cieux jusques en terre,
Par art l'homme pourroit acquerre.
C'est un moyen entre Mercure   885
Et metal que je prens en cure :
Et par ton art, & mon sçavoir, (1)
Parfaisons un si noble avoir.
C'est le fin & bon or potable,
L'humide radical notable;   890
C'est souveraine medecine,
Comme Salomon le designe,
En son livre bien autentique,
Que l'on dict Ecclesiastique :
Et là tu trouveras le tiltre,   895
Au trente-huictiesme chapitre.
Dieu la crea, en terre est prise ;
L'homme prudent ne la desprise.
Il l'a mise dans mes secrets :
Et la donne aux sages & discrets ;   900
Combien qu'ils sont maints orateurs, (2)
Et qui se cuident grands docteurs

---

(1) La Pierre philosophale est faicte par nature & art.
(2) Contre les moqueurs de ceste science.

En très-haute Theologie,
Sans la basse Philosophie,
Qui en font par tout leur risée. 905
Des medecins est desprisée,
Qui se mocquent de l'Alchymie.
Las ils ne me cognoissent mie,
Et n'ont pas faict de l'art espreuve,
Comme Avicenne & Ville-neuve, 910
Et plusieurs grands Physiciens,
Bons Medecins très-anciens.
Tel s'en moque qui n'est pas sage,
Et qui n'a pas veu le passage,
Que bons Medecins ont passez. 915
Les moqueurs n'ont pas sceu assez
Pour cognoistre telle racine
Et tant louable medecine,
Qui guarist toute maladie ; (1)
Et qui l'a, jamais ne mendie, 920
Bien est heureuse la personne,
A qui Dieu temps & vie donne
De parvenir à ce haut bien,
Et posé qu'il soit ancien :
Car Geber dict, que vieux estoient 925
Les Philosophes qui l'avoyent ;
Mais toutesfois en leurs vieux jours
Ils jouissoient de leurs amours.
Et qui la possede, largesse
De tous biens ha, & grand'richesse. 930
Seulement d'une once & d'un grain
Tousjours est riche, & tousjours sain.

(1) Louange de la Pierre philosophale.

Enfin se meurt la creature,
De Dieu contente & de Nature :
C'est medecine cordiale, 935
Et teincteure plus qu'aureale.
C'est l'elixir, l'eau de vie,
En qui toute œuvre est assouvie :
C'est l'argent vif, le souphre & l'or,
Qui est caché en mon thresor. 940
C'est le bel huyle incombustible.
Et le sel blanc, fix & fusible :
C'est la pierre des Philosophes,
Qui est faicte de mes estoffes :
Ny par aucune geniture 945
Trouver se peut que par nature (1)
Et par art de sçavoir humain,
Qu'il administre de sa main.

 Je le te dis : je le t'anonce,
Et hardiment je le prononce, 950
Que sans moy qui fournis matiere,
Tu ne feras onc œuvre entiere :
Et sans toy, qui sers & ministre,
Je ne peux seule l'œuvre tistre.
Mais par toy & moy, je t'asseure, 955
Que tu auras l'œuvre en peu d'heure.
 Laisse souffleurs & sophistiques,
Et leurs œuvres Diaboliques :
Laisse fourneaux, vaisseaux divers (2)
De ces souffleurs faux & pervers : 960

---

(1) La Pierre philosophale est faicte par nature & art.
(2) Mespris des errans Alchymistes.

Je te prie tout en premier,
Laisse leur chaleur de fumier.
Ce n'est profitable, ni bon :
Non plus que leur feu de charbon.
Laisse metaux & atramens : 965
Transmuë les quatre elemens,
Sous une espece transmuable,
Qu'est la matiere très-notable
Par Philosophes designée,
Et des ignares peu prisée. 970
Semblable à l'or est par substance,
Et dissemblable par essence.
Les elemens convertiras,
Et ce que tu quiers trouveras.
J'entens que les bas tu sublimes, 975
Et que les hauts tu fasse infimes.

 Tu prendras donc ce vif argent,
Mixte en son soulphre tresagent,
Et mettras tout en seul vaisseau,
Bien clos, dedans un seul fourneau, 980
Qui sera au tiers inhumé :
Garde qu'il ne soit enfumé
Sur un feu de Philosophie.
Fais ainsi, & en moy te fie.
Laisse doncques toute autre espece ; 985
Je t'en supplie, mon fils, laisse,
Et ne prens fors celle matiere,
Dont se commence la miniere.
Plus ne t'en dis : mais je te jure
Mon Dieu, qu'il faut suivre Nature. 990

LA RESPONSE
DE L'ALCHIMISTE,
A NATURE.

*Comme l'artiste honteux & doux
Est devant Nature à genoux,
Demandant pardon humblement,
Et la merciant grandement.*

L'ALCHYMISTE.

MA très-douce mere Nature,   995
La plus parfaicte creature,
Que Dieu crea après les Anges ;
Je vous rends honneur & louanges.
Que vous estes mere & maistresse
Gouvernante du macrocosme,   1000
Qui fut crée pour microcosme.
Le premier, le monde se nomme : (1)
Et microcosme en Grec, c'est l'homme.
Vous fustes, tant estes habile,
Mise haut au premier mobile,   1005
Qu'avec le doigt vous remuez,
Et du pied à bas transmuez
Les elemens, soit paix ou guerre.

(1) Des faicts de Nature.

Jusques au centre de la terre ;
Et le tout par commandement 1010
De voſtre maiſtre, inceſſamment
En faiſant generations,
Et ſi tres-grandes actions ;
Par vos autres intelligences,
Et non corruptibles ſubſtances, 1015
Des cieux, eſtoilles & planettes :
Dont ſe forment les choſes nettes,
Que l'on doit par tout reclamer
Mere & Maiſtreſſe, bien aimer.

 Je confeſſe, ma chere Dame, 1020
Que rien vivant ne vit ſans ame,
Et ce qui eſt & a eſſence,
Vient de vous & voſtre puiſſance,
J'entens ſous le pouvoir donné
De Dieu, qui vous fut ordonné. 1025
Je cognois que vous gouvernez
Toute la maſſe, & demenez
La matiere des élemens
Tous deſſous vos commandemens.
Car d'eux vous prenez la matiere, 1030
Et des cieux la forme premiere :
Combien que premier ſoit confuſe
Celle matiere, non diffuſe,
Tant qu'elle ſoit qualifiée,
Et puis par vous ſpécifiée, 1035
Lors prend force ſubſtantiale,
Et puis viſible accidentale.

 Dame, tant vous eſtes bien ſage,
Que vous faictes tout cet ouvrage

Par vos vertus celestieles, 1040
Et vos formes très-actueles,
En si parfaict & si bon ordre,
Que nul vivant n'y sçauroit mordre.
Je regarde, Dame honorée,
Que Dieu vous a tant décorée, 1045
Qu'il a mis pour tous les humains
Ce qu'il leur faut entre vos mains.

Quatre degrez par vous fit naistre; (1)
Dont le premier si n'a fors qu'estre,
Qui sont les pierres & metaux : 1050
Le second, sont les vegetaux,
Qui ont estre, & vegetative :
Le tiers, si est la sensitive :
Comme bestes, oyseaux, poissons,
Qui ont trois diverses facons : 1055
Le quart fist en noble degré,
Ainsi qu'il luy pleust, à son gré,
Plus parfaict de tous : ce fust l'homme, (2)
Qui trois degrez en lui consomme :
Mais plus que vous, ma chere Dame, 1060
Fit lors quand il luy donna l'ame, (3)
Belle, & d'immortale substance,
Aornée d'intelligence,
Et sans nulles dimensions,
N'estant subjecte aux passions 1065
De nostre corps, qu'est limité :
Mais a faict sensualité (4)

(1) Degrez des choses naturelles.
(2) L'homme. Voyez page 196.
(3) L'ame humaine. (4) Sensualités

Tourner à mal & à peché
Nostre corps, qui est entaché
De volupté desordonnée.   1070
Dont bien souvent est condamnée,
Si grace n'y est impartie,
Que de Dieu vient, plus en partie
Pour la noblesse de ceste ame,
Que pour le corps. Or doncques, Dame, 1075
La grand' perfection de l'homme
N'est pas de vous : Mais, ainsi comme
L'avez dit à la vérité,
Vous ne forgez l'humanité :
Mais au vaisseau qui est humain,   1080
Autre que vous n'y met la main,
Qui est la plus parfaite essence
De vostre œuvre & grande puissance.
Sans mentir c'est pour advoüer,
Quand on veut bien considerer   108
Comme nos corps sont divisez,
Et si très-bien organisez,
Tellement que par un object,
Qui est le corps, tant est subject,
A la volonté, que quand veut (1)   1090
Un chascun des membres s'esmeut;
Combien que volonté n'est pas
De vous, ny de vostre compas :
Toutesfois c'est grande merveille,
Que ce corps pour l'ame travaille (2) 1095
Comme subject : & tel deut estre :
Mais bien souvent il est le maistre,

(1) La volonté.   (2) Le corps.

Il ne l'est pas par sa noblesse,
Mais par peché que l'ame blesse.
   Or donc ne vous esbahissez   1100
Si ce que tant bien tapissez,
Et tenez plus parfaict, c'est l'homme,
Est contraire à si noble forme
Comme l'ame : & qui tant varie
Contre raison. Soyez marrie   1105
Seulement de vos artifices, (1)
Et non de nos fautes & vices.
Vous-mesme n'avez-vous pensé,
Et bien souvent encommencé,
Cuidant vostre œuvre estre bien faicte,   1110
Qu'en la fin estoit contrefaicte ?
Et ce faute d'entendement
Ou si ne pouvez autrement ?
   Dame qu'il me soit pardonné,
Si je suis trop abandonné   1115
De parler sur vostre science.
Je le prens en ma conscience,
Que ce n'est pas pour vous blasmer :
Mais ne doutez qu'il m'est amer
De ce que m'avez tant repris,   1120
Où jamais n'avois rien appris.
Helas ! Dame, je vous asseure
Que je ne suis jamais une heure,
Sans penser à ce hautain bien,
Lequel par vous j'entens très-bien,   1125
Ou mieux que ne faisois alors
Que vous me faisiez les records

(1) Les monstres naturels.

Et les reproches de mes fautes,
En déclarant choses si hautes
De ce thresor digne & loüable.   1130

 Soit en mon lit, soit en ma table,
Incessamment devant mes yeux
J'ay ce haut bien tant précieux;
Et ne fais que penser en somme
Quelle matiere, & quelle forme   1135
Je dois prendre pour commencer.
Vous m'estes venuë tencer,
Et reprendre fort aigrement :
Pource que ne fais nullement
Comme vous, helas, chere Dame,   1140
Vous sçavez que je n'ay ny ame,
Ne sçavoir en moy, pour ce faire ;
Je ne vous peux que contrefaire :
Et ne sçaurois pas bonnement
En ce noble art faire autrement, (1)   1145
Si vous ne m'aidiez par puissance
De vostre sçavoir & science.

 Mais vous dictes, & dictes voir,
Qu'à l'homme n'apartient sçavoir
Vos grans secrets & hautains faits :   1150
Comme donc porteray le fais,
Et comment me pourray guider,
Si vous ne me voulez aider ?
Puis dictes que vous dois ensuivre,
Je le veux bien : mais par quel livre ?   1155
L'un dict, prens cecy & cela :

 (1) La Pierre philosophale se parfait par na-
ture & par art.

L'autre dict, non, laisse-le là,
Leurs mots sont divers & obliques,
Et sentences paraboliques.
En effect par eux je voy bien, 1160
Que jamais je n'en sçauray rien.
Et pourtant à vous j'ay recours,
Vous priant me donner secours,
Et conseiller que je dois faire
En ce très-grand & rare affaire. 1165
 Cy demande, ma chere Dame,
Qui de bon cœur prie & reclame,
Dictes par votre conscience,
En ensuivant vostre science.
Qui pourroit dévaler en terre, 1170
Et dedans la miniere enquerre,
Et chercher par subtile cure
Des métaux le parfaict Mercure.
J'ay trouvé, au moins cil de l'or,
Garder se doit comme un thresor : 1175
Mais je doute quand on l'auroit,
Que jà métal ne s'en feroit :
Et croy qu'il n'est homme tant sage,
Qui de faire or sçache l'usage :
C'est à vous de faire telle œuvre, 1180
Experiment bien le décœuvre,
Et vostre sçavoir excellent.
Selon vostre dict, en parlant
De la nativité de l'homme,
Nous voyons la maniere comme 1185
Le Mercure froid & humide
Appette le soulphre en son aide :

C'est un esperme homogenée,
Duquel la créature est née,
Après le labeur terminé. 1190
Or doncques tout examiné,
Vous prenez la propre matiere,
Propre vaisseau, propre miniere,
Propre lieu & propre chaleur,
Pour donner & forme & couleur, 1195
Pour pulluler & donner vie,
Dont toute chose est assouvie.
Vous connoissez, comme une ouvriere,
Le merite de la matiere.
Car agent ne prend action. (1) 1200
Qu'en disposée passion.
Subtilement sçavez mesler
Chaud & froid, & puis démesler
Du sec l'humide, & du contraire
Sçavez la qualité attraire ; 1205
Transmuant la premiere forme ;
Afin que la matiere informe
Forme nouvelle : car l'object
Est par la puissance subject,
Qui toujours soustient la substance 1210
En l'acte qui fut en puissance.
Or vous ayant ouy bien dire ;
Mais mon parler ne peut suffire
A bien réciter vos sentences :
Et si j'avois vos grands potences, 1215
Pour moy soustenir seurement,
Je parlerois bien proprement.

(1.) Alias. N'a point d'action.

DE L'ALCHYMISTE, &c.

Car j'ay entendu qu'avez dict,
Que l'elixir, sans contredict,
Des quatre élemens se commence, 1220
Contraires puis font alliance :
Et dites qu'il faut convertir
Les élemens. Sans point mentir
Ce n'est point ouvrage de main,
Ny n'appartient à l'art humain 1225
De convertir les élemens.

Mais qui sçauroit par documens,
Comme la qualité terrestre
Peut avec l'air prendre son estre
Symboliser avec froideur, 1230
Et se convertir en humeur,
Qui est à dire en son contraire :
Car l'humeur ne se veut distraire
De l'element froid & humide,
Toutefois qu'elle a meilleure ayde 1235
Du feu, par qui est annobly
Tout le compost. Et si n'oubly
Que c'est un œuvre naturel,
Qui se fait noir, blanc, puis vermeil,
Ou trois couleurs sont évidentes 1240
A trois elemens respondentes,
C'est le feu, & l'eau, & la terre,
Et l'air, qui bien les sçauroit querre.
Puis vous dictes, sans nulle glose, (1)
Qu'il se faict d'une seule chose, 1245
D'un seul vaisseau, d'une substance ;
Car quatre ne font qu'une essence :

(1) L'œuvre de la Pierre philosophale.

Dedans c'est un, est en effect
Ce qui commence & qui parfaict.
Rien ne defaut en sa valeur, 1250
Sinon un petit de chaleur,
Que l'homme administre par cure,
Provoquant ce qu'elle procure,
Par vostre art & noble sçavoir :
Et tout ce qu'est besoin d'avoir, 1255
En icelle seule matiere
Est en perfection entiere,
Qui la commence, & qui l'a faict,
Qui la continue & parfaict.

 C'est tout ainsi comme d'un homme, 1260
D'un cheval, d'un grain, d'une pomme :
Car en l'esperme retenuë,
Est forme d'homme contenuë ;
Os, chair, sang, nerfs, poils sus la peau
Sont tous en ce petit troupeau. 1265
Ainsi d'un grain, ou de semence
Chacun rapporte sa semblance :
D'homme vient homme, de fruict le fruict ;
Et de beste, beste s'ensuit :

 C'est vostre ordre, qui point ne rompt, 1270
Qui est en vostre vaisseau rond :
Vous voulez, par vouloir loüable,
Que chacun face son semblable.
Mais tel sçavoir & grand science,
Procede de la sapience 1275
De Dieu, qui veut qu'ainsi soit faict,
Et vous donna en main ce faict.

 Or sçay-je bien que quand le sperme

Est clos dedans le vaisseau ferme
De la femme, mais qu'il ne s'ouvre, 1280
Que plus ne faut que l'homme y ouvre,
Ne qu'il adjouste ou diminuë,
Ny chose grosse, ny menuë;
Plus il ne s'en faut approcher,
Pour ouvrir, ou clorre, ou toucher 1285
Car au vaisseau est enclos tout
Ce qui parfaict jusques au bout.

   Puis dictes que tout ainsi est
De la pierre, que tant me plaist;
Et qu'il ne faut qu'une matiere, 1290
Toute seule mise en pouldriere,
Laquelle contient l'air & l'eau
Et la chaleur en son vaisseau,
Et tout ce qui est necessaire,
Pour parfournir ce noble affaire, 1295
Ny jamais plus toucher n'y faut,
Ny autre chose ny deffaut,
Fors seulement y adjouster
Un petit feu, pour exciter
La chaleur, qui est au compost : 1300
Comme l'enfant, qui est repost
En la matrice chaudement,
Ainsi est l'œuvre proprement.

   Puis dictes & donnez entendre,
Au moins comme je peux comprendre, 1305
Qu'en elle est sa perfection :
Et si ne peut son action
Mettre fin à si noble forme,
Si l'art humain ne s'y conforme : (1)

(1) La Pierre Philosophale se faict par nature & art.

J'entens art humain par science 1310
De Philosophie & prudence,
Qui vienne des mains préparer
La matiere, puis séparer
Le superflu, & mettre en verre
La composé & simple terre, 1315
Qui n'est qu'un avecques son eau ;
Et puis bien clorre le vaisseau
Dessus un fourneau bien propice.
Voilà tout quant à l'artifice :
Autre chose l'homme n'y peut ; 1320
Et face & die ce qu'il veut.
 Mais lors vous qu'en estes l'ouvriere
Entrés dedans la poudriere,
Après la préparation,
Faictes la dissolution, 1325
Et le sec en eau réduisez, (1)
Et jusques en l'air conduisez
Par sublimation celeste ;
Tant estes-vous sage & honneste :
Enfin, toute seule vous faictes 1330
Ce que parfait choses imparfaites.
 Et pourtant, Madame Nature,
Vous estes prime geniture,
Quand vous faictes les meslemens
De tous vos quatres elemens, 1335
Qui sont ensemble par essence,
Dont nul homme n'a cognoissance
Fors vous : ainsi l'ay entendu,
Et cela verray en temps deu, Si

(1) Alias. Le froid en chaud convertissez.

DE L'ALCHYMISTE, &c.

Si Dieu plaist, & vous chere Dame. 1340
 Je laisse le temps & le terme :
Reste de la matiere avoir,
Et de bien entendre & sçavoir,
Comment est tant noble & si bonne,
Et comment telle vertu donne 1345
Si grands thresors & si parfaicts
Qu'elle parfaict les imparfaicts.
 Madame, je sçay bien que l'or (1)
Est des minieres le thresor ;
Toutesfois forme ny matiere 1350
N'a qui puissance ait si entiere
De passer sa perfection.
Car il n'a si grande action
De pouvoir plus que soy parfaire,
Quelque art que l'homme y puisse faire. 1355
 Et qui me voudroit opposer,
Qu'il faudroit le descomposer,
Et le réduire en vif argent,
Cil seroit fol & indigent
De bon sens, & de bon sçavoir : 1360
Veu qu'il ne peut de l'or avoir,
Luy estant en sa propre essence,
Plus de vertu & grand'puissance.
Qui pense donc l'homme esprouver ;
Au moins quand l'on ne peut trouver 1365
Au tout, sinon ce qui y est ?
C'est abus. Mais voicy que c'est :
Pour leur fantaisie produire,
Ils disent qu'il convient réduire

Tome III.   K

(1) L'or.

Par leur art & science arriere   1370
Ce corps en premiere matiere :
Mais certes, dame, je sçay bien;
Car tant m'avez apprins de bien,
Que réduction ne se faict
De choses que vous avez faict   1375
En espece, ou individuë,
S'elle n'est premier corrompuë :
Encore après corruption
Ne se faict generation
De semblable espece, ou s'engendre,   1380
S'il ne retourne en celuy genre.
   Et si dy plus, que l'or destruire
N'est pas chemin de le construire :
Ny jamais homme ne sçaura
Refaire or, quand deffaict l'aura,   1385
J'entens deffaict présupposé,
C'est-à-dire décomposé,
Qui est chose très-difficile.
Science faudroit très-subtile,
Posé qu'on le mist bien en pouldre.   1390
   Mais de cuider tant le dissoudre,
Qu'on separast les meslements,
Que vous feistes des elements
En sa premiere mixtion ;
Certes c'est une question,   1395
Que jamais homme ne souldra,
Et dise tout ce qu'il voudra ;
Car il endure froid & chauld,
Ny de gros feu, il ne luy chault ;
Mais tant plus s'amende & affine,   1400

Et bien affiné ne define:
Tant est parfaict en sa nature.
Et si est une creature
Des elemens la plus prochaine,
Qui n'a semence, sperme, ou graine, 1405
Où se face reduction
Après la putrefaction,
Pour revenir en son espece:
Car sa matiere est trop espece.
Mais l'or mort, là est mort son estre: 1410
Ne de luy ne peut plus renaistre,
N'autre metail, ni vif argent. (1)
 Pource ne se vante la gent,
Et dise soubs ce mot notable,
Toute chose fait son semblable. 1415
C'est mal dict, quant aux mineraux:
Mais bien est vray des vegetaux,
Et des sensitifs vrayement:
Car ils prennent nourrissement,
Et ils se sement & se plantent: 1420
Les métaux jamais rien ne sentent:
Et sont aussi grands au premier
Comme ils sont en leur an dernier.
Des élemens prennent leur estre,
Par vous en l'élement terrestre, 1425
C'est sans semer & sans planter,
Sans cultiver, ne sans anter.
 Je sçay par vostre enseignement,
Qu'on ne doibt practicalement
Suivant les dicts des anciens, 1430

(1) Ni Al. Que.

Bon Philosophes tresciens :
Mais seulement la theorique
Et speculative practique,
Qui est vraye & essentiale
Et qui est nature reale : 1435
Car en ce gist toute l'essence
Et la matiere & la substance.
 Bien me souvient qu'un me disoit,
Qui sophistement m'induisoit,
Qu'on tenoit pour grand' Philosophe, 1440
Qu'il me falloit pour vraye estoffe
Lors prendre le bel vif argent
Tout crud, & estre diligent
De le mesler avecques l'or :
Car des deux se faict un thresor, 1445
Quand bien sont joincts & accouplez,
Très-bien unis & assemblez.
L'un par l'autre se parfera :
Et disoit, qui ainsi fera,
Aura la pierre & l'elixir. 1450
 Mais premier il falloit yssir
Et séparer les élemens
Et tous les quatre meslemens :
Et pour le mieux purifier,
Chacun à part rectifier 1455
Il falloit ; & puis les conjoindre,
Et réunir le grand au moindre,
Et le subtil au gros remettre :
Ce faisant on seroit bon maistre,
Ce disoit, de faire la Pierre. 1460
 Mais maintenant je sçay qu'il erre

En disant telles fantasies,
Ne parlant que par tromperies :
Dont les cerveaux de telles gens
Sont de bon sçavoir indigens :   1465
Les gens trompent, & font trompez :
Nul d'iceux tant soyent-ils huppez,
Soit Philosophe ou Medecin,
Rien n'y entend en tel brassin.

 Bien me souvient, sans contredict, 1470
Madame, que vous avez dict
Qu'à Dieu seulement appartient,
Qui est le createur, & tient
Toutes choses dessoubs sa main,
De créer, comme souverain,   1475
Des elemens toute facture :
Car c'est luy qui produict nature.
Il sçait mesler par quantité
Des elemens, la qualité
Justement proportionner,   1480
Bien conjoindre & mixtionner
Elemens & unir ensemble
Deuëment comme bon luy semble.
Et n'est homme qui se peut faire,
Ne qui sçeust dire le contraire.   1485
Car il est luy seul createur,
Et de tout bien le conducteur,
Du monde n'est chose pourtraicte,
Que sans luy peut onc estre faicte.

 Et se taisent tous les vanteurs 1490
Sophistes investigateurs
De l'Alchymie, qui se vantent

Qu'ils cueilliront & rien ne plantent :
Qui font par calcinations
Et par leurs sublimations   1495
Des distillations estranges,
Voler en fumée les Anges,
Coagulations iniques,
Congelations Sophistiques,
Croire au peuple & à eux aussi,   1500
Qu'ils l'ont faict, & qu'il est ainsi,
Que separation est faicte
Des quatre elemens, & parfaicte
Du vif argent, & de l'or fin :
Et tout n'est rien à la parfin.   1505

 Car il est vray, que toutes choses
Qui sont dessous le ciel encloses,
Des quatre elemens faictes sont,
Et juste quantité ils ont
En proportion, par nature,   1510
Rien mixtes, selon leur facture :
Non pas tous unis proprement,
Mais en vertu distinctement :
Principalement la matiere
De la pierre vraye & entiere.   1515

 J'entens, au vif argent vermeil,
Et parfaict corps, qu'on dict soleil,
Sont quatre & chacun Element
Unis inseparablement,
Et meslez par moyens notables,   1520
Non par art humain separables.

 Car tous les bons Physiciens
Et Philosophes anciens

Ont escript, & il est tout cler,
Que l'element de feu & d'air   1525
Sont enclos & tenus en serre.
L'un en l'eau, & l'autre en la terre
Le feu est enclos bien & beau :
En la terre, & l'air dedans l'eau
Et ne peut chacun element   1530
Monstrer sa vertu nullement,
Sinon en l'eauë, ou en la terre :
Là sont forts & font forte guerre
Ensemble inseparablement :
Nul ne les peut realement   1535
Separer de cette closture,
Fors Dieu & vous Dame Nature.
 Hardiment le puis affermer,
Et physiquement confirmer :
Car le feu nous est invisible,   1540
Aussi l'air est imperceptible.
Celuy qui dict qu'on les peut veoir
A part, tend à nous décevoir :
Car par arguments bien notables,
Elements sont inseparables :   1545
Posé que les sophistes dient
Et afferment & certifient
Qu'ils separent du vif argent,
Et de l'or, qui est bel & gent,
Les elemens, ils sont menteurs.   1550
Veu les raisons des bons autheurs,
Car l'element de feu & d'air,
Si ainsi est, doit exalter.
Mais ils dient qu'ils les retiennent,

Et si ne sçavent qu'ils deviennent; 1555
Puisque l'air ne peut estre veu,
Ne le feu de nul apperceu.
 Et s'ils l'ont tiré, comme ils dient,
Ce qu'ils touchent ils humifient,
Qui est chose contre nature, 1560
De l'air & du feu par droicture.
 Puis, Madame, ainsi qu'avez dict,
Et que je cognois par escript,
Il n'est nul tant soit grand docteur,
Qui peut, fors Dieu le Createur, 1565
Sçavoir combien & justement
Il faut de chacun element
En un chascun suppost physique;
A vous Dieu donne la practique.
 Ne Philosophe n'est tant sage 1570
Qui sçeut par practique & usage
Composer & mixtionner
Les elemens, ne ordonner
Combien il y faut de chacun
Element, pour bien faire aucun 1575
Suppost, ou chose naturelle,
Spirituelle ou corporelle.
Or donc s'il les veut separer,
Comment pourra-il reparer
Et reunir celuy compost, 1580
Pour en refaire un vrai suppost.
Puisque il ne sçait la quantité
Des elements & qualité,
De la mode de l'union,
Et parfaicte conjonction? 1585

Il ne faut donc rien separer,
Puisqu'on ne le sçait reparer.

 Laisser vous faut faire Nature,
Qui entendez l'art & facture
Et qui sçavez bien disposer,   1590
Et celle pierre composer,
Et bien faire les meslemens
Sans separer les elemens.
Assez l'avez-vous dict, Madame:
Par vos dicts, j'entens bien la game. 1595
De separer il n'est besoing
Les elements, ne prendre soing
De les reünir & conjoindre,
Puisqu'on ne peut tel art attaindre,
Et que c'est un secret donné   1600
A vous, & de Dieu ordonné.

 La pierre ou l'elixir, sans doubte,
Se faict de vous & parfaict toute,
Sans separer les elemens;
Mais non pas sans vos instrumens,   1605
Ne sans l'aide de l'homme sage,
Et qui bien entend vostre ouvrage.
Mais pour bien denoter la note,
Voyons ce que dict Aristote,
Où le Physicien faict fin,   1610
Là commence le Medecin,
Supposant pour Physicien
Le tres-sçavant naturien.
Dont l'art d'Alchymie commence,
Suivant nature & sa science.   1615
Et tout cecy est supposé

K 5

Et par Aristote posé
En ses dicts & vrayes escriptures,
Monstrans les secrets de nature ;
Qu'un Philosophe doit comprendre, 1620
Et le Medecin bien entendre.
Et autre chose icy n'entens
Pour parvenir là où pretends.
Car l'art d'Alchymie bien duicte
Sera de nature produicte. 1625

   Et afin qu'on ne s'y abuse,
Tout cela dequoy nature use,
Procrée, produit & engendre,
Est la matiere & propre gendre
Qui apartient à l'Alchymie. 1630
Mieux le sçavez que moy, ma mie,
Mon honorée & chere Dame,
Que veux servir de corps & d'ame.
   Or sçavez que trois choses faict
L'art d'Alchymie : c'est qu'il parfaict 1635
Le metal, & le vivifie
Comme experiment verifie, (1)
Et digere son esperit :
En ce faisant, rien ne perit.
Secondement cuit la matiere, 1640
Digerant en telle maniere,
Dedans quelque vaisseau petit,
Que le corps elle convertist
Avec l'esperit tout en un,
Sans y adjouster corps aucun. 1645

  (1) Alias. Le metal & le verifie.
        Le soulphre impur & crassitie.
        Tollit & digere l'esprit.

DE L'ALCHYMISTE, &c.

Par quoy en cest art tant notable,
Rien de nouveau n'y est capable.
Aussi ne s'y faict mixtion,
Sinon administration
Des beaux principes de nature,　　　1650
Que pour tel besoin les procure :
Car ce qu'elle engendre & nous laisse,
C'est ce que l'art doibt prendre en laisse.

 Tiercement & dernierement
Se preuve, que realement　　　1655
Separation ne se faict
Des quatre elemens en effect
De l'argent vif & du Soleil,
Ou or qu'on appelle vermeil,
Pour faire la pierre parfaicte.　　　1660
Le penser est erreur infecte
Contre le noble art d'Alchymie
Et profonde Philosophie.

 Il est tout vray & sans mentir,
Et sans verité divertir,　　　1665
Que toute chose alimentée
Est d'elemens alimentée.
Or donc s'ils sont bien disposez
Et pour tel support composez,
Comme Nature l'a produict,　　　1670
S'on les depart, lors est destruict
Celuy support & corrompu,
Qui lia tous les elemens
Et n'y a plus de meslemens.
Mais pour separer chose faicte,　　　1675
Des quatre elemens est deffaicte,

K 6

Certes il n'est pas necessaire,
Ne aussi ne se doit-il faire,
Que le pere qui fils engendre
Soit deffaict : pas ne veux entendre 1680
Qu'en ce faisant il soit destruict :
Mais suffise qu'isse l'esprit
Genitif avecques le sperme,
Que la matrice de la femme
Reçoit & garde chaudement : 1685
Et tel esperit, vrayement
Est de l'enfant generatif,
Et de ses membres formatif.
Avicenne en faict mencion,
Parlant de generation. 1690
 Ainsi est-il semblablement
De l'or fin, qui est seurement
De la pierre la plus estoffe,
Comme dit le vray Philosophe.
C'est le pere qui tout instruit : 1695
Donc ne faut pas qu'il soit destruit :
Ne corrompu ne separé
De ses elemens bien paré :
Mais suffit que le Soleil pere,
Inspirant son esprit prospere, 1700
Et que force & vertu influë
Par l'esprit dont le fils affluë
En vertu, qui est vraye pierre
De tous Philosophes en terre,
Et par l'esprit seul genitif 1705
Est formé ce fils substantif :
Madame, par vous j'ay tant sçeu

Et de vos secrets apperceu,
Que l'art d'Alchymie est notable,
Et science très-veritable : 1710
Et si dis que c'est or vermeil
Est le vray pere du Soleil,
De la pierre & de l'elixir,
Dont tant de thresor peut issir :
Car il eschauffe, incere & fixe, 1715
Digere & teint par artifice,
Sans nulle diminution,
Ne quelconque corruption
De celuy or, qui est le pere,
Dont le fils grandement prospere. 1720
 Or doncques ne nous est possible,
Ne necessaire, ne loisible,
De deffaire, les meslements,
Ne separer les elements,
Que nature ha portionnez, 1725
Et si bien joincts & ordonnez
En juste & deuë quantité,
Complexion & qualité,
Au vif argent, dans & dehors,
Semblablement au parfaict corps 1530
Du Soleil, comme ha esté dict,
Qui est sentence & vray edict,
Si nous ignorons la science
De Nature & la cognoissance
Des mixtions & meslemens, 1735
De ces quatre beaux elemens,
Semblablement nous ignorons
D'iceux les separations.

Par quoy il est très-necessaire
D'ensuivre Nature, & de faire 1740
Et user de ses instrumens
Comme elle faict ès elemens :
Autrement nous ne serions pas,
Vrais imitateurs de ses pas
Sans celle administration, 1745
En ceste mesme eduction
De la forme d'icelle pierre,
Et des moyens qu'il y faut querre :
Par lesquels moyens on recouvre
L'instrument dequoy Nature ouvre, 1750
En la maniere par art gent,
Qui donne forme au vif argent.
 Faire au contraire des auteurs,
Plustost nous serions destructeurs
De ce que Nature compose, 1755
Et qu'elle engendre & bien dispose :
En separant les meslemens,
C'est contre vos commandemens,
Et chose par trop detestable
Envers vous ; tant bonne & notable. 1760
 Mais bien doit-on, sans nulle doubte,
Faire ainsi que dict Aristote,
Les elemens convertiras,
Et ce que tu quiers trouveras.
 Ainsi, Nature ma Maistresse, 1765
Vous m'avez bien donné l'addresse
Pour me conduire sagement :
Si vous remercie humblement.
J'ay tant appris de vous de bien,

Que tout ce qu'ay fait ne vaut rien. 1770
 Je cognois que c'est grand' folie:
Enfin perte & melancholie
De s'amuser à ces fourneaux,
En vif argent, en fortes eaux,
En dissolutions vulgales, 1775
En toutes choses minerales,
En feu de fumier & charbon:
Car jamais n'y a rien de bon.
 Pource, Madame, je concluds,
Que je seray de plus en plus 1780
Ententif, selon vostre livre,
De tout mon pouvoir vous ensuivre:
Car c'est le chemin & la voye
La plus seure que l'homme voye,
Et est tout certain que cest art 1785
Nous vient par vous ; mais, c'est à tard :
Non sans cause, veu la noblesse,
Et le thresor, & la hautesse
De ce grand bien & haut oracle,
Qui est en vous quasi miracle. 1790
 Or, Madame, comme j'entends,
Afin que je ne perde temps,
Sans vostre baniere & enseigne,
Ainsi que vostre dict m'enseigne,
Avant plustost huy que demain, 1795
Vais à l'œuvre mettre la main,
Suivant vostre commandement :
Et prendray tout premierement
La matiere, avec son agent,
Qui fera ce beau vif argent, 1800

Et la mettray dans le vaisseau
Bien clos, nette sus un fourneau
Environné d'une closture :
Et puis vous, Madame Nature, 1805
Ferez ce que sçavez bien faire,
Afin de vostre œuvre parfaire,
Qui tant est occulte & profonde
Que de plus riche n'est au monde.
 Si vous remercie, Madame,
Du corps, & du cœur & de l'ame, 1810
Quand vous ha pleu me visiter,
Et d'un si grand bien m'heriter :
A laquelle toute ma vie
Sois tenu, & malgré envie
Je suyvray vos enseignemens, 1815
Et feray que des élemens
J'auray celle noble teincture,
Moyennant Dieu & vous Nature.

 Cy finist la Responce toute,
Que l'Artiste fist en grand' doute 1820
Devant Nature sa Maistresse,
Dont en a heu tres-grand' richesse.

AVIS.

La conformité des Traités suivans avec celui qui précede, & leur rareté, m'a engagé à les joindre à la fin de cette Edition de Jean de Meung. Je les ai déja trouvé unis en plusieurs Editions, & j'ai cru qu'on ne seroit pas fâché de les revoir ici une derniere fois.

TESTAMENT
ATTRIBUÉ A ARNAULD
DE VILLENEUFVE.

La Pierre des Philosophes sourdant de terre est eslevée ou parfaicte au feu. Saoulée du breuvage d'eau très-claire, au moins en douze heures, de toutes parts s'enfle visiblement.

Après mise en estuve d'air moyennement chaud & sec, & purifiée d'estrange vapeur, acquiert solidité en ses parties : & extenuée d'humeur superfluë, devient idoine à se briser. Cela faict, de ses plus pures parties est esprint le laict virginal : lequel incontinent mis en l'œuf des Philosophes, est si longuement eschauffé, par continuelle & propre chaleur, comme pour faire couver & esclorre poussins, que estant desnuée de la varieté de ses couleurs, s'esjouist avec son pareil en blancheur de neige : & dèslors sans danger resiste aux forces du feu croissant, jusques à ce qu'estant teincte en couleur de pourpre, elle sort du monument avec royale puissance.

Fin du Testament.

PETIT TRAICTÉ D'ALCHYMIE,

INTITULÉ
LE SOMMAIRE
Philosophique

De Nicolas Flamel.

Qui veut avoir la cognoissance
Des metaux & vraye science,
Comment il les faut transmuer,
Et de l'un à l'autre muer ;
Premier il convient qu'il cognoisse   5
Le chemin & entiere addresse
Dequoy se doivent en miniere
Terrestre former, & maniere.
Ainsi ne faut-il point qu'on erre,
Regarder ès veines de terre   10
Toutes les transmutations,
Dont sont formez en nations ;
Par quoy transmuer ils se peuvent
Dehors la miniere où se treuvent

Estant premiers en leurs esprits : 15
Assavoir pour n'estre repris,
En leur soulphre & leur vif argent,
Que nature a faict par art gent.
Car tous metaux de soulphre sont
Formez & vif argent qu'ils ont. 20
Ce sont deux spermes des metaux,
Quels qu'ils soyent, tant froids que chauds
L'un est masle, l'autre femelle,
Et leur complexion est telle.
Mais les deux spermes dessusdicts 25
Sont composez, c'est sans dedicts,
Des quatre elemens, seurement
Cela j'afferme vrayement.
C'est à sçavoir le premier sperme
Masculin, pour sçavoir le terme, 30
Qu'en Philosophie on appelle
Soulphre, par une façon telle,
N'est autre chose qu'element
De l'air & du feu seulement.
Et est le soulphre fix semblable 35
Au feu, sans estre variable,
Et de nature metallique :
Non pas soulphre vulgal inique ;
Car le soulphre vulgal n'a nulle
Substance (qui bien le calcule) 40
Metallique, à dire le vray,
Et ainsi je le prouveray.
L'autre sperme qu'est feminin,
C'est celuy, pour sçavoir la fin,
Qu'on a coustume de nommer 45

Argent vif, & pour vous sommer,
Ce n'est seulement qu'eau & terre,
Qui s'en veut plus à plain enquerre.
Dont plusieurs hommes de science
Ces deux spermes-là sans doutance, 50
Ont figurez par deux dragons,
Ou serpens pires, se dict-on :
L'un ayant des aisles terribles,
L'autre sans aisle, fort horrible.
Le dragon figuré sans aisle, 55
Est le soulphre, la chose est telle,
Lequel ne s'envolle jamais
Du feu, voila le premier mets.
L'autre serpent qui aisles porte,
C'est argent vif, qui vous importe, 60
Qui est semence feminine,
Faicte d'eau & terre pour mine.
Pourtant au feu point ne demeure,
Ains s'envole quand void son heure.
Mais quand ces deux spermes disjoincts, 65
Sont assemblez & bien conjoincts,
Par une triomphant nature,
Dedans le ventre du mercure,
Qu'est le premier metal formé,
Et est celuy qui est nommé 70
Mere de tous autres metaux.
Philosophes de monts & vaux
L'ont appellé dragon volant :
Pour ce qu'un dragon en allant,
Qu'est enflambé avec son feu, 75
Va par l'air jectant peu à peu

Feu & fumée venimeuse,
Qu'est une chose fort hideuse,
A regarder telle laideure.
Ainsi pour vray faict le Mercure,   80
Quand il est sur le feu commun,
C'est-à-dire, en des lieux aucun,
En un vaisseau mis & posé,
Et le feu commun disposé,
Pour luy allumer promptement   85
Son feu de nature asprement,
Qu'au profond de luy est caché.
Alors si vous voulez tacher,
Voir quelque chose veritable
Par feu commun dict vegetable;   90
L'un enflambera par ardure
Du Mercure seu de nature.
Alors, si estes vigilant,
Verrez par l'air jectant, courant
Une fumée venimeuse,   95
Mal odorante & malignieuse,
Trop pire, enflambée en poyson,
Que n'est la teste d'un dragon,
Sortant à coup de Babylone,
Qui deux ou trois lieues environne.   100
   Autres Philosophes sçavans,
Ont voulu chercher tant avant,
Qu'ils sont figurés en la forme
D'un Lyon volant sans difforme;
Et l'ont aussi nommé Lyon :   105
Pource qu'en toute region
Le Lyon devore les bestes,

D'ALCHYMIE.

Tant soient jeunes & propretes,
En les mangeant à son plaisir,
Quand d'elles il se peut saisir, 110
Sinon celles qui ont puissance
Contre luy se mettre en deffense,
Et resister par grande force
A sa fureur, quand il les force;
Ainsi que le Mercure faict. 115
Et pour mieux entendre l'effect,
Quelque metal que vous mettez,
Avecques luy, ces mots notez,
Soudain il le difformera,
Devorera & mangera. 120
Le Lyon faict en telle sorte;
Mais sur ce point, je vous enhorte
Qu'il y a deux metaux de priz,
Qui sur luy emportent le priz
En totale perfection; 125
L'un qu'on nomme or sans fiction:
L'autre argent, ce ne nie aucun;
Tant est-il notoire à chascun,
Que si Mercure est en fureur,
Et son feu allumé d'ardeur, 130
Il devorera par ses faitz
Ces deux nobles metaux parfaictz,
Et les mettra dedans son ventre:
Ce nonobstant, lequel qu'y entre,
Il ne le consumera point; 135
Car pour bien entendre ce poinct,
Ils sont plus que luy endurciz
Et parfaicts en nature aussi.

Mercure est metail imparfaict :
Non pourtant qu'en luy ayt de faict   140
Substance de perfection.
Pour vraye declaration
L'or commun si vient du mercure,
Qu'est metail parfaict, je l'asseure.
De l'argent je dy tout ainsi   145
Sans alleguer ne cas ne si.
Et aussi les autres metaux,
Imparfaicts, croissans bas & hauts,
Sont trestous engendrez de luy.
Et pource il n'y a celuy   150
Des Philosophes, qui ne dise
Que c'est la mere sans faintise
De tous metaux certainement.
Parquoy convient asseurement
Que dès que mercure est formé,   155
Qu'en luy soit sans plus informé
Double substance metallique ;
Cela clairement je replique.
C'est tout premierement pour l'une,
La substance de basse Lune,   160
Et après celle du Soleil,
Qui est un metail nompareil.
Car le mercure sans doutances
Si est formé de deux substances,
Estans au ventre en esperit   165
Du Mercure que j'ay descript.
Mais tantost après que nature
Ha formé icelui mercure,
De ses deux esprits dessusdictz

Mer-

D'ALCHYMIE.

Mercure sans nul contreditz, 170
Ne demande qu'à les former
Tous parfaicts, sans rien difformer,
Et corporellement les faire,
Sans soy d'iceux vouloir deffaire.
Puis quand tes deux espritz s'eveillent, 175
Et les deux spermes se resveillent,
Qui veulent prendre propre corps :
Alors il faut estre records,
Qu'il convient que leur mere meure,
Nommé Mercure, sans demeure : 180
Puis le tout bien verifié,
Quand Mercure est mortifié
Par Nature, ne peut jamais
Se vivifier : je promets,
Comme il estoit premierement, 185
Ainsi que dient certainement
Aucuns triomphans Alchymistes,
Affermants en paroles mistes
De mettre les corps imparfaicts,
Et aussi ceux qui sont parfaicts, 190
Soudain en Mercure courant.
Je ne dy pas qu'aucun d'eux ment ;
Mais seulement, sauf leurs honneurs,
Pour certain ce sont vrays jengleurs.
Il est bien vray que le Mercure 195
Mangera par sa grande cure
L'imparfaict metal, comme plomb,
Ou estaing, cela bien sçait-on :
Et pourra sans difficulté
Multiplier en quantité ; 200

Tome III. L

Mais pourtant sa perfection
Amoindrira sans fiction,
E: Mercure ne sera plus
Parfaict, notez bien le surplus ;
Mais si mortifié estoit   205
Par art, autre chose seroit,
Comme au cynabre, ou sublimé,
Je ne le veux pas animé,
Que revifier ne se peusse.
Telle verité ne se musse ;   210
Car en le congelant par art,
Les deux spermes, soit tost ou tard
Du Mercure point ne prendront
Corps fix, ny aussi retiendront
Comme ès veines ils font de la terre ; 215
Ains pour garder que nully n'erre,
Si peu congelé ne peut estre,
Par Nature à dextre ou senestre,
Dedans quelque terrestre veine,
Que le grain fix soudain n'y vienne,   220
Qui produira des deux espermes
Du Mercure, & puis du vray germes
Comme ès mines de plomb voyez,
Si vous y estes envoyez.
Car de plomb il n'est nulle mine   225
En lieu où elle se confine,
Que le vrai grain du fix n'y soit,
Ainsi que chacun l'apperçoit,
C'est à sçavoir le grain de l'or
Et de l'argent, qu'est un thresor   230
En substance & en nourriture :

D'ALCHYMIE.

A chacun telle chose est seure.
La prime congelation
Du Mercure, est mine de plomb,
Et aussi la plus convenable   235
A luy, la chose est véritable,
Pour en perfection le mettre,
Cela ne se doit point obmettre,
Et pour tost le faire venir
Au grain fix, & tousjours tenir.   240
Car comme paravant est dict,
Mine de plomb sans contredict
N'est point sans grain fix pour tout vray
D'or & d'argent, cela je sçay ;
Lesquels grains Nature y a mis,   245
Ainsi comme Dieu l'a permis ;
Et est celuy-là seurement,
Qui multiplier vrayement
Se peut, sans contradiction,
Pour venir en perfection,   250
Et en toute entiere puissance,
Comme sçay par l'experience.
Et cela pour tout vray j'asseure,
Luy-estant dedans son Mercure,
C'est-à-dire, non séparé   255
De la mine, mais bien puré ;
Car tout metal en mine estant
Est Mercure, j'en dis autant,
Et multiplier se pourra,
Tant que la substance il aura,   260
De son Mercure en verité.
Mais si le grain en est osté

L 2

Et separé de son Mercure,
Qui est sa mine bien l'asseure,
Il sera ainsi que la pomme 265
Cueillië verde, & voilà comme
Dessus l'arbre, c'est verité,
Avant qu'elle ait maturité,
Quand vous voyez passer la fleur,
Le fruict se forme, soyez seur, 270
Lequel après pomme est nommée
De toutes gens, & renommée.
Mais qui la pomme arracheroit
Dessus l'arbre, tout gasteroit
A sa prime formation : 275
Car homme n'a eu notion
Par art, ny aussi par science,
Qu'il sçeusse donner la substance,
Ne tandis la peusse parfaire
De meurir, comme pouvoit faire 280
Basse-Nature bonnement,
Quand elle estoit premierement
Dessus l'arbre, où sa nourriture
Et substance avoit par Nature.
Pendant doncques que l'on attend 285
La saison de la pomme, estant
Sur son arbre, où elle s'augmente
Et nourrist venant grosse & gente,
El' prend agréable saveur,
Tirant tousjours à soy liqueur, 290
Jusques à ce qu'elle soit faicte
De verde bien meure & parfaicte.
Semblablement metal parfaict,

D'ALCHYMIE.

Qu'est or, vient à un mesme effect;
Car quand Nature a procreé 295
Ce beau grain parfaict & créé
Au Mercure, soyez certain
Que tousjours tant soir que matin,
Sans faillir il se nourrira,
Augmentera & parfera 300
En son Mercure luy estant;
Et faut attendre jusqu'à tant
Qu'il y aura quelque substance
De son Mercure sans doutance,
Comme faict sur l'arbre la pomme; 305
Car je fais sçavoir à tout homme,
Que le Mercure en verité
Est l'arbre, notez ce dicté,
De tous metaux, soyent parfaicts,
Ou autres qu'on dict imparfaicts: 310
Pourtant ne peuvent nourriture
Avoir, que de leur seul mercure.
Par quoy je dy, pour deviser
Sur ce pas, & vous adviser,
Que si voulez cueillir le fruict 315
Du Mercure, qu'est sol qui luist,
Et lune aussi pareillement,
Si qu'ils soyent separément
Loingtains en aucune maniere,
L'un de l'autre sans tarder guiere, 320
Ne pensez pas les reconjoindre
Ensemble, n'aussi les rejoindre
Ainsi comme avoit faict Nature
Au premier, de ce vous asseure,

Pour iceux bien multiplier, 325
Augmenter sans point varier ;
Car quand metaux sont separez
De la mine, à part trouverez
Chacun comme pommes petites,
Cueiller trop verdes & subites 330
De l'arbre, lesquelles jamais
N'auront grosseur, je vous promets.
Le monde ha assez cognoissance,
Par nature & experience,
Du fruict des arbres vegetaux, 335
Et ne sont point ces mots nouveaux,
Qui dès la pomme, ou bien la poire
Est arrachée, il est notoire,
De dessus l'arbre, ce seroit
Folie qui la remettroit 340
Sur la branche pour r'engrossi
Et parfaire ; fols font ainsi,
Et gens aveuglez sans raison,
Comme on voit en mainte maison ;
Car l'on sçait bien certainement, 345
Et à parler communement,
Que tant plus elle est maniée,
Tant plus tost elle est consommée.
C'est ainsi des metaux vrayment ;
Car qui voudroit prendre l'argent 350
Commun & l'or, puis en Mercure
Les remettre, seroit stulture ;
Car quelque grand' subtilité
Qu'on aye, aussi habileté,
Ou regime qu'on penseroit, 355

D'ALCHYMIE.

Abusé on s'y trouveroit :
Tant soit par eau, ou par ciment,
Ou autre sorte infiniment,
Que l'on ne sçauroit racompter,
Tousjours ce seroit mescompter,   360
Et de jour en jour à refaire,
Comme aucuns fols sur cest affaire,
Qui veulent la pomme cueillie
Sur la branche estre rebaillée,
Et retourner pour la parfaire,   365
Dont s'abusent à cela faire.

   Nonobstant qu'aucuns gens sçavans,
Philosophes & bien parlans,
Ont très-bien parlé par leurs dicts,
Disans sans aucuns contredicts,   370
Que le Soleil avec la Lune,
Et Mercure, qu'est opportune,
Conjoints, tous metaux imparfaicts
Rendront en œuvre bien parfaicts :
Où la plus grand part des gens erre,   375
N'ayant autre chose sur terre,
Soient vegetaux, ou animaux,
Ou pareillement mineraux,
Que ces trois estans en un corps ;
Mais les lisans ne font records,   380
Qu'iceux Philosophes entendus,
N'ont pas tels mors dicts, ni rendus,
Pour donner entendre à chacun
Que ce soit or, n'argent commun,
Ny le vulgal Mercure aussi :   385
Ils ne l'entendent pas ainsi ;

Car ils sçavent que tels metaux
Sont tous morts, pour vray, sans defaux,
Et que jamais plus ne prendront
Substance; ainsi demeureront,   390
Et l'un & l'autre n'aydera
Pour parfaire, ains demeurera;
Car il est vray certainement,
Que ce sont les fruicts vrayement
Cueillis des arbres avant saison: 395
Les laissant-là pour tel' raison:
Car dessus iceux en cherchant,
Ne trouvent ce qu'ils vont querant.
Ils sçavent assez bien qu'iceux
N'ont autre chose que pour eux: 400
Par quoy s'en vont chercher le fruict
Sur l'arbre qui à eux bien duict,
Lequel s'engrosse & multiplie
De jour en jour, tant qu'arbre en plie.
Joye ont de veoir telle besongne,   405
Par ce moyen l'arbre on empoigne,
Sans cueillir le fruict nullement,
Pour le replanter noblement
En autre terre plus fertile,
Plus triumphante & plus gentille,   410
Et qui donnera nourriture
En un seul jour par adventure
Au fruict, qu'en cent ans il n'auroit,
Si au premier terroir estoit.
Par ce moyen donc faut entendre,   415
Que le Mercure il convient prendre,
Qui est l'arbre tant estimé,

D'ALCHYMIE.

Veneré, clamé & aimé,
Ayant avec luy le Soleil
Et la Lune d'un appareil,   420
Lesquels separez point ne sont
L'un de l'autre, mais ensemble ont
La vraye association :
Apres sans prolongation
Le replanter en autre terre   425
Plus près du Soleil, pour acquerre
D'iceluy merveilleux prouffit,
Où la rosée luy suffist ;
Car là où planté il estoit,
Le vent incessamment battoit,   430
Et la froidure, en telle sorte,
Que peu de fruict faut qu'il rapporte :
Et là demeure longuement,
Portant petits fruicts seulement.

Philosophes ont un Jardin,   435
Où le Soleil soir & matin,
Et jour & nuict est à toute heure,
Et incessamment y demeure
Avec une douce rosée,
Par laquelle est bien arrosée,   440
La terre ayant arbres & fruicts,
Qui là sont plantez & conduicts,
Et prennent deuë nourriture,
Par une plaisante pasture ;
Ainsi de jour en jour s'amendent,   445
Recevans fort douce prebende,
Et là demeurent plus puissans
Et forts, sans estre languissans,

En moins d'un an, ou environ,
Qu'en dix mil, cela nous diron, 450
N'eussent faict là où ils estoyent
Plantez, où les vents les battoyent;
Et pour mieux la matiere entendre,
C'est-à-dire, qu'il les faut prendre,
Et puis les mettre dans un four 455
Sur le feu où soyent nuict & jour.
Mais le feu de bois ne doit estre,
Ny de charbon; mais pour cognoistre
Quel feu te sera bien duisant,
Faut que soit feu clair & luisant, 460
Ny plus ny moins que le Soleil.
De tel feu feras appareil,
Lequel ne doit estre plus chaud,
Ny plus ardent, sans nul defaut;
Mais tousjours une chaleur mesme 465
Faut que soit, notez-bien ce thesme;
Car la vapeur est la rosée,
Qui gardera d'estre alterée
La semence de tous metaux.
Tu vois que les fruicts vegetaux, 470
S'ils ont chaleur trop fort ardente,
Sans rosée en petite attente,
Sec & transy demeurera,
Le fruit sur la branche mourra,
Ou en nulle perfection 475
Ne viendra, pour conclusion.
Mais s'il est nourry en chaleur,
Avec une humide moisteur,
Il sera beau & triumphant

Sur l'arbre où prent nourriſſement; 480
Car chaleur & humidité
Eſt nourriture en verité
De toutes choſes de ce monde
ayant vie, ſur ce me fonde,
Comme animaux & vegetaux, 485
Et pareillement mineraux.
Chaleur de bois & de charbon,
Cela ne leur eſt pas trop bon :
Ce ſont chaleurs fort violentes,
Et ne ſont pas ſi nourriſſantes, 490
Que celle qui du ſoleil vient,
Laquelle chaleur entretient
Chacune choſe corporelle,
Pour autant qu'elle eſt naturelle;
Parquoy Philoſophes ſçavans, 495
Et la Nature cognoiſſans,
N'ont autre feu voulu eſlire
Pour eux, à la verité dire,
Que de Nature aucunement,
Laquelle il ſurvient meſmement; 500
Non pas que Philoſophe face
Ce que Nature fait & trace;
Car Nature a tousjours la choſe
Créé, comme icy je l'expoſe,
Tant vegetaux que mineraux, 505
Semblablement les animaux,
Chacun ſelon ſon vray degré,
Generante, où elle ha pris gré,
Comme s'eſtend ſa dominance,
Non pas que je donne Sentence, 510

L 6

Que les hommes par leurs arts font
Chose naturelle & parfont;
Mais il est bien vray quand Nature
A formé par sa grand' facture,
Les choses devant dictes, l'homme 515
Luy peut ayder, & entent comme
Après par art, à les parfaire
Plus que Nature ne peut faire.
Par ce moyen les Philosophes
Sçavans, & gens de grosse estoffe, 520
Pour du vray tous vous informer,
Autrement n'ont voulu œuvrer,
Qu'en nature avecques la Lune,
Au Mercure mere oportune:
Duquel après en general 525
Font Mercure Philosophal,
Lequel est plus puissant & fort,
Quant vient à faire son effort,
Que n'est pas celuy de Nature.
Cela sçavent les creatures; 530
Car le Mercure devant dit,
De Nature sans nul desdit,
N'est bon que pour simples metaulx
Parfaicts, imparfaicts, froids ou chauds,
Mais le Mercure du Sçavant 535
Philosophe, est si triumphant,
Que pour metaux plus que parfaicts
Est bon, & pour les imparfaicts:
A la fin pour tous les parfaire,
Et soudainement les refaire, 540
Sans plus y rien diminuer,

D'ALCHYMIE.

Adjouster, mettre, ny muer:
Comme Nature les a mis,
Les laisse sans rien estre obmis,
Non que je die toutesfois, 545
Que les Philosophes tous trois
Les joingnent ensemble pour faire
Leur Mercure, & pour le parfaire,
Comme font un tas d'Alchymistes,
Qui en sçavoir ne sont trop mistes; 550
Ny aussi beaucoup sage gent
Qui prennent l'or commun, l'argent
Avec le Mercure vulgal:
Puis après leur font tant de mal,
Les tourmentant de telle sorte, 555
Qu'il semble que foudre les porte;
Et par leur folle fantaisie,
Abusion & resverie,
Le Mercure ils en cuident faire
Des Philosophes & parfaire; 560
Mais jamais parvenir n'y peuvent,
Ainsi abusez-ils se trouvent,
Qui est la premiere matiere
De la pierre, & vraye miniere:
Mais jamais ils n'y parviendront, 565
Ni aucun bien y trouveront,
S'ils ne vont dessus la montagne
Des sept, où n'y ha nulle plaine,
Et par-dessus regarderont
Les six que de loing ils verront; 570
Et au-dessus de la plus haute
Montaigne, cognoistront sans faute

L'herbe triomphante Royale,
Laquelle ont nommé minerale,
Aucuns Philosophes herbale, 575
Appellée est saturniale. (1)
Mais laisser le marc il convient,
Et prendre le jus qui en vient
Pur & net : de cecy t'advise,
Pour mieux entendre ceste guise ; 580
Car d'elle tu pourras bien faire
La plus grand' part de ton affaire.
C'est le vray Mercure gentil
Des Philosophes très-subtil,
Lequel tu mettras en ta manche ; 585
En premier toute l'œuvre blanche,
Et la rouge semblablement.
Si mes dits entends bonnement,
Eslis celle que tu voudras,
Et soye seur que tu l'auras ; 590
Car des deux n'est qu'une practique
Qu'est souveraine & authentique,
Toutes deux se font par voye une ;
C'est à sçavoir, Soleil & Lune.
Ainsi leur practique rapporte 595
Du blanc & rouge, en telle sorte,
Laquelle est tant simple & aisée,
Qu'une femme fillant fuzée,
En rien ne s'en destourbera,
Quand telle besongne fera ; 600
Non plus qu'à mettre elle feroit
Couver des œufs quand il fait froit ;

(1) *Alias.* Jetter.

Sous une poulle fans lavé,
Ce que jamais ne fut trouvé ;
Car on ne lave point les œufs   605
Pour mettre couver vieils, ou neufs ;
Mais tout ainsi comme ils sont faict
Sous la poulle on les met de faict ;
Et ne faict-on que les tourner
Tous les jours & les contourner   610
Sous la mere, sans plus de plait,
Pour soudain avoir le poullet.
Le tout je l'ay déclaré ample,
Puis après se met un exemple ;
Premierement, ne laveras   615
Ton Mercure ; mais le prendras
Et le mettras avec son pere,
Qui est le feu, ce mot t'appere,
Sus les cendres, qui est la paille ;
C'est enseignement je te baille,   620
En un verre seul qu'est le nid,
Sans confiture ny avis.
En seul vaisseau, comme dit est,
De l'habitacle entends que c'est,
En un fournel faict par raison,   625
Lequel est nommé sa maison,
Et de luy poullet sortira,
Qui de son sang te guerira
Premier de toute maladie ;
Et de sa chair, quoy que l'on die,   630
Te repaistra, pour ta viande ;
De ses plumes, afin qu'entende,
Il te vestira noblement,

Te gardant de froid feurement :
Dont prieray l'haut Createur,   635
Qu'il doint la grace à tout bon cœur,
D'Alchymiftes qui font fur terre,
Briefvement le poullet conquerre,
Pour puis en eftre alimenté,
Nourry & très-bien fubftanté.   640
Comme ce peu qu'icy déclare,
Me Vient du haut Dieu notre Pere,
Qui pour fa benigne bonté,
Le m'a donné en charité :
Donc vous fais ce prefent petit,   645
Afin que meilleur appetit,
Ayez cherchans & fuyvans train,
Qu'il vous monftre foir & matin :
Lequel j'ay mis fous un fommaire,
Afin qu'entendiez mieux l'affaire, 650
Selon des Philofophes fages,
Les dits, qu'entendez d'avantage.
Je parle un peu ruralement :
Parquoy je vous prie humblement
De m'excufer, & en gré prendre,   655
Et à fort chercher tousjours tendre.

Fin du Sommaire.

AUTRES VERS

Touchant le mesme Art, l'Autheur desquels n'est pas nommé.

EN Mercure est ce que querons :
De luy esprit & corps tirons ;
Et ame aussi, d'où sort taincture
Sur toutes autres nette & pure.
C'est une humeur très-précieuse,   5
Rendant la personne joyeuse.
Faicte est de terre, eau, air & feu :
Le corps purgé, l'esprit conceu ;
Après vient la fontaine claire,
Qui ne tient en soy chose amere.   10
Au fond del' gist le verd serpent,
Ou Lyon verd, qui là s'espand
Si on l'esveille, il monte en haut :
Après chet quand le cœur lui faut ;
Tant il se lave & tant s'y baigne,   15
Que comme rouge appert sa troigne ;
Tant est lavé de l'eau de vie,
Qu'après on ne le cognoist mie,
Puis se tourne en pierre très-digne,
Blanche premier, & puis citrine ;   20
Tant amoureuse est à la voir,
Qu'on ne peut priser son avoir.

Mets donc ta cure
Au vray Mercure,
Qu'a faict Nature. 25
Avec son pere
Fait son repaire
Ou il prospere :
C'est pour parfaire
Les imparfaicts, 30
Ords & infects.
Mais faut que face
Que le deface,
De prime face :
Pour le refaire, 35
Et satisfaire
A ton affaire.
C'est le subject
Mis au vaissel,

En un fournel, 40
Qui se fait bel
De jour en jour
Par vraye amour
Sans nul secour;
Et si se fixe 45
Tout est propice,
Sans nul espice,
Et pour guerir
Tout les esprit
Sans nul peril. 50
S'ainsi le fais,
Tous les infects
Seront parfaicts.
Dieu te doint grace,
En peu d'espace, 55
Que le tout face.

LA FONTAINE DES AMOUREUX DE SCIENCE:

Composée par JEAN DE LA FONTAINE de Valenciennes, en la Comté de Henault.

CE fut au tems du mois de May,
Qu'on doit fouir dueil & esmay,
Que j'entray dedans un vergier
Dont Zephirus fut Jardinier;
Quand devant le Jardin passoye, 5
Je n'estois pas vestu de soye:
Mais de pauvres draps maintenu,
Pour n'apparoir en public nu:
Et m'esbattant avec desir
De chasser loing mon desplaisir; 10
Ouy un chant harmonieux
De plusieurs oyseaux gracieux.
Adonc je regarday l'entrée
Du Jardin, qui estoit fermée;
Mais comme ma veuë estima 15
Zephirus, tost la desferma:

Puis se retira, par effect
Monstrant qu'il n'avoit cela faict;
Et quand je vis celle maniere,
Je me tiray un peu arriere, 20
Et en après entray dedans;
Du jour n'avois mangé des dents,
J'avoye grand soif & grand faim;
Mais portois avec moy du pain;
Qu'avois gardé une sepmaine. 25
   Lors apperceu une fontaine,
D'eauë très-clere, pure & fine,
Qui estoit sous une aubespine,
Joyeusement emprès m'assis,
Et de mon pain soupes y fis; 30
Puis m'endormis après manger
Dedans ce gracieux verger :
Et selon mon entendement,
Je dormis assez longuement,
Pour la plaisance que prenoye 35
Estant au songe que songeoye.
Or pourrez sçavoir de mon songe,
Et s'après le trouvay mensonge.
   Il est vray qu'il me fut advis,
Que deux belles Dames au cler vis, 40
Semblables à filles de Roy,
Au regard de leur noble arroy;
Vers moy s'en vindrent doucement,
Et je les saluë humblement,
En leur disant, illustres Dames, 45
Dieu vous sauf & de corps & d'ames,
Plaise-vous à moy vos noms dire,

Ce ne me vueillez esconduire.
L'une respond par grand plaisance,
Ami j'ay à nom Cognoissance : 50
Voici Raison que j'accompagne,
Soit par monts, par vaux, par campaigne,
Elle te peut faire moult sage.
Alors entendant ce langage,
Et cuidant estre resveillé, 55
D'un cas fus fort esmerveillé;
Car issir veis de la fontaine,
Qui est tant aggreable & saine,
Sept ruisseaux que veu je n'avoye,
M'estant couché en celle voye, 60
Lesquels m'avoyent si fort moüillé,
Que j'en estoye tout soüillé.
Là s'espandit l'eaue à foison;
Adonc priay Dame Raison,
Qui estoit avec Cognoissance, 65
Me dire la signifiance,
De la fontaine & des ruisseaux,
Qui sont si plantureux & beaux,
Et à qui estoit le pourpris,
De tous costez bien entrepris 70
D'arbres & de fleurs odorantes,
Arrousez des eaües courantes,
En sorte que pareils jamais
Ne me sembloit avoir veu. Mais
Elle me dict très-doucement, 75
Mon ami tu sçauras comment
Va de ce qu'as si grand desir:
Escoute-moy tout à loisir.

En la Fontaine ha une chose,
Qui est moult noblement enclose ; 80
Celuy qui bien la cognoistroit,
Sur toutes autres autres l'aymeroit.
Qui la voudroit chercher & querre,
Et puis trouvée mettre en terre,
Et secher en menuë poudre, 85
Puis arriere en son eau resoudre,
Mais que fussent avant parties,
Puis assemblées les parties ;
Qui la terre mettroit pourrir,
En l'eaue que la doit nourrir : 90
Il en naistroit une pucelle
Portant fruict à double mammelle ;
Mais qu'en ostast la pourriture,
Dont elle ne son fruit n'ha cure.
La pucelle dont je devise, 95
Si poingt & art en meinte guise ;
Car en l'air monte, en haut volant,
Puis descend bas, à val coulant,
Et puis en descendant Faonne
Faon que Nature luy donne. 100

  C'est un Dragon qui a trois goules,
Femilleuses & jamais saoules ;
Tout autour de luy chascun ruë,
L'environnant ainsi qu'en ruë,
Et poursuivant par forte chasse, (1) 105
Tant que gresse couvre sa face,

(1) *Alias.* Mais avant par chaleur on chasse
      Gresse qui luy couvre la face.
  Ou Ma's dessus luy faut que l'on chasse,
&c.

Qui le noircist & si l'engluë,
Puis le compresse & le mengue,
Elle r'enfante mesmement :
Ce se fait amoureusement, 110
Plus puissant que devant grand somme ;
Puis le boit comme jus de pomme ;
Ainsi l'enfant à sa maniere,
Souvent boit & r'enfante arriere,
Tant que plus cler est que Christal, 115
Pour vray le fait en est ytal ;
Et quand il est ainsi luisant,
En eaue moult fort & puissant,
Il pense devorer sa mere,
Qui ha mangé son frere & pere. 120
Ainsi comme l'alaitte & couve
Le Dragon le fier de sa couve.
Sa mere en deux parties part,
Qui luy aide après ce départ,
Et puis la délivre à trois goules, 125
Qui l'ont plus tost prins que gargoules.
  Alors est le plus fort du monde,
Jamais n'est rien qui le confonde ;
Merveilleux il est & puissant,
Une once en vaut cent d'or pesant. 130
C'est un feu de telle nature,
Qu'il passe toute pourriture,
Et transmuë en autre substance,
Quant qu'il attaint à sa semblance ;
Et guerist maladie toute, 135
Apostume, aussi lepre & goutte :
Et ès vieux corps donne jeunesse,

Et ès jeunes, sens & liesse.
C'est ainsi que de Dieu miracle,
Ce ne peut faire le triacle, 140
Ne rien qui soit sous Ciel trouvé;
Fors ceci, qui est esprouvé
Par les Prophetes anciens,
Et par docteurs Phisiciens.

 Mais on ne l'ose plus enquerre, 145
Pour peur des Seigneurs de la terre:
Oncques mais n'advint tel meschié;
Car ce faire on peut sans peché :
Moult de Sages si l'ont aymé,
Maudit soit qui l'ha diffamé, 150
L'on ne le doit onc reveler,
Qu'à ceux qui veulent Dieu aymer :
Et qui bien aiment, ont victoire
Pour servir Dieu, aymer, ou croire;
Car cil à qui Dieu donne espace, 155
De vivre tant que en quelque place
Il ait celle œuvre labourée,
A de Dieu la grace impetrée
En soy; saches certainement,
Dont prier doit dévotement 160
Pour les saincts hommes qui l'ont mise
En escrit selon leur devise,
Philosophes & Saincts prud'hommes,
Dont je ne sçay dire les sommes;
Mais Dieu leur face à tous merci, 165
Qui ont ouvré jusques ici :
Et ceux qui ayment la science,
Dieu leur doint bien & patience.

      Sçavoir

DES AMOUREUX, &c.

Sçavoir dois que celuy Serpent,
Que je t'ay dit premierement, 170
Est gouverné des sept Ruisseaux,
Qui tant sont amoureux & beaux;
Ainsi l'ay voulu figurer,
Mais autrement le vueil nommer :
C'est une pierre noble & digne, 175
Faicte par science divine,
En laquelle vertu abonde
Plus qu'en nulle qui soit au monde :
Trouvée est par Astronomie
Et par vraye Philosophie. 180
Elle provient en la montaigne, (1)
Où ne croist nulle chose estraigne.
Sachez de verité prouvée,
Plusieurs sages l'y ont trouvée,
Encores la peut-on trouver 185
Par peine de bien labourer,
Des Philosophes est la pierriere,
Que tant est amoureuse & chere.
Aisément on la peut avoir;
Et si vaut mieux que nul avoir; 190
Mais peine auras moult endurée,
Avant que tu l'ayes trouvée ;
L'ayant, n'auras faute de rien,
Qu'on trouve en ce monde terrien.
Or revenons à la fontaine 195
Pour en sçavoir chose certaine.
   Celle fontaine de valeur,

Tome III. M

(1) *Alias.* On trouve qu'elle croist en haut avecques tout ce qu'il luy faut.

Est à une Dame d'honneur,
Laquelle est Nature appellée,
Qui doit estre moult honorée : 200
Par elle toute chose est faicte,
Et s'elle y faut, tost est deffaicte.
Long-temps ha que fust establie,
Celle Dame, je vous affie ;
Car aussi-tost que Dieu eut faits 205
Les Elemens qui sont parfaits,
L'Eau & l'Air, la Terre & le Feu,
Nature en tout parfaicte fu.
Sans Nature ne peut plus croistre,
Dedans la mer la petite oistre. 210
Nature est la mere à la ronde
De toutes les choses du monde.
Noble chose est que de Nature,
Moult bien y pert à la figure
De l'homme, que Nature ha faicte ; 215
En quoy de rien ne s'est meffaicte.
Aussi fait-il en plusieurs choses,
Qui par Nature sont descloses ;
Oyseaux, arbres, bestes, fleurettes,
Du tout par Nature sont faictes : 220
Et ainsi est-il des metaux,
Qui ne sont pareils, ny esgaux ;
Car par elle-mesme se font,
Dedans la terre bien profond :
Desquels plus à plein conteray 225
Quand Nature te monstreray,
Laquelle je veux que tu voye,
Afin que mieux suyve sa voye,

Et son sentier en la tienne œuvre :
Car il faut que la te descœuvre. 230
  Ainsi que tels propos tenoit,
Je veis Nature que venoit :
Et alors, sans faire delay,
Droict encontre elle m'en allay,
Pour la saluer humblement ; 235
Mais certes tout premierement
Vers moy feit inclination,
Me donnant salutation.
Lors Raison dict, voici Nature :
A l'aymer mets toute ta cure : 240
C'est elle que te fera estre
De son ouvrage prudent maistre.
  Je l'escoutay diligemment :
Et elle se prit sagement
A me demander d'où j'estoye, 245
Et qu'en ce lieu-là je queroye ;
Car il estoit beaucoup sauvage,
Et pour les non clercs pleins d'ombrage.
Dame, di-je, par Dieu de cieux,
Je suis venu ci, comme cieux, 250
Qui ne sçait en quelle part aller,
Pour bonne adventure trouver ;
Mais je vous diray sans attente,
Et en bref propos mon entente.
  Un moult grand Prelat vey jadis, 255
Sçavant, clerc prudent & subtils,
Qui parloit en commun langage,
Ainsi que faict maint homme sage,
Du sçavoir de la medecine,

Qu'il faisoit très-haute & très-digne, 260
En demonstrant ses excellences
Par moult grandes experiences.
Des Philosophes & leur science
Devisoit en grand' reverence :
Bien avoit été à l'escolle ; 265
Alors fus mis en une colle
Ardente, d'apprendre & sçavoir
Chose meilleure que tout avoir :
Et de luy demander m'advint,
D'où premier la science vint : 270
S'en escrit on la rencontra
Et qui fut cil qui la monstra ;
Il me respondit sans delay,
Par ces propos que vous diray.

 Science si est de Dieu don, 275
Qui vient par inspiration ;
Ainsi est science donnée
De Dieu, & en l'homme inspirée ;
Mais avec ce apprend-on bien
A l'escolle par son engien ; 280
Mais avant qu'onc lettre fust veuë,
Si estoit la science sçeuë,
Par gens non clercs, mais inspirez ;
Qui doivent bien estre honorez ;
Car plusieurs ont trouvé science, 285
Par la divine sapience :
Et encore est Dieu tout-puissant,
Pour donner à son vray servant
Science telle qu'il luy plaist ;
De quoy à plusieurs clercs desplaist. 290

Disant qu'aucun n'est suffisant,
S'il n'a esté estudiant.
Qui n'est maistre ès ars, ou docteur,
Entre clercs reçoit peu d'honneur :
Et de ce les doit-on blasmer, 295
Quand autruy ne sçavent loüer ?
Mais qui bien punir les voudroit,
Les livres oster leur faudroit ;
Là seroit science faillie
En plusieurs clercs, n'en doutez mie ; 300
Et pas ne le seroit ès laiz,
Qui font rondeaux & virelaiz,
Et qui sçavent metrifier,
Et plusieurs choses que mestier,
Font à maintes gens à delivre, 305
Qu'ils ne trouvent pas en leur livre,
Le Charpentier & le Masson
N'estudient que bien peu, non ;
Et si font aussi belle usine,
Qu'estudians en Medecine, 310
En loix & en Theologie,
Pour avoir pratiqué leur vie.
  Dès lors fus grandement épris,
D'emploier du tout mes espris,
Tant que par vraye experience, 315
Avoir peusses la cognoissance,
De ce que maint homme desire,
Par grace du souverain Sire.
Mon conte Raison & Nature,
Bien escoutoient, je vous asseure : 320
Puis à Nature dis, Madame,

Helas ! tousjours de corps & d'ame,
Suis en travail voulant apprendre
Science, où ne puisse mesprendre,
Pour avoir honneur en ma vie, 325
Sans ce que nul y ait envie;
Car tout mon bien je vueil acquerre,
Comme les Laboureurs de terre;
La terre fouir & houer,
Et puis sa semence semer, 330
Comme font les vrais Laboureurs,
Qui font leurs biens & leurs honneurs:
Et pour cela prier vous vueil,
Que vous me dictes de voz vueil,
Comme on nomme celle fontaine, 335
Qui tant est amoureuse & saine.

 Elle respond, amy de voir,
Puisque desirez le sçavoir;
Elle s'appelle, pour le mieux,
La fontaine des amoureux. 340
Or te doit-il estre notoire,
Que depuis Eve nostre mere,
J'ay gouverné trestout le monde,
Si grand comme il est à la ronde:
Sans moy ne peut chose regner, 345
Si Dieu ne la veut inspirer.
Moy qui suis Nature appellée,
J'ay donc la terre environnée
Dehors, dedans & au milieu:
En toute chose prins mon lieu, 350
Par mandement de Dieu le Pere,
De toutes choses je suis mere,

A toutes je donne vertu,
Sans moy n'est rien, ne oncques fu
Chose qui soit sous le ciel trouvée, 355
Qui par moy ne soit gouvernée ;
Mais puisque tu entends Raison,
Je te vueil donner un bel don,
Par lequel, si tu veux bien faire,
Tu pourras Paradis acquerre, 360
Et en ce monde grand' richesse,
D'on te pourra venir noblesse,
Honneur & grande Seigneurie,
Et toute puissance en ta vie ;
Car en joye tu l'useras, 365
Et moult de nobles faicts verras
Par celle fontaine & caverne,
Qui tous les sept metaux gouverne.
Ils en viennent, c'est chose claire ;
Mais de la Fontaine suis mere, 370
Laquelle est douce comme miel,
Et aux sept Planettes du Ciel,
Comparée est ; sçavoir, Saturne,
Jupiter, & Mars & la Lune,
Le Soleil, Mercure & Venus : 375
Entends-bien, tu y es tenus.
Les sept Planettes que j'ai dict,
Accomparons sans contredict,
Aux sept métaux venans de terre,
Qui tous sont faits d'une matiere. 380
L'or entendons par le Soleil,
Qui est un metail sans pareil,
Et puis entendons par l'argent,

Luna le metail noble & gent.
Venus pour le cuivre entendon, 385
Et aussi c'est moult bien son nom.
Mars pour le fer; & pour l'Estain
Entendons Jupiter le sain,
Et le plomb pour Saturne en bel,
Que nous appellons or mesel; 390
Mercurius est vif argent,
Qui a tout le gouvernement,
Des sept metaux; car c'est leur mere,
Tout ainsi que si les compere :
Qui les imparfaits peut parfaire, 395
Après le te voudray retraire.

 Or entends bien que je diray,
Et comme je declareray
La Fontaine à Dame Nature,
Que tu vois ci près en figure. 400
Si tu sçais bien Mercure mettre
En œuvre, comme dit la lettre,
Medecine tu en feras,
Dont Paradis puis acquerras,
Avecques l'honneur de ce Monde, 405
Où grand' planté de bien abonde.

 Sçavoir dois par Astronomie,
Et par vraye Philosophie,
Que Mercure est des sept metaux,
La matiere & le principaux; 410
Car par sa pesanteur plombasse,
Se tient sous terre en une masse,
Nonobstant qu'elle est volative,
Et ès autres moult conversive,

Et est sous la terre trouvée, 415
Tout ainsi comme est la rousée ;
Et puis en l'air du Ciel s'en monte,
Moy Nature le te raconte ;
Et si après peut concevoir,
Qui en veut Medecine avoir 420
Mercuriale, en son vessel
Le mettra dedans le fournel,
Pour faire sublimation,
Qui est de Dieu un noble don,
Laquelle je te veux monstrer 425
A mon pouvoir & figurer ;
Car si ne fais purs corps & ame,
Jà ne feras bonne almagame,
N'aussi bon parachevement,
Mets-y donc ton entendement. 430

 Or entends si tu veux sçavoir,
Mieux vaut bon sens que nul avoir ;
Prens ton corps & en fais essai,
Comme autres ont faict, bien le sçai,
Ton esprit te faut bien monder, 435
Ains que puisses incorporer ;
Si faire veux bonne bataille,
Vingt contre sept convient sans faille,
Et si ton corps ne peut destruire
Vingt, à ce pas il faut qu'il muire. (1) 440
Si est la bataille premiere,
De Mercure très-forte & fiere,
Après rendre lui convient faire,
Ançois qu'on en puist rien attraire.
M.

(1) *Alias.* Vingt encontre convient, &c.

Quand à ton vouloir entrepris 445
Rendu sera, lors estant pris,
Si tu en veux avoir raison,
L'enfermeras dans la Prison,
D'où il ne se puisse bouger ;
Mais d'un don le dois soulager : 450
Ou pour toy rien ne voudra faire,
Tant que luy feras le contraire ;
Et si faire lui veux plaisir,
Il le te convient eslargir,
Et remettre en son premier estre, 455
Et pource seras-tu son maistre :
Autrement sçavoir bien ne peux
Ce que tu quiers, & que tu veux ;
Mais par ce point tu le sçauras,
Et à tout ton plaisir viendras ; 460
Mais que tu faces de ton corps
Ce dont te fais ci le recors.

 Faire dois donc, sans contredit,
Premier de ton corps un esprit,
Et l'esprit reincorporer 465
En son corps sans point separer ;
Et si tout ce tu ne sçais faire,
Si ne commence point l'affaire.
Après ceste conjonction,
Se commence operation, 470
De laquelle, si tu poursieux,
Tu auras la gloire des cieux ;
Mais tu dois sçavoir par ce livre,
Que moi Nature te délivre,
Que le Mercure du Soleil, 475

N'est pas à la Lune pareil ;
Car tousjours doit demeurer blanche,
Pour faire chose à sa semblance,
Et celui qui au Soleil sert,
Le doit ressembler en appert ; 480
Car on le doit rubifier :
Et c'est-là le labeur premier.
Et puis assembler les peut-on,
Comme j'ay dit, en ma maison,
Cy-devant que tu as ouye, 485
Qui se doit trouver en l'ouye.
Et si ce ne sçaurois entendre :
En ton labeur pourrois mesprendre :
Et à l'adventure perdrois
Long-temps, & en vain l'userois ; 490
Et s'a mon dit sçais labourer,
Seurement y peux proceder.
  Or as-tu un point de ceste œuvre,
Que moi Nature te descœuvre.
Si te faut par bonne raison, 495
Faire après congelation,
De cors & de l'esprit ensemble,
Tant que l'un à l'autre ressemble ;
Et puis te convient par bon sens
Separer les quatre elemens, 500
Lesquels tous nouveaux tu feras,
Et puis en œuvre les mettras.
Premier tu dois le feu extraire,
Et l'air aussi pour c'est affaire,
Et les composer en après. 505
  Ce te dits cy par mots exprès,

Que la terre & l'eau d'autre part,
Servent moult bien à celui art,
Et aussi fait la quinte essence ; (1)
Car c'est de nostre fait la cence. (2) 510
Quand tu as les quatre trouvez,
Et l'un de l'autre separez,
Ainsi que j'ai dit par dessus,
Ton faict sera demi conclus.

 Or peux proceder moyennant, 515
Que tu faces ce que devant
Je t'ai en ce chapitre dit,
Tu le mettras au four petit :
Cela s'apelle mariage,
Quand il est fait par homme sage ; 520
Et aussi c'est moult bien son nom :
Or entendez bien la raison ;
Car masculin est fort liable
Avec feminin amiable ;
Et quand purs & nets sont trouvez, 525
Et l'un avec l'autre assemblez
Generation fort certaine,
Si que c'est un œuvre hautaine,
Et qui est de grande substance.
Ainsi est-il d'autre semblance, 530
De maint homme & de mainte femme,
Qui ont bon loz & bonne fame,
Par leurs enfans qu'ils sçavent faire,
Dont chascun doit priser l'affaire :
D'oiseaux, de bestes & de fruicts : 535
Autrement prouver je le puis :

(1) *Alias*. Et en faisant.
(2) *Alias*. Science.

DES AMOUREUX, &c. 277

Mettez d'un arbre la semence
En terre pour bonne science :
Après la putrefaction,
En viendra generation. 540
Par le froment le peux sçavoir,
Qui vaut mieux que nul autre avoir,
Semant un grain, en auras mille ;
Là ne faut estre moult habile :
Ne oncques ne fut creature, 545
Qui dire peut à moy Nature, (1)
Naissance ay pris sans te cercher,
Tu ne peux rien me reprocher :
Et ainsi des metaux est-il,
Dont Mercure est le plus subtil. 550
Dans le Four est mis, ou son corps, (2)
Que je t'ay dit en mes records ;
Et de ce faire il est moult prest,
Ainsi que verras cy-après.
Là luy convient enamourer 555
Son pareil, & puis labourer ;
Mais ains qu'à fin puisse venir,
D'ensemble les faut despartir ;
Mais après celle départie,
Se r'assemblent, je vous affie. 560
La fois premiere est fiansaille,
Et la seconde l'espousaille,
A la tierce fois par droicture,
Assemblées en une nature,

---

(1) *Alias.* Comme.
(2) *Alias.* Quand il est mis dedans son corps ;
       Il le convient enamourer
       De son pareil, puis labourer, &c.

C'est le mariage parfaict, 565
Auquel gist trestout nostre fait.
Or entens bien comme j'ay dit ;
Car pour vrai en rien n'ai mesdit,
Quand tu les auras separez,
Et peu à peu bien réparez, 570
En après les r'assemblerés,
Et l'un avec l'autre mettrés ;
Mais te souvienne en ta leçon,
Du Proverbe que dit Caton :
L'homme qui lit & rien n'entend, 575
Semble au chasseur qui rien ne prend,
Si apprens donc à bien entendre,
Affin que ne puisses reprendre
Les livres, ne les bons facteurs,
Lesquels sont parfaicts entendeurs ; 580
Car tous ceux qui nostre œuvre blasment,
Ne la cognoissent, ne l'entendent ;
Celui qui bien nous entendroit,
Moult tost à nostre œuvre viendroit :
Plusieurs fois a esté ouvrée, 585
Et par Philosophes esprouvée ;
Mais plusieurs gens tenus pour sages,
La blasment, dont ils sont folages :
Et chascun les en doit blasiner,
Qui a sens en foi sans amer ; 590
Mais loüer doit-on bien & bel,
Tous ceux qui aiment tel joiel,
Et qui le pensent à trouver,
Par peine de bien labourer :
Et doit-on dire, c'est bien faict, 595

Los merite leur bel effect.
Or avons-nous dict une chose,
Qu'il faut que briefvement soit desclose;
C'est que si bien proceder veux,
Tu faces l'union des deux, 600
Tant que fiancez puissent estre
Ou vaissel, qui en sçait bien l'estre;
Et puis pour ton faict separer,
Le te convient bien ordonner:
Et pour t'en dire la façon, 605
Ce n'est que résolution,
Laquelle te faict grand mestier,
Se poursuivir veux le mestier,
Elle doit le compost deffaire,
Ainsi que tu en as affaire, 610
Tant que chacun à part lui soit,
Et puis ayant la terre soif, (1)
De l'eau du Ciel par droicture;
Car ils sont tout d'une nature:
C'est Raison que soit abreuvée, 615
Et de moi sera gouvernée.
 Or t'ai-je dit sans rien mesprendre,
Comme ton corps peut ame prendre,
Et comme les faut despartir,
Et l'un d'avec l'autre partir; 620
Mais la despartie, sans doute,
Est la clef de nostre œuvre toute.
Par le feu elle se parfaict,

---

(1) *Alias.* Quand tu verras la terre seiche,
De l'eau du Ciel fais qu'elle leiche;
Car ils sont tous d'une nature,
Laboure doncques par droicture.

Sans lui l'art seroit imparfaict.
Aucuns dient, que feu n'engendre   625
De sa nature fors que cendre;
Mais leur reverence sauvée,
Nature est dans le feu entée;
Car si Nature n'y estoit,
Jamais le feu chaleur n'auroit: 630
Et si prouver je le voulois,
Le Sel en tesmoing je prendrois; (1)
Mais quoy nous lairrons ce propos,
Et autre dire voulons loz.

   Et quand ce parler entendis,   635
Le mot en mon cœur escrivis,
Et dis, noble Dame d'arroy,
Vueillez un peu entendre à moy,
Et revenons à ces metaux, (2)
Dont Mercure est le principaux,   640
Et me faites-vous & Raison
Aucune déclaration,
Ou de vostre fait suis abus,
Pource que dit avez dessus;
Car vous voulez que je defface   645
Ce que j'ai fait de prime face:
Et expressement vous le dites,
Je ne sçai si ce sont redites,
Ou si parlez par paraboles;
Car je n'entens point vos escoles.   650

   Amy, ce respondit Nature,
Comment entends-tu le Mercure,
Que je t'ay cy-devant nommé?

(1) *Alias*. Sol.
(2) *Alias*. Aux 7.

Je te dis qu'il est enfermé,
Encores que souvent advient, 655
Qu'en plusieurs mains il va & vient.
Le Mercure que je te lo,
Surnommé de Mercurio :
C'est le Mercure des Mercures ;
Et maintes gens mettent leurs cures, 660
De le trouver pour leur affaire :
Ce n'est le Mercure vulgaire :
Sans moy tu ne le peux trouver ;
Mais quand tu en voudras ouvrer,
Moult te faudra estre autentique, 665
Pour parvenir à la pratique,
Par laquelle pourras avoir
De noz faits un très-grand sçavoir.
Les metaux te faudra cognoistre,
Ou ton faict ne vaudra une oistre. 670
Or, pour entendre mieux la guise,
Je te diray où l'œuvre est mise,
Mesmement où elle commence,
Si tu es fils de la science ;
Et cil qui y veut parvenir, 675
Faut qu'à ce point sache venir :
Ou rien ne vaudra son affaire,
Pour labeur qu'il y sache faire.
Pource nommé-je la Fontaine,
Qui est tant amoureuse & saine ; 680
Mercure, celui vrai surgeon,
Qui cause est de perfection.
  Or entens bien que je diray ;
Car pour vray riens ne mesdiray.

Celuy Mercure sans pareil, 685
Peux-tu trouver ou le Soleil,
Quand il est en sa grand' chaleur,
Et qu'il fait venir mainte fleur :
Car après fleurs viennent les fruits,
Par ce point prouver je le puis, 690
Et encores par cent manieres,
Qui sont à ce fait moult legieres ;
Mais cestuy-cy est le principe,
Et pour cela le te recite.
Certes je ne t'ay abusé ; 695
Car pour voir il y est trouvé :
Et s'en Luna veux labourer,
Autant bien l'y pourras trouver,
En Saturne & en Jupiter,
Et en Mars, que je nomme Fer. 700
Dedans Venus & en Mercure,
On peut bien trouver la plus sure ;
Mais, quant à moy, je l'ay trouvé
Au Soleil, & puis labouré,
Et pource t'en ay faict ce Livre, 705
Que tu m'entendes à délivre. (1)
Dedans Luna saches de voir,
Ay-je pris mon premier avoir ;
Encore dy-je aux entendeurs,
Que c'est tout un des deux labeurs, 710
Excepté rubifiement,
Qui sert au Soleil noblement :
Et plus dire ne t'en sçauroye,
Se la pratique ne monstroye :

(1) *Alias*. Afin que l'entende à délivre.

Et celle ne te puis retraire, 715
Sinon que tu le voye faire ;
Mais ayes bien en ta memoire,
Ce que je t'ay dit jufqu'à ire.
Eftant à réfolution,
Faire dois inbibition : 720
Mais ne commence point à faire
Ce que t'ay dit fur tel affaire,
Si n'as probation du faict,
D'avoir bien refoult l'imparfaict ;
Et fi tu peux paffer ce pas, 725
Recorpore-le par compas,
En revenant au fait premier :
L'autre ne fut que meffagier :
Veoir tu le peux évidemment,
Comme fe fait legierement. 730
Par plus bref tu ne peux venir,
Au plus fort de ton advenir ;
Et fi tu l'entens pour certain,
Tu ne laboureras en vain :
Et après ce labeur cy fait, 735
Te faut refaire le deffait :
Putrefaction eft pour voir,
Dont il doit naiftre un noble avoir :
En ce point-là gift la meftrife,
Auquel tout noftre faict s'attife ; 740
Et quoy que t'aye dit devant,
Icy gift tout le convenant.
Dans le Four eft mis l'appareil,
Tu en doibs avoir un pareil ;
Car germe fault premier pourrir, 745

Qu'il puisse dehors terre yssir :
Mesmes la semence de l'homme,
Que pour probation te nomme,
Se pourrit au corps de la femme,
Et devient sang, & puis prent ame ; 750
Mais en forme de creature,
Ce secret cy te dit Nature.

 Car une chose en devra naistre,
Que sçaura bien plus que son maistre,
Pour allaicter les quatre enfans, 755
Qui sont desja venus tous grans,
Lesquels Elemens sont nommez,
Et l'un de l'autre separez.

 Or as-tu cinq choses ensemble,
Et l'une l'autre bien ressemble : 760
Aussi n'est-ce qu'une substance,
Toute d'une mesme semblance.
Là doit l'enfant manger sa mere,
Et après destruire son pere :
Fleur, & laict & fruict avec sang, 765
Convient trouver en un estang.

 Or regarde dont le laict vient,
Et que là sang faire convient ;
Si ce ne sçez considerer,
Tu pers ta peine à labourer : 770
Et si tu me sçez bien entendre,
Si laboure sans plus attendre ;
Car tu as passé le passage
Où demeure maint fol & sage.
Là tu te peux un peu poser : 775
Après commence à labourer,

Et poursui tant que face issir
Fruict parfaict, qu'on nomme Elixir;
Car par œuvre sciencieuse,
Se faict la pierre précieuse 780
Des Philosophes de renom,
Qui en sçavent bien la raison:
Et n'est joyel, ne mal avoir,
Qui puisse cel pierre valoir;
Si ses effects veux que je die, 785
Guerir peut toute maladie.
Aussi par ses très-nobles faicts,
Parfaict les metaux imparfaicts,
Et ne faict plus chose au monde,
Fors ceste où grand' vertu abonde. 790
A merveilleux faicts est encline,
Pourtant la nommons medecine;
Et de toutes les autres pierres,
Que maints Princes tiennent pour cheres,
Nulle peut tant resjouir l'homme, 795
Que ceste-cy que je te nomme.
Et pource je t'en fais memoire,
Que tu le tiennes pour notoire;
Car sur toutes pierres du monde,
Vertu dedans la nostre abonde; 800
Et pour ce doit faire devoir,
De gaigner un si noble avoir:
Si tu me veux bien ensuivir,
A ce poinct pourras advenir.

   Apprens bien, si feras que sage; 805
Car je t'ay jà dit tout l'usage,
Au four tu le pourras bien veoir,

Auquel doit eſtre ton avoir ;
Faiſant par un certain attour,
De putrefaction le tour. 810
Plus t'ay appris que de ces pars,
Ton œuvre demeure en deux pars ;
De ce rien plus ne te diray,
Juſques en toy veuë j'auray
Service, pourquoy te le die ; 815
Car autrement ferois folie.
Mais quand tu l'auras deſſervy,
En brefs mots je te l'auray dy,
Pource ne m'en demande plus,
Je n'ay que trop dit du ſurplus. 820

 Et quand j'eus entendu Nature,
Qui de parler plus n'avoit cure,
Pour ſes ouvrages déclarer,
Moult tendrement prins à plourer :
Et dis, noble Dame d'arroy, 825
Vueillez avoir pitié de moy,
Ou jamais ne ſeray délivre,
De ce qu'ay trouvé en un livre ;
Dites-moy, Dame noble & bonne,
L'avance, ſi ferez aumoſne. 830

 Lors reſpondit, plus n'en ſçauras,
Tant que deſſervy tu l'auras.
Helas ! dis-je lors, Dame chere,
Vueillez-moi dire la maniere,
Comment le pourray deſſervir ; 835
Car à tousjours veux vous ſervir
Loyaument ſans ailleurs penſer :
Je ne vous puis récompenſer,

Ne augmenter vostre richesse,
Service vous feray sans cesse, 840
Si me donnez tant noble avoir,
Que des vostres me recevoir.
　Adonc Nature respondit :
Fils, tu sçais ce que je t'ay dict ;
Mais si me croy, d'ore-en-avant 845
Pourras bien estre plus sçavant.
Dame, dis-je, par Dieu des Cieux,
Je voudroye bien estre cieux,
Qui doit servir pour tel affaire,
Tout son vivre sans rien mesfaire : 850
Vueillez-moy donc vos plaisirs dire ;
Car je ne veux rien contredire.
　Lors dit Nature, sans mesprendre,
Beau Fils, il te convient apprendre
A cognoistre les sept metaux, 855
Dont le Mercure est principaux,
Leurs forces, leurs infirmitez
Et variables qualitez.
Après apprendre te convient,
Dont souffre, sel & huile vient, 860
Dequoy nous te faisons memoire,
Qui te fera mestier encoire ;
Moult est le soulphre necessaire,
Et si donnera prou à faire :
Sans Sel ne peux mettre en effect 865
Utile chose pour ton faict.
D'huile tu as mestier moult grand,
Sans luy ne feras faict dagrant ;
De ce te doit bien souvenir,

S'à nostre œuvre veux parvenir. 870

Un mot te diray, or l'entend,
Dequoy tu seras bien content :
Un metal en un seul vaissel,
Te convient mettre en un Fournel.
C'est Mercure que je t'expose : 875
Et si n'y faut nulle autre chose ;
Mais pour l'abregement de l'œuvre,
De poinct en poinct le te descœuvre.

Or te vueil-je dire de l'or,
Qui des metaux est le thresor : 880
Il est parfaict, nul ne l'est plus
De ceux que j'ay nommé dessus.
La Lune l'est, & ne l'est mie,
De vray je le te certifie ;
Il n'y a qu'un metal au monde, 885
En qui nostre Mercure abonde,
Et s'y est en tous sept trouvé,
Moult bien ay cecy esprouvé.

L'or est chaud & sec par droicture ;
La Lune est froide en sa nature ; 890
Saturnus est pesant & mol :
En ce peut-il ressembler Sol ?
Plusieurs Clercs de parler ignel,
Le veulent nommer or mesel.
Venus, bien la Lune ressemble, 895
En paix, & en forger ensemble.
Mercure froid & humide est,
Tesmoing est Jupin qui en naist.
Mars est dur & pesant & froit,
Des autres tous c'est le conroit. 900

Soit

Soit leur nature dure ou tendre,
Il les convient tous sept comprendre,
Comme les ay nommez dessus,
Et cognoistre bien leurs vertus :
Et par ce point après feras   905
De Mercure ce que voudras,
  Las, dis-je, Dame il sera fait :
Dictes-moy l'avance du faict,
Et comment pourray retraicter
Ce qu'ay veu en voſtre verger :   910
Car oncques mais puiſque fus né,
Je ne fus tant enamouré
De choſe nulle de ce monde :
Je croy que vertu y abonde ;
Je le tiens pour ſecret de Dieu,   915
Qui revelé ſoit en ce lieu.
  Lors dit Nature, tu dis voir,
Et c'eſt du monde tout l'avoir :
Car de ma Fontaine provient
Grand' richeſſe, d'où l'honneur vient   920
Au monde en diverſe maniere,
A pluſieurs ſuis comme miniere.
Et pource que tu es venu
Icy ſans aucun revenu ;
Et que tu as volonté bonne   925
De labourer comme perſonne,
Deſirant bon-heur rencontrer,
L'avance je te vueil monſtrer.
  Dit t'ay au chapitre notoire,
Je ne ſçay ſi en as memoire,   930
Qu'en deux parties, giſt ton œuvre,

Moy Nature te le defcœuvre.
Fais ton foulphre penetratif,
Par feu devenir attractif :
Et puis lui fais manger fa mere : 935
S'auras accomply noftre affaire.
Mets la mere au ventre à l'enfant,
Qu'elle ha enfanté par devant :
Puis fi fera & pere & fils, (1)
Tout parfaict de deux efperits. 940
Pour vray il n'en eft autre chofe,
Fors ce que cy je t'en expofe ;
Et fi tu y veux adjoufter
Chofe eftrange, ou adminiftrer,
Soulphre, fel, huyle, n'autre riens, 945
Pour voir ton fais ne vaudra riens ;
Car terre fi ne peut porter,
Autre fruict qu'on y veut femer.
Creature, faict creature,
Et befte, befte à fa nature ; 950
Ainfi eft de toutes femences,
Tiens ce propos de mes fciences.

  Beau fils ne dy que ce foit gale :
Il faut que tout monte & avale
Par un chemin moult gratieux, 955
moult plaifant & moult amoureux.
La voye j'ay préordonnée, (2)
Tout enfement que de rofée ;
En l'air du Ciel la faut monter :
Et puis doucement avaler, 960

(1) *Alias*. Pourfuy-le à venir attractif.
(2) *Alias*. La noftre eaue pure ordonnée ;
    Tout ainfi va que la rofée.

Par un très-amoureux sentier,
Lequel on doit bien retraicter :
En la descente qu'elle faict,
Enfante le souffre parfaict ;
Et si à ce point peux venir, 965
Tu peux bien dire sans mentir,
Que d'or pourras avoir sur terre,
Grande quantité sans meffaire ;
Car si toute la mer estoit
De metal, tel qu'on le voudroit, 970
Cuyvre, Argent vif, Plomb, ou Estain,
Et tu en misses un seul grain
Dessus, quand seroit eschauffée,
Il en soudroit une fumée,
Qui menroit merveilleux arroy : 975
Et après se tiendroit tout coy,
Et puis quand seroit appaisée,
La fumée & tout accoisée
La Mer, trouveroit plus fin or,
Que nul Roy ayt en son thresor. 980
 Or vueil au propos retourner,
Que devant pour bien gouverner,
Quand ton souffre sera mangé,
Ton Mercure mortifié ;
Tien-le en prison quarante jours, 985
Et puis tu verras tes amours :
Et Dieu t'en laisse si bien faire,
Que Paradis puisses acquerre.
Tu vois ici bien ordonnée
La prison que je t'ay nommée, 990
Par foy la te baille en figure :

Or te souvienne de Nature,
Qui t'a voulu administrer;
Si noble don, & reveler
La science très-admirable, 995
Et en ce monde venerable,
Autrement ne peut estre faicte
La pierre que je t'ay retraicte.
Voy doncques bien les escriptures
De nos livres, ou par figures: 1000
Demonstrée est ceste science,
Qui est la fleur de sapience, (1)
Vraye chose sans nulle fable,
Très-certaine & très-veritable.
Le dessous si est tout semblable 1005
A ce qui est dessus muable,
Pour perpetrer à la fin close,
Miracle d'une seule chose:
Comme de seule chose furent,
Et par la pensée d'un creurent 1010
Toutes les choses que sont nées,
Si nos œuvres sont d'un créés.
Le beau Soleil en est le pere,
Et la Lune la vraye mere:
Le vent en son ventre le serre: 1015
Sa nourrisse si est la terre,
Le pere est du thresor du monde,
Et grand secret icy se fonde.
Sa force si est toute entiere,
Quand il retourne en terre arriere, 1020
Separe la terre du feu,

(1) Ceci est pris de Hermes.

Par engin & en propre lieu,
Et doucement le gros despart
Du subtil, que tiendra à part.
Lors montera de terre ès Cieux, 1025
Et descendra devant tes yeux,
Recevant vertu souveraine
Avec sa force terrienne;
Ainsi parviendras à grand' gloire,
Par tout le monde ayant victoire. 1030
C'est des forces toute la force,
Là où maint se peine & efforce.
Les subtiles choses vaincra,
Et les dures transpercera.
Merveilles sont moult convenables, 1035
Dont avons les raisons notables.

 Mon nom est Jean de la Fontaine:
Travaillant n'ay perdu ma peine;
Car par le monde multiplie
L'œuvre d'or que j'ay accomplie 1040
En ma vie, par verité,
Graces à saincte Trinité,
Qui de tous maux est medecine
Vraye, & par effect la plus fine;
Qu'on peut en aucune part querre, 1045
Soit en mer, soit en toute terre:
Et du metail impur, l'ordure
Chasse, tant qu'en matiere pure
Le rend: c'est en metal très-gent,
De l'espece d'or ou d'argent. 1050
 L'œuvre se faict par ce moyen,
Et si n'y faut nul autre engien,

Selon mon petit sentiment,
Le trouve veritablement.
Pource vueil-je nommer mon Livre, 1055
Qui dit la matiere, & délivre
L'artifice tant précieux,
La Fontaine des Amoureux
De la science très-utile,
Descripte par mon petit stile. 1060
Faict fut par amoureux servage,
Lorsque n'estoye jeune d'aage,
L'an mil quatre cens & treize,
Que j'avoye d'ans deux fois seize,
Comply fut au mois de Janvier, 1065
En la Ville de Montpelier,

Quelqu'un adjouste.

Ci finist Jean de la Fontaine,
Qui tenant icelle œuvre hautaine,
Comme un don de Dieu très-secret,
Doit faire tout homme discret.

Tout l'art qui est de si grand pris,
Peut estre en ces deux vers compris.

Si fixum solvas, faciásque volare solutum,
Et volucrem figas, faciet te vivere tutum.

FIN.

BALADE
DU SECRET
DES
PHILOSOPHES.

Qui les deux corps veux animer,
Et leur Mercure hors extraire,
L'ardent d'iceux bien sublimer,
L'oysel volant après retraire :
L'eau te convient par art distraire,
Des deux unis parfaictement,
Puis le mettre en vas circulaire,
Pour fruict avoir très-excellent.

Le Pellican faut permuer :
De son vaissel ne me puis taire.
N'oublie pas le circulier,
Par feu subtil de très-bon aire :
Luy fuyant te faudra fix faire,
Et le fix encores volant.
Dont viendra, par temps luminaire,

Pour fruict avoir très-excellent.

Pas ne fais ce sans alterer
Nature, par voye contraire :
Car autrement ne peux muer,
La substance, & teincture faire.
Enfin luy faut electuaire,
D'autre corps noble & transparent :
Nature est commun exemplaire,
Pour fruict avoir très-excellent.

Prince cognois de quel agent
Et patient tu as affaire,
Pour fruict avoir très-excellent.

F I N.

GLOSSAIRE
OU
EXPLICATION
des anciens Mots du Roman de la Rose, & autres Poësies de JEAN DE MEUN.

A

A, pour avec, c'est ainsi qu'il est pris vers 18782.

Si dit l'en que ce sont les Diables
A tout leurs grantz crocz & leurs chables
A leurs ongles, a leurs havetz
Mais tel dit ne vault deux navetz.

C'est le sens qu'il a dans les autres endroits & dans nos anciens Poëtes; mais ordinairement on le joint avec le mot *tout*, *à tout son chappeau de sousse* est-il dit vers 12694. pour, *avec son chappeau de fleurs de soucy.*

Aagiez 135. cod. je crois que c'est, *debtes, obligations.*
Abelly, plut, *ne m'abelly*, ne me plut, ne me convint 8213. vient d'*abellir*, plaire.
Abriefve, pour abrege, accourcy 20667.

GLOSSAIRE.

Abrivé, accoutumé 1403. cod. mais *abrivez* au Vers 12742. veut dire selon l'Edition de Marot *haftivez*, c'est-à-dire, s'étant rendus en diligence.

Abscondre, cacher 18252. vient du Latin *abscondere*.

Absconse, cache, obscurcit 18179. vient d'*abscondre*.

Acceptable, pour recevable 1473. ce terme n'est pas si déguisé, qu'il ne puisse encore être supporté.

Accusement, accusation ou revelation 490.

Acertes, pour certaines, assurées 22072, 22439.

Achoison, a plusieurs significations. I°. occasion 2405, 15857, 20353. II°. esperance ou espoir 8511. & au testam. 450. III°. bonne occasion ou bonne avanture 10237, 12890. IV°. motif 18992. V°. difficulté 1107. testam.

Achoisonné, soupçonné, accusé 15775.

Acointable, gracieux, acostable 1243.

Acointance, amitié 1128, 3052, 11660. compagnie 3366.

Acointe, pour acointance, amitié, société 4893.

Acointe, cherche compagnie, *qui s'acointe d'oiseuse*, qui cherche la compagnie d'oisiveté 3051. mais *acointe* pour aborde, *ne l'acointe*, ne l'aborde pas 4894. *m'acointe*, m'aborde 8880. vient du Verbe *acointer*.

Acointement, amitié, liaison 3603.

Acointer, aborder, entrer en liaison, faire amitié 3297, 3668.

Acompere, compare 10470. *n'acomper*, je ne compare.

Lors jouirez de l'amourette
A qui nulle autre n'acomper
Vous ne trouverez ja souper.

GLOSSAIRE.

Aconsuivant, accompagnant 18789. vient d'aconsuivre cy-dessous.

Aconsuivre, accompagner, suivre de près, 21062. mais 16753. il paroit signifier détruire & 16925. *n'aconsuivra* veut dire n'imitera point, ou ne suivra point d'assez près, aussi-bien que 17001. *n'aconsuivront* pour n'imiteront pas.

Acordance, acord, convention 11193.

Acoupis, signifie cocu en parlant du mari 15009. & pour la femme *acoupie* 10283. mais nous n'avons pas de terme propre pour les femmes, qui neanmoins ne sont pas moins exposées à cet accident que les marys.

Acoursent 17055. pour accourcissent, abregent.

Acquerre, d'où nous avons tiré *acquerir* qui signifie la même chose 5290. & ailleurs, usité encore en quelques Provinces.

Acqueurre, 16679. *m'acqueurre*, vienne sur moy ou vienne me saisir, & 15408. *y acqueurrent*, y viennent ou s'y rendent, vient d'*acqueurre* qui veut dire accourir, venir en diligence; il est encore d'usage en quelques Provinces.

Acteur, pour Auteur, Vers 9. & ailleurs.

Acueurer, oster le cœur hors du corps 18805. mais au figuré veut dire décourager, comme 11090. ou *s'acueura*, pour se découragea de tristesse & de chagrin.

Adés, à l'instant, au même moment 2370. & viendroit peut-être de l'Italien *adesso*, mais 9359, 17749, 18829, 19302, 20870. au Cod. 204. & au Testam. 1443. & 1667. il signifie toujours & au Roman 13596. il est mis pour à present, maintenant.

Adiré, maltraité, ou occasionné de faire maltraiter. 3854.

Adoncques, alors, 699. terme qui a subsisté long-temps dans notre Langue.

Advis, Adverbe qui est toujours joint avec un autre mot, *advis m'estoit* 49. pour me sembloit, me paroissoit, *vous fust advis* 784. pour il vous sembla ; *se m'est advis*, il me semble 955. Ce terme qui a duré long-temps subsiste encore en quelques Provinces.

Adune, unit, assemble, arrange 5560, 19097. vient du Verbe *aduner*, qui est tiré du Latin *adunare*, qui veut dire unir, assembler.

Affaiteur, un flateur affecté 15291.

Affaittier, s'habiller, se parer avec affectation 1021.

Affecté 1590. sage, prudent.

Affiche, assure 22357, 22673. *je t'affiche*, je t'assure 5283. vient *d'afficher*, assurer.

Affie, je vous affie, je vous certifie, je vous assure 3696. vient *d'affier*, assurer, certifier ; d'où vient *affient* 15923. pour s'assurent, se certifient, se donnent la foy l'un à l'autre ; de-là vient aussi *affiées*, engagées par leur foy ou par contrat 14663.

Affierra, conviendra 7565. au même sens est mis le terme *affiert* pour convient ; *n'affiert*, ne convient pas, ne sied pas 3781. *il vous affiert*, il vous convient 8255. & ainsi ailleurs. Ce terme est encore d'usage dans la Flandre Wallone.

Affondre, enfoncer 654. Test. d'où vient *affonda*, absorba ; *ou maint Amant y affonda*, ou beaucoup d'Amans ont été absorbez, ou bien où ils se sont enfoncez & précipitez 8280. au même sens *affonde* est mis 6299. & 12432. pour absorbe, engloutit, précipite.

Affoybloyer 18162. affoiblir & 15385. *affoybloyé*, pour affoibly.

GLOSSAIRE. 301

Affublé, coiffé 411. Terme encore usité en quelques Provinces.

Agait, attention pour surprendre 14152, 14971. mais ailleurs il est Verbe, & veut dire examine avec attention & vient d'*agaiter*, d'où nous avons tiré *guetter* que nous employons quelquefois; de-là vient,

Agaitance, 7806. au même sens qu'*agait*, attention à surprendre; mais 22383. & 22437. s'écrit *aguets* & signifie surprise, piege.

Agenouillons, prosternez à deux genouils comme des supplians 18492, 22147.

Aggreant, consentant 2047. *je suis aggreant*, je suis consentant, je consens volontiers.

Aherdre, s'attacher, 4942, 8682, 10251. mais 11362. & 20562. il veut dire se prendre à quelque chose, & 14198. il signifie attacher; de-là viennent *s'aherdent* 21595. pour s'attachent, & *vous aherdez*, vous attachez, vous arrêtez. Terme encore d'usage en Picardie pour prendre, empoigner; *si je t'ahers*, si je te prens, si je t'empoigne.

Ahontagiez, mis à honte 9543. *par qui suis si ahontagiez*; c'est-à-dire, qui cherchent à me faire honte, à me faire tort.

Ainçois, mais, auparavant, avant que 380, 999, 3142. & ailleurs.

Ains, mais 1192. ailleurs il signifie avant ou auparavant.

Aisier, faire ou causer du plaisir; c'est le sens qu'il a 2501, 4488. d'où vient *Aisiez*, satisfait, ou comblé de plaisir 4116.

Alangourée, languissante 209.

Alenée, Alaine, respiration 22544. *pour avoir s'alenée*, pour reprendre alaine.

Alegeance, soulagement 1847.

Alignée 1018. droite, bien prise dans sa taille.

Alis 1017. um, poli.

Alizes, 1266. simples, unies.

Allegement, soulagement 1864.

Alleure, se joint toujours avec le terme de grant ou de bonne; grant alleure, à grand pas ou en diligence 524, 3167.

Aloez, ceux qui meritent des louanges, ou ou ceux qui sont estimez 1058.

Aloser, louer, vanter, faire l'éloge 5486, 18068. d'où vient *alosa*, loua, en parla bien 19991. *plus le prisa, plus l'alosa, & s'alose* 19483. pour se vante; *qui de gentillesse s'alose, qui se vante de sa noblesse*.

Alluche, allume 1724. Cod. vient d'*alucher*, allumer; de-là vient aussi *Aluchez*, allumez 79. Test.

Amande, correction, reprehension 2624.

Ambedeux, tous deux, l'un & l'autre 7085, 17757, 22176. vient du Latin *ambo* & *duo*, qui signifient tous deux la même chose.

Ambezas, 10961. deux as, ou deux unités; mot tiré du jeu de trictrac.

Amenceux 710. Cod. avare, menager.

Amentevant, instruisant, enseignant 1100 Test.

Amenuyser, diminuer la grosseur ou épaisseur de quelque corps 285, 10795. Terme encore d'usage dans le bas peuple de Picardie.

Amerative, amere, pleine d'amertume 411. Test.

Amesurer, 3388. rendre plus discret, moins rude.

Amiableté, amitié, étroite liaison 5074.

Amolier, addoucir 345, 3193. d'où vient *amolie*, adoucit 3353. *moult a dur cueur qui n'amolie*; c'est-à-dire, il faudroit avoir le cœur bien dur pour n'être pas addouci, quand, &c.

Amolyer, adoucir 16230.

Amontelé, amassé, mis ensemble 634. Cod.

Amort, attache, applique ; *m'amort* 4310. m'attache ; *s'amort* 4983, 8215. s'attache, s'applique, vient *d'amordre*, s'attacher, s'appliquer.

Amplus, plus, davantage 10381. vient du Latin *amplius* ; *amplus que s'il tenoit en Seine*, pas plus que s'il tenoit en Seine.

Ancelle, Servante vient du Latin *ancilla* 19999. & se prend ordinairement pour la sainte Vierge.

Anchifrené, pris, surpris, embarrassé ; *anchifrené d'amours* 1492. pris d'amours, n'est plus d'usage que pour marquer l'obstruction du nez.

Ancisa, coupa 17920. vient *d'anciser*, tiré du Latin *incidere*.

Annexe, liée 4483.

Aorer, adorer 22510. d'où vient *aorasses*, pour adorasses 22147. se dit quelquefois *aourer*, comme *aouré*, adoré 2. Cod. & *aourasses*, pour adorasses 7486.

Aornée, ornée 149, 582. & ailleurs.

Aornement, ornement 587, 10707. s'écrit aussi *aournemens* 14897.

Aourne, orne, pare ; *s'aourne*, s'orne, se pare, s'accommode 12771.

Aoursé 16179. mechant, traitre.

Aoursée 8743. avides, avares.

Apais 7429. addoucir, vient d'apaiser.

Aparçoivement, vuë clairvoyante 16287.

Apense, dispose, prepare ; *s'apense*, se dispose se prépare, est resolu 18312.

Apensement, pensée, reflexion 5861, 18652.

Appensez, reflechissant, ou qui reflechit, qui pense 2430.

Apere, aparoit 6944.

Aplané, aplani 926. d'où on a retenu *plané*. Terme d'art, pour dire poly-

GLOSSAIRE.

Aplanos, sans erreur 17691. Terme tiré du Grec ; c'est le mot de la Maison de Montmorency.

Aplany, poly 1103.

Apoſtole, le Pape 11849. *ſouverain Apoſtole*, ſouverain Pontife 1431. Cod.

Appareiller, diſpoſer 2533. mais 16979. veut dire accommoder, approprier ; il a encore d'autres ſignifications, comme *s'appareille* 2460. ſe compare ; *appareille* veut dire auſſi fournit, donne, & 9892. *appareille* ſignifie prépare ; de-là vient auſſi *appareillé*, accoutumée 3805. & *appareillé* 22300. pour donné, fait preſent.

Appariſſant 2578. *de ce ne ſont appariſſans*, pour rien de tel ne paroit ſur ceux, &c.

Appayer, appaiſer 1543. Teſt. de-là vient *appayé*, pour appaiſé 20072. & *appayez*, pour faites votre paix 1656. Teſt.

Appenſée 4481. *ſe bien ſuis appenſée*, pour ſi j'y fais bien réflexion.

Apperra, apparoitra 2067, 13800. & *apperront*, apparoitront 8571. ſe prononce encore ainſi en quelques Provinces ; de-là vien auſſi *appert*, paroit 1561. qui eſt encore quelquefois d'uſage en Juriſprudence, *comme il appert*, comme il paroit

Appert, découvert, connu 3744. & au feminin *apperte*, connuë, découverte 2103, 22073.

Appertement, à découvert, ou clairement 12.

Appeticier, diminuer, accourcir 21091. ſe dit encore quelquefois par le peuple.

Applanoyer, applanir ; mais 7802. il eſt pris au figuré & ſignifie addoucir ; de-là vient applanye qui a le même ſens 17263. l'accolle, l'applanye, l'addoucit, la flatte.

Appreſſa, approcha 1249. Teſt. & *appreſſe*, pour approche 19440.

GLOSSAIRE. 305

Aprime, approche ou apprivoise 17455, 22415. au même sens est pris *aprimoy*, pour apprivoise, te rend familier 12703.

Aprivoy, Vers 12703. pour apprivoise, te rend familier.

Archée, environ une centaine de pas, ou l'espace qu'un Archer peut tirer d'une fleche, comme nous dirions une portée de fusil 8287.

Archieres, fentes ou passages étroits qu'on laissoit aux murailles des Places de Guerre par où l'on pouvoit tirer de l'arc, 3949, 21699, 22149, 22269.

<small>*Mais s'en entrent par les fendaces,*
Par archieres & par crevaces.</small>

Est-il dit 19311. mais 22148. il est pris au figuré pour le sanctuaire de Venus.

Arder, bruler 3826. vient du Latin *ardere*; de-là sont formez *arde*, brule 7778. *ardent*, brulent 19032, 20743. *ardissent*, brulassent 6811. *ardray*, bruleray 21634, 21639. *ardoit*, bruloit, s'enflammoit 296.

Ardoir, la meme chose qu'*arder*, bruler 6811, 14005, 15382, 17860. & au Test. 1701.

Ardre 6851. la même chose qu'*arder*, bruler.

Ardure, brulure ; mais se prend toujours au figuré dans ce Roman 186. signifie desir, cupidité & 2444. est pris pour chaleur ; mais 2617. & 5301. se prend pour tourment.

Arer, labourer 13854, 20444. mais 20542, 20604, 20621. il se prend au figuré pour un labourage, qui se fait en terre vivante & animée, vient du Latin *arare*; de-là sont formez *ara*, laboura, 20638. *arent*, labourent 20575. *arez*, labourez 20602.

Arerez 10627. labourerez ; *aré*, labouré 20628, 21022. Mais tout cela presque toujours au figuré pour parler du labourage qui se fait en terre vivante.

Arée, labourée 8773.

Arrabler 187. assembler ou prendre, selon l'explication de Clement Marot.

Arraisonner, parler entretenir 2394, 2420. d'où vient *arraisonne* 11705. pour entretient.

Arraser, raser, démolir 21637.

Arrasé 8801. uni, applani.

Arrayer, arrêter 3210.

Arroy, ordre, quelquefois équipage 1224.

Arsure, brulure, ardeur 1518. Test. mais au figuré, comme 14530. signifie peine.

Artilleux, artificieux 11658.

Ascendis, montât, pris du Latin *ascendere* 652. Test.

Ascondre, cacher 3636, 9334. vient du Latin *abscondere*.

Asguillettes, ce que nous apellons encore esguillette ; nos anciens s'en servoient comme d'un ornement.

Aspection, vuë 1178. Test.

Aspresse, apreté, rigueur 349. Test.

Assauldroit, attaqueroit 7807. vient d'*assaillir*, d'où se fait encore *assault* ; attaquat, assaillit 10271.

Assener 1363, 8306. arriver, atteindre ; & au Test. 327.

Assena, introduisit 2972.

Assenez, favorisé 21801.

Asseur, certain, assuré 1091. & au Test. 1335. d'où vient au feminin *asseure*, pour asseurée ; mais 1518. *asseur* est adverbe, & veut dire en seureté.

Asseurist, asseurast 1053. Test.

Assorbissent, absorbent 6301.

Assorté, pour assorti, 1079.

GLOSSAIRE. 307

Assoté, épris d'amours 4244.

Assouagier, *assouager*, soulager 2766. d'où vient *assouage*, soulage 2696. *assouagea*, soulagea 1891. *assouagé*, soulagé 20164.

Assouvi 1422. plein de contentement & de délices; vient d'assouvir, contenter.

Ataine, chagrin, peine 144, 2749, 7427, 10035, 18725, 19271.

Ataine, chagrine 7428, 9262. vient d'*atainer*; d'où on a retenu *tainer*, chagriner, faire de la peine, qui est encore d'usage en Picardie & dans la Flandre Walonne.

Atalente, fait plaisir 1794, 2050. *n'atalente*, ne plait pas.

Atice, pour *atise* 18227. c'est-à-dire, engage, attire.

Aticié, attaqué, assailli 10267.

Atirée, parée, ornée, decorée. 14300.

Atise, excite, anime, 182, 983, 6753. mais 3874. embrase & 14945. pour attire, vient d'*atiser*, exciter, qui est encore d'usage en quelques Provinces, pour dire *atiser le feu*, le faire bruler.

Atour, parure, ornement 821. mais 16610. veut dire les biens & les facultez.

Atour, pour *atourne*, dispose 11115, 13843. qui vient d'*atourner*.

Atourner, disposer, préparer 587, 12736, 16676 & 17955. c'est se roidir, se révolter; d'où vient *atourne*, qui 13307. & 21980. se dispose, se prépare; mais 21981. signifie orne, décore; de-là se fait aussi *atournée* 149, 870, 582. pour parée, ornée, ajustée proprement.

Attaigne, l'approche, ou luy soit proche 263. vient d'*attaindre*, qui se dit encore, & signifie courir après, marcher après quelqu'un & le joindre.

GLOSSAIRE.

Attisoit, pour atisoit, animoit, excitoit 15367. Voyez *atise* cy-dessus.

Attraire, attirer 3297. d'où nous avons pris les *attraits*, comme sont ceux d'une belle personne, où tout ce qui peut nous séduire agréablement ; & c'est en ce sens qu'est mis *attrait* 3591.

Attrempance, temperance 4550. mais 16925. veut dire temperature, proportion dans la nature des choses, & 17833. signifie temperament, voyes de conciliation ou d'union.

Attremper, temperer 6332 & 19968. de-là vient *attrempe* qui signifie ajuster, accorder 3988. & *attrempée* qui veut dire temperée 119, 21488.

Aval, embas, en descendant 1390, 1546. mais il se joint ordinairement avec *amont*. Voyez cy-dessus *amont*.

Avale, descend 384. vient d'*avaler*, descendre, ou même faire descendre : on s'en sert encore en quelques Provinces ; mais 6426. *avale* signifie abaisse. C'est de-là que vient s'*avalast* 13268. se descendit, se laissa glisser, & 17628. *avalerent*, descendirent, tomberent.

Aveaux, divertissemens, bombances, bonne chere 15300. mais au Cod. 770. il est écrit *aviaux*, toujours cependant au même sens.

Aver, *avers*, pour avares 11060, 2248, 5021, 17300. & ailleurs.

Avesprement, soir, le temps qui approche la nuit ; mais 20901. il signifie nuit ou obscurité.

Aufferant 7015. ou *ferant*, frapant de *ferire*, Latin.

Avila, pour avilit, meprisat, ou même rendit méprisable, 3362. & s'*avilast* 21773. pour s'avillit, s'abaissast, vient d'*aviller*,

GLOSSAIRE.

qui est la même chose qu'avillir; de-là vient *aville*, abbaisse, avillit 15431.

Avillement, avilissement 2969.

Avillenez, meprisez, traitez d'une maniere indigne 3330. vient d'*avillener*.

Aumosniere, bourse penduë à la ceinture, dans laquelle on mettoit de l'argent pour faire l'aumosne 14333, 15196, 21896. mais 20564. il se prend au figuré pour une autre sorte de Bourses desquelles on tire dequoy faire les aumosnes d'Amours.

Aumuce, ornement de tête, qui étoit de pellice ou pelleterie. Cet ornement est relegué chez les Chanoines qui le portent sur le bras en Eté, comme s'il ne faisoit pas assez chaut; quelques-uns d'entre les Chanoines Réguliers le mettent à l'Eglise autour du col.

Auner 17874.

Avoir, argent, biens, richesses, 184, 1165, 1663, 4930, 8868.

Autel, pour tel ou telle 312, 5551, 14547, 16668, 21721.

Autentiques 67. c'est-à-dire, magnifiques, éclatantes, brillantes.

Autieulx, Autels 536. Cod.

Auxentit 379. Test. Je crois que c'est, qui éteignit, ou qui dissipa.

Ayal, ayeul 12709. *ayaulx*, ayeux 11488.

Aye, pour ayde 2891, 5729.

Ayrer, prendre l'air 14595. se dit encore quelquefois.

B

B*Acheler*, pour *Bachelier*; jeune Gentilhomme 16304. mais 8934. signifie seulement un jeune homme.

Bachelette, jeune fille, jeune Demoiselle 14105.

Bachelier, jeune Gentil-homme 921, 14541,

16909. Ce mot est relegué aux Ecoles, où il signifie celui qui fait ses exercices pour arriver au Doctorat.

Baillie, soin 396. *a en baillie*, a soin, est chargée, défense 12729. mais 12987. signifie un poste que l'on garde, & 19933. veut dire pouvoir, autorité; mais il est quelquefois adjectif, *mal baillie* 9936, 11755, 12728. pour mal accompagnée, mal protegée. C'est au même sens que 8624, 15316, 21754. *mal bailli* est mis pour mal accommodé, mal partagé.

Bailli, est le Chef de la Jurisdiction d'un Bailliage, & quelquefois un Juge de Police, 8623.

Balé, gallerie.

Baler, se divertir dans les bals, les danses, les grandes compagnies 778. mais 2319. signifie remuer.

Balez 10620.

Balleries, divertissemens, bals, danses 19248.

Baloy 10822. C'est ce que nous appellerions rubis balai.

Ban, annonce publique, cri public 20990.

Bandon, *à son bandon* 1150. à sa disposition, à sa suite ; *à bandon* 1826, 2253. à ma discretion, à ma disposition ; *à leur bandon* 9703. à leur discretion ; mais 6057. *bandon*, pour desir, envie & 12875. *à bandon*, pour librement.

Banniere, bannale, commune 21. Cod.

Baptoyé, baptisé 237. Test.

Barat, tromperie, fourberie 2272, 4019, 5371, 17602. ailleurs & 1505. Testam.

Baraté, baratées, trompé, trompées 1989, 22378.

Barater, tromper 188, 7765. & 642. du Test.

Barateresses, trompeuses 22381.

GLOSSAIRE.

Barbacanes 21642. Terme de fortification, qui est le Parapet d'un mur, ou la partie la plus élevée.

Barbelée, c'est ce qu'il appelle ailleurs empennée, pour marquer les barbes de plumes, ou autre matiere qui sont à l'extremité des fleches, pour les faire aller droit 16656.

Barbelottes, espece d'insectes qui se trouvent dans les eaux dormantes 1385.

Baretiere, trompeur 21039. & 929. du Cod.

Barons, ancien terme d'honneur qui convenoit même à toute la haute noblesse, il signifioit les Seigneurs ; & quand les Rois leur parloient, ils disoient mes Barons, pour dire mes Compagnons 15878, 15882, 15908, 20382.

Baronnie, compagnie, Assemblée de Seigneurs 21540, 20223.

Barrés, c'est le premier nom qu'eurent les Carmes à Paris.

Bastillé 135. fortifié à la maniere antique avec tours & creneaux.

Baulde, joyeuse, enjouée, & quelquefois un peu trop hardie en paroles 6470, 7300, 7343, 8855, 9739, 15975.

Bauldrier, ornement d'homme ; mais qui servoit à porter l'épée 835.

Baulievres, les levres 10652.

Baulles 14090. Je crois que ce sont des bals, ou des assemblées de danse.

Bault 20708. fier, hautain,

Baulx, joyeux, addonné au plaisir & quelquefois à la crapule 5264, 5516, 8962, 11549.

Bayez, regardez, songez 2498. vient de *bayer*, regarder, qui est encore en usage au même sens dans le peuple de Picardie.

Beance, occasion, ou envie de regarder, ou de penser 13056.

GLOSSAIRE.

Beant, regardant, songeant 1469. vient de *béer*, regarder, songer; d'où est tiré *bée*, regarde, voit, pense 5704. & au Test. 1549. & *bées*, regarde, pense; 5969. *béent*, regardent, pensent 12363.

Bée, a encore un autre sens dans cette phrase, *gueule bée* 13218. bouche ouverte, comme ceux qui sont dans un grand étonnement, ou une grande admiration, se dit encore quelquefois.

Beguynes, sortes de Religieuses 12771.

Bel, pour beau 678. & ailleurs ; ainsi le disoit-on communément alors, nous ne l'avons plus retenu que quand le mot qui suit & auquel il se raporte, commence par une voyelle, comme *un bel arbre*, *un bel homme*.

Belin, belier ou mouton franc 11744.

Belloces, sortes de prunes nommées encore ainsi 8608.

Bellongues, longues ou berlongues 19040.

Benoistre, benir 113. Cod.

Beneuré, bienheureux 17386. & *beneurée*, bienheureuse 8389. d'où vient *beneureté*, bonheur, beatitude 5076.

Beneyr 7410. benir.

Benivolence, bienveillance 4898.

Benoist, sot, benet 15522.

Bericle 10367. Je crois que c'est un diamant.

Beril, c'est la même chose que *bericle* 16344.

Bers, bersaut d'enfant 19577.

Bersault 1836. une bute, qui sert d'objet, ou de point fixe pour tirer.

Bersé, amuse 1712. se dit encore de même dans le style familier.

Besans, sorte de poid 1097. mais 8740, 8920. c'est une espece de Monnoye forte. Ce terme est resté dans le Blason des Armoiries, où le besant doit toujours être de metal.

Bestourner,

GLOSSAIRE.

Beſtourner, renverſer 189, 297. Cod. d'où vient *beſtournant* 20545. tournant de travers ou à rebours; *beſtourne* 15439. nous démonte, nous renverſe, & 17753. *beſtourne*, renverſe; *beſtourneront*, renverſeront 5798. *beſtourné* 10755, 19312, 19339. renverſé; mais 19351. inſenſé, eſprit renverſé, ou de travers.

Beſtourneys 17754. mauvais plis.

Betez 10619. Je crois que c'eſt hebêté.

Betif 10620. de même.

Beuë 239. Teſt. bouë, ſe dit encore bauë par le peuple de Picardie.

Biller 1602. jouer, ſe divertir, ſe promener.

Blandir, flater 7766, 10317. d'où vient *blandiſt* 3205. flataſt.

Bobans, divertiſſement 6913. *bobant* 8903. & *boubans* 19690. ſignifient la même choſe.

Bobancier, un homme de joye 7943. & *bobanciere* 8992. une femme qui ſe divertit.

Boë, bouë 4082. ſe prononce encore ainſi par le peuple de quelques Provinces.

Boille 13142. Je crois que c'eſt une cour ou un jardin.

Bonde 657. Teſt. pour abonde, & Vers 1159. au Teſt. pour abondance.

Bovelle 1226. Cod.

Boujon, eſpece de fleche 16498.

Bouhourder, ancien terme de la vie joyeuſe, 22537.

Bouhourdis, tourbillon de vens, impetuoſité 18822.

Bouler, gronder, tromper 7732. & 21654. veut dire chagriner; d'où vient *boulez*, 8257. mais 17315. *boulez* ſignifie grondez; de-là vient auſſi *boulé* 4780. pour trompé.

Boulieres, trompeur 7732.

Bouller, attirer, allecher, faire plaiſir 6238.

Tome III.   O

d'où vient *boulle* 6235. l'attire lui fait plaisir.

Bourdes 4672. railleries, sornettes.

Bourras, espece d'étoffe grossiere 1208. & au Cod. 1250.

Bourreaulx 14065. Je crois que c'est de la bourre, ou filace de chanvre.

Boursées, bourses pleines d'argent 8744.

Bouter, mettre 2093. est encore d'usage en quelques Provinces.

Brandit, remuë, branle 16310.

Brandon, flambeau 3500, 3549 21694, 21150, 22165, &c. mais 13514. & 16613. *brandon* est particulierement pris au figuré pour l'ardeur de l'amour.

Brandye, meuë, émuë, branlée 16313.

Bray 10413. appel, que l'on fait pour attraper les oiseaux.

Brehains, sterile 6211. & *brehaigne* 6191. pour sterile, qui ne porte pas.

Bretesche, 21568. parapet ou creneaux, ou les lieux les plus élevés d'une fortification.

Bricons 547. coquins, fripons, selon Borel en son tresor.

Briser, plier 787.

Broce 10638. pour broussailles.

Broyne 331. Test.

Brunette, sorte d'étoffe fine & délicate 221, 21852. & 4438. elle est oposée à *Bureau*, étoffe grossiere, & à la 9502. elle est jointe au Camelot qui est une étoffe assez fine.

Bruyant, fanfaron, qui fait beaucoup de bruit 3840.

Bubette, espece de petite cloche ou ciron qui s'éleve sur la peau 14094, 14098.

Bugle, espece de beuf sauvage 10173. & au 702.

Buissine, espece de trompette ou de flute 11425, 11443, 13014.

GLOSSAIRE.

Buiſſinner, ſonner de la trompette, ou jouer de la flute 11430, 11432. & ſuivantes.

Bureaulx, bure, étoffe groſſiere 4436, 4438, 9498.

Buſinans, ſonnant de la trompette 135. Teſt.

Buſine, pour *buiſſine*, ſonne de la trompette 18687.

Buſine, trompette 134. & 1381. Teſt.

Buyſart 3489. eſpece d'oiſeaux.

C

Caillouel 12467. eſpece de poires.

Calendres 81, 666. eſpece de groſſe allouette.

Calengier, louer, faire honnêteté 1047, 1907. d'où vient *Calengié*, fait honnêteté 3421.

Cameline 12770, 14186. Je crois que c'eſt la couleur brune.

Caritative 420. Teſt. pleine de charité.

Carolle, divertiſſemens accompagnez de danſes & de bals 747, 749, 766, 792, 802, 804, 1001, 1229, 1270, 1296, 19248, 21182.

Caroller, ſe divertir dans les danſes, bals & feſtins, 344, 767, 791, 20320. d'où vient *carole*, ſe divertit, danſe, meine la vie joyeuſe 21183. *carollaſſe* 808. danſaſſe, *Carollant & carollans*, ſe divertiſſant, menant la vie joyeuſe 21240, 21560. *carolloyent*, ſe divertiſſoient 1278. *carolleroient*, 18558. ſe divertiroient.

Carolleurs, gens qui ſe divertiſſent, qui meinent la vie joyeuſe 21285.

Carrel 42. Teſt. carreau, eſpece de gros trait d'arbaleſte; mais ici c'eſt le carreau du tonnerre.

Cas, pour chat 11688.

Caſe, maiſon 16608.

GLOSSAIRE.

Cavillations, mauvaise dispute, tergiversations, tromperies dans le discours 18981.

Caute 930. Test. prudente, sage.

Cauteleur, rusé, trompeur, fin & avisé 22410.

Celée, cachette ou même déguisement 11633.

Celéement, secretement 373, 13229.

Cerant, très-petite monnoye 15319.

Cerculier, pour circulaire 20013.

Cerfouyr, labourer legerement la terre à la main 20444. d'où vient *cerfouy* 21033. labouré legerement.

Cernast, regardast 5356. vient de *cerner*, tiré du Latin *cernere*, regarder; de-là vient encore *cerne* 1574. pour regarde.

Cesariens, pour Cesars, les premiers Empereurs de Rome 6814.

Chaïtiré, empiré 1404. Cod.

Chalemast, criast, publiast 7643. pris de *chalemer*, qui peut signifier au figuré publier; de-là vient *chalemoit*, publioit 15356. de-là vient aussi *Chalemele*, qui est pris en son sens propre pour jouë de la flutte 21955.

Chelemeaulx, fluttes 21953. vient de *chalemele*, une flutte.

Chaloir, mettre en peine 13848. d'où vient *Chaille*, ne vous chaille 7579, 8357. ne vous mettez pas en peine; *ne lui chaille* 14387. qu'il ne se mette pas en peine; on s'en sert encore dans le burlesque en ces deux manieres; de-là vient *chault*, que me chault 3259. que m'importe; il ne luy chault 5234. il ne lui importe pas; *ne m'en chault* 12639. je ne m'en embarasse pas; de-là vient aussi *chalu*, mis en peine, embarassé 561. Test. *ne lui chalu* 11427. il ne s'en mit pas en peine; *ne lui chaussist*, ne lui importast point 12484. *chauldroit*, *ne lui chauldroit*, ne lui importeroit pas 13362.

GLOSSAIRE.

Chanes 15327. c'est ou les rides, ou les cheveux blancs.

Chante-pleure 1350. Test. douleur, affliction.

Chapperons, ornement de tête 14940.

Chappleys 16442. combat.

Chapuys 1615. Test. charpentier.

Char, chair 14175, 17301. se prononce encore ainsi en quelques Provinces.

Charmoye, charme, enchantement 15181.

Charpissant 18862. écharpissant.

Charriere, chemin de charroy 11121.

Charruyer, chartier 19458.

Chartre, prison 2642, 12214. & au Test. 557.

Chartre, Lettre faite par autorité publique 20384, 21580.

Chastelain, Gouverneur ou Seigneur d'un Château 11815. d'où vient *chastelaine* 3531. femme d'un Gouverneur ou du Seigneur d'un Château; mais au Test. 976. veut dire Dame d'un Château ou d'une Seigneurie.

Chastier, remontrer 9180.

Chastieux, Chasteaux 534. Cod.

Chastoy, châtiment, correction 16504.

Chastoyer, châtier, corriger 17239. d'où vient *Chastoye* 10453. corrige, châtie, reprend; *Chastoy* 7363. te *chastoy*, te corrige, te reprens.

Chasty, pour chastoy, châtiment, correction 10436, 12421, 16570.

Chasse, cherche 4814.

Chasse 6858. poursuite, *sans chasse*, sans être poursuivi.

Chaté 11370, 13584. Prix d'une chose achetée.

Chaulsist, voyez chaloir.

Chaussemente 21908. chaussure.

Chayere, chaire 17578.

Cheance, accident 6931, 7334.

GLOSSAIRE.

Cheante, tombante qui tombe 5168. vient de *cheoir*, tomber; de-là est tiré *chée*, tombe 14188, 16251. *chéez*, tombez ou tombiez 8595. *chey*, tombast 1823, 6842, 16192.

Chenins 17866, 20956.

Chenus 1480. Test. blanc de vieillesse; de-là vient *chenuë*, chauve, abbatuë, cassée 355, 4741.

Chevance, richesse, biens, facultez 6922, 18954.

Chevauchent, vont à cheval, montent sur un cheval; mais 5438. il est au figuré pour courent après, & 6183. veut dire marchent.

Chevecel 3759. oreiller ou chevet.

Cheveischaille 21890. couvrechef, coeffure.

Chevir, sortir d'une affaire 5232, 7803, 11190; 11900, 12730. d'où sont formés *cheviroient* 18691. se soutiendroient, subsisteroient; *cheviront* 11788. sortiront; *chevisse*, sortisse 15858, 20200. mais *se chevissent* 6001. se débarassent, mettent bas; & *chevi* 22666. sorti d'affaires: *chevit*, vient à bout, finit 512. du Testam. *chevirent* 13117. sortir d'avec.

Chevissance, expedient pour sortir 2648, 3153. issuë de quelque affaire 6402, 7805, 14537. mais au Cod. 253. *chevissance*, pour *chevance*, biens, richesses.

Chevrie 21958. musette ou cornemuse.

Cheyere, tête ou visage 12547.

Chief, tête; mais au figuré pour fin, issuë bonne ou mauvaise, *à chief*, à la fin 2664, 4297, 7104, 7634, 9272, 22153. mais 2680. *à chief de piece*, fin d'une affaire; *à chief traire*, mettre à fin 5908, 16963.

Chenins, 16018. Je croi qu'il veut dire satyriques.

Chiere, mine, visage, air 812. *belle chiere*,

GLOSSAIRE.

bon visage, bonne réception 13037.

Chiere 325. précieuse.

Chive 207. civot, cive ou civette, espece de petite ciboule.

Chuer 398. Cod. Je crois que c'est parler mal.

Cil, celui 176, 881. & ailleurs; *cilz*, ceux 1289.

Cire, faire de cire 865. faire à plaisir; c'est au figuré.

Citolles instrument de musique 19249, 21958, 22294.

Cive 5556. civette ou petite ciboulle. Voyez chive.

Clamant, nommant, apellant 5134, 15193. vient de *clamer*, apeller, nommer; d'où sont formés; *clame*, *se clame* 8657. s'apelle; *se clament* 8677. se déclarent; *se clamoit* 17001. s'apelloit; *clamoyent* 13615. apelloient; *ne m'en clamerai* 21684. ne m'en aiderai; *clameroit* 18042. apelleroit; *clamez* 11866. déclarez; *clamé* 13031. & ailleurs, apellé, nommé; & *clamez* 8581, 9899. apellez, nommez; *clamée*, nommée, apellée 48, 9914, 10414.

Clamours, plaintes, doleances 3164, 5779, 9992; 11497, 20249.

Claré 8771. Je crois que c'est du vin clairet, comme *pigment*, est du vin rouge ou rosé.

Claver 7051.

Clerc, homme savant, homme d'étude 379.

Closichée 639. Test. attachée avec des clouds.

Closier, portier, ou gardien d'une enceinte 2865.

Coche, entailleure qui est au bout d'une fleche, pour y mettre la corde de l'arc 941, 1695.

Coiche, encochure, ou entailleure d'un arc.

Coint, aimable, joli, agréable 2168. & ailleurs; *cointe*, propre, gentille, bien faite

O 4

65, 539, 566, 603, 613, 935, 1030, 1216, 2179. & ailleurs.

Cointait, s'ajuste, se pare, s'accommode 14051. vient de cointoyer, parer, ajuster.

Cointance, pour *acointance*, compagnie 6756.

Cointement, agréablement 587, 780, 2167. mais 3514. veut dire proprement.

Cointerie, vie joyeuse, divertissement 8906, 9239.

Cointeuse, belle & bien faite 9260.

Cointins, m'y cointins, m'y conduisis 22591.

Cointir, se divertir, se réjouir 18883.

Cointoye, *te cointoye*, te pare, t'ajuste 2185. & 9467. affecte de se faire voir ; *se cointoyent* 9948. se parent, vient de *cointoyer*, parer, ajuster.

Cointise, ajustement 2260. *par cointise* 840. d'une façon propre & ajustée.

Colée 13836. coup.

Colire, remede pour les yeux 8433.

Collées, flatteries affectées, ou tromperies affectées 11526.

Commande, en sa commande 2023. en sa disposition.

Commans 40. pour commence, de commencer.

Commant, pour commande, ordonne 2111, 10875. *te commant* 8250. je te recommande, je t'ordonne.

Commant, ou *commans*, commandemens, loix 7672, 10411, 10874.

Compaings, compagnon, ami 3183, 7661, 8201, 8253, 8269.

Comparoir, acheter, aquerir, payer 16414. *que le comparoisse* 3176. que le payeroie.

Comparoir, comparer 16415.

Compas, mesure, justesse, proportion 21709.

Compasser, mesurer, proportionner 19034.

GLOSSAIRE.

d'où viennent *compassé*, proportionné avec justesse 817. *compassa* 9971. fit avec justesse & proportion.

Compasseur, justesse, proportion, mesure 1328.

Comperre, acquerir 267. & 2627. *compere*, acquiert ; mais au figuré il a d'autres significations ; ainsi 7494 *que je le compere*, que je le déguise, & 11334. *ne le compere*, ne le paye, ou n'en soit puni ; *lui chier compere* 15057. lui coute cher ; d'où vient *comperra*, lui coutera cher 11424, 13799. *comperray* 4866. que j'acquereray ; *comperassent* 13665. me payassent.

Compere, s'y compere, s'y compare, ou s'égale 6051. & au Test. 183, 684, 1412.

Compoing, pour *compaing* 9142. compagnon, ami.

Compost, pour composé, qui est oposé à simple 19053.

Compresse, chagrin, affliction 10666. mais 20163. *compresse*, veut dire l'afflige & vient de *compresser*, affliger.

Conchier, salir, gâter, couvrir d'immondices ; mais au figuré *conchier* 276. Cod. mépriser, & au Roman 20703. signifie mocquer, tromper ; d'où vient *conchie* 11698. se mocque ou trompe ; *conchiez* 7880, 11939. mocquez, trompez ; & *conchia*, au Test. 248. souilla, remplit d'ordures, c'est-a-dire, de pechez.

Conchimens 14150. mocqueries, tromperies.

Conciper, concevoir 16761. vient du Latin.

Concluise, pour concluë 4180.

Concluse 16289. enfermée, vient du Latin.

Confais ou *confez*, *faire confais* 4314. faire sa Confession ou confesser ; *faire ou être confez*, pour se confesser 7390, 10894, 11851, 13081, 10482.

GLOSSAIRE.

Confort, soutien, consolation 1509, 2646, 2723.

Congnoissierres, connoisseur 16955.

Connestable, Lieutenant 17646. car il ne signifie pas là ce que nous avons connu dans ces derniers siecles sous le nom de Connetable.

Connestablie, compagnie de gens armez 3971.

Conque 11700. pour quelquonque.

Conquerre 1160. acquerir, amasser.

Consaulx, conseils 1331. Cod. se dit encore ainsi dans la Flandre Walonne.

Consens 3876. pour consentement; *n'ayez consens*, ne consentez pas.

Consuyvra 16853. pour dire poursuivra, ou ne l'attrapera.

Contemps, contention, dispute 2445, 8977, 10033, 13550, 13556, 14667.

Contendra, *se contendra*, se conduira 10305. vient de *contendre*, conduire; d'où sont formez, *te contendras* 2528. te conduiras; & *me contendray*, me conduirai 3239.

Contendy 680. Test. disputa, s'y opiniâtra.

Contenement, le contenu 732. mais 3306. veut dire contenance & 10871. conduite; *contens*, pour *contemps*, dispute, contention.

Contenir, contenance ou conduite 728.

Contraire, partie adverse 1747. mais ailleurs il veut dire ennuy, chagrins, peine 2400, 3298, 3373, 4192, 15281, 15899, 20092 & au Test 857. il veut dire maux, adversitez; mais 17257. il signifie mauvaise action.

Contremont, en haut 13971.

Contrester, résister ou tenir contre quelqu'un 9412. & au Test. 640. mais 17713. il veut dire réflechir, renvoyer la lumiere; de-là vient *contrestassent* 18715. pour résistassent.

Contretaille, ton de musique 3391.

GLOSSAIRE.

Contreval, en descendant, ou allant en bas 131, 10494.

Contreuve, inventé à plaisir, controuvé 12955.

Convant ou *Convent*, convention, promesses 3201, 7587, 20155, 22619.

Convenance, promesse 1706, 14817, 16638.

Convenancer, promettre 11787. de-là vient *convenance*, 11707. je promets.

Convenant, promesse, convention 1999, 9275, 15360, 15762. & 22659. *si m'apelle-il de convenant*, pour me rapelle-t-il ma promesse.

Converse, contraire, oposé 1025. Cod.

Convienne 16811. il semble qu'il signifie peau, au figuré pour la vie.

Convine, pratique, intrigue 9818, 15153. & au Cod. 778. il veut dire conduite.

Convoyer, convier 2325. d'où vient *convoya* 2857. pour convia.

Cop, pour coup 5490.

Cornardie, folie 5027.

Corrompable, corruptible, sujet à corruption 4617.

Cosme, chevelure 11066. vient du Latin.

Cotelles, juppes, ou juppons 5349, 10153.

Cotissent, l'enveloppent, l'environnent 6169.

Cotres 8778. villon met coitres, c'est-à-dire, matelas, en Latin *culcitra*.

Cottes, cottes d'armes, arme défensive qui couvroit le corps 18707.

Cottarder, craindre, avoir peur, comme une personne lâche, 1526.

Couardie, lâcheté 16384.

Couart, lâche, poltron 17404. mais 19573. veut dire, qui ne se vante pas ; de-là vient *Couarde*, femme lâche & poltrone 16336, 16383.

Coué, queué, c'est à ceux qui liront à deviner de quelle queuë il s'agit 15074.

Coulans 3921. ce sont de doubles portes des Villes ou Châteaux qui couloient le long d'une coulisse, que l'on descendoit quand la premiere porte étoit forcée.

Coulons, pigeons 1197, 22082. & ailleurs.

Coulpe, faute 21670.

Coulpe, accuse de quelque faute 21671. vient de *coulper*, accuser ou reprendre d'une faute.

Coupe, ce que nous dirions coqué, en parlant des femmes, si cela se disoit 15002.

Couraille 5304. les entrailles.

Courcier, pour courroucer, mettre en colere 884. Test.

Course, courouce, met en colere 3274.

Coutepoint 8822.

Couvine 3589. sentiment, pensée.

Coux, coqu 9552.

Coye 16312.

Coyement, tranquilement, doucement 737.

Coytive 423. Test. tranquilise.

Craintise, crainte 2815.

Creantent, promettent 856. Cod.

Creant, pour *creante*, j'assure, ou assure, certifie 3964. vient de *creanter*, assurer, certifier, *creante* 3238. assure, certifie.

Cremut, craignit 7251, 12843.

Crenu, qui a un beau crin 18679.

Crespine, bord, bordure 21878.

Cretines 18801, 18824.

Crevée, fatiguée 6355.

Croison, creature, 445. Test.

Crosler, remuer 2318, 8290, 22534. d'où vient crosle, branle, remuë 1317, 2990, 21759.

Croulle, remuë, branle 16204. & 6391. *croullant*, pour tremblante.

Crueulx 1384. Test. cruel, d'où vient *crueuse*, cruelle 7783, 17188.

GLOSSAIRE.

Cude, pour *cuyde*, croit, pense 276, 5487.

Cui 805. Test. à qui ; *il cui Dieu donna son pouvoir*, celui à qui Dieu donna son pouvoir.

Cura, eut soin 465. du Test. vient de *curer*, avoir soin.

Caratour 464. & 1051. du Test. curateur, qui a soin.

Cure, soin, souci, attention 1561, 2061.

Curées 11083.

Curez, netoyez, purs 8840.

Cuyder, pensée, croyance 398. &c. & au Cod. 88.

Cuyder, penser croire ; d'où vient *cuyde*, croit, pense 13, 2653. *cuydoit* 315. croioit ; *cuyda* 1496. il crut ; *cuyderas* 2424. croiras ; *cuydasse* 1638. crusse, *cuydoye*, croiois 648, 4046. *cuydé* 1718. ay cuydé, ai crû ; *eust cuydé* 1125. eut crû.

Cuydance, soupçon, ou présomption 11955.

Cymbales, especes de tambour 21953.

Cuyries 16725.

Cyroyne 333. Test. cerat, onguent.

Cyve 17333. cibouille, sorte de légume.

D

Damoiseaulx, jeune galant, ou jouvenceau 834, 1442, 19735, 11056. mais 1602. signifie simplement un jeune homme.

Dangereux, fâcheux, mauvais 2701, 9520. *dangereuse*, fâcheuse, rebutante, dédaigneuse 594.

Dangier 1046. protection ; mais 1903. est mis pour crainte, & 2533. pour chagrin, traverses ; c'est même ce qu'il signifie le plus communément, & 1103. signifie résistance, difficulté ; mais assez souvent dans ce Poëte & les autres, Dangier est pris pour une personne fâcheuse qui trouble & traverse les Amans dans leurs amours.

Debonnaire, affable 4166, 4802. mais 2563, 14648. signifie une Dame qui aime la vie joyeuse.

Débriser, pour plier le corps en dansant, l'avoir souple & agile 758

Decevable, facile à être trompé 4500.

Déclarences, explications 7557.

Decoste, de côté 21701.

Decrevée, fatiguée 6391.

Déduyre, faire plaisir, ou prendre son plaisir, se divertir, se réjouir 110, 3540. d'où vient *déduysent*, prennent leur plaisir 21286. *déduysant* 2753. faisant plaisir.

Déduyt, plaisir, sur tout ceux de la vie joyeuse 486, 704, 777, 2216. &c. mais 736, 747. &c. il est regardé comme personne qui contribuë à la vie agréable.

Deffassa, abolit 6824.

Deffauldroit, manqueroit 5482. vient de *deffaillir*, manquer; de là vient *deffault* 2414. manque.

Deffermée, ouvert 706. vient de *deffermer*, ouvrir.

Deffinée, pour manquée, finie 6821.

Deffinera 5237 pour finira, mourra.

Deffolater, ôter de folie 10773.

Deffruytte, quitte son fruit 1229. Test.

Defores, dehors 19126.

Defoulé, pour idiot, simple 4779.

Degoise 6246. déclare par paroles.

Delaté 851. Cod.

Dilectableté, plaisir, joye 700, 1417.

Delez, à côté 920, 3303, 10532, 12887.

Délicable, agréable, ou délicieux 1351.

Delictable, la même chose que délicable 1350.

Délicter 281. Test. se réjouir, se divertir, prendre plaisir; de-là vient *délicte*, prend plaisir 4490, 13695. *délictoit* 1122, 2131. prenoit plaisir; *délictoyent* 913. se divertissoient; *délicté* 6. Cod. ont pris plaisir.

Déliter, la même chose que déliéter 7539. d'où vient; *déliteras*, prendras plaisir 7542. *délitant* 7540. prenant plaisir; *délit* 4624. prenne plaisir; *se délitent* 675. se divertissent.

Déliter, plaisir, joye 4492, 4759.

Délicteux, agréables, délicieux 21821.

Délictz 326. Test. plaisirs; & *délit*, plaisir 1829, 4501, 4623, 4678, 4679. &c.

Délivre, libre, délivré, 501, 2647, 4832, 13926, 22211. & au Test. 132. mais 1324. veut dire en liberté, & 10226. est mis pour volontiers; *à délivre* 3584. pour librement; & *délivres* 22309. pour délivres, privé.

Demaiene, Cod. 651. pour Domaine.

Demaine 101. Test. Domaine.

Demainement, état, condition, situation 1992. Cod.

Demant 5697. pour demande.

Demenez, pour conduisez 15325.

Demenras 2366. demeneras, auras, fera paroître, ou ressentiras.

Dementans, plaignans, lamentans 9253. vient *dementer*, plaindre, lamenter; d'où sort *démente*, lamente, ou plains 21992. *dementoye* 3042, 4323. lamentois, plaignois; mais 2549. veut dire prépare, dispose.

Demesure.

Demeure, retardement, ou legere résistance 14430, 14431.

Demonstrance 1578. representation.

Demonstresse, qui montre, qui enseigne 842. Test.

Départ, distribué 881, 5045. vient de départir.

Déport, plaisir, joye 15087.
Députaire, méchant, adonné au vice 14274 Test.
Derrien 243. Cod. les dernieres années, la vieillesse.
Desaloez, blamez 1059.
Desaourné, deffiguré, ou qui est privé d'ornement 19338.
Desattrempée, excessive, qui n'est pas temperée 6318.
Desavancer, empêcher, ou retarder l'avancement 7386.
Desavenant, inconvenient, mauvaise avanture 22660.
Desclot, ouvert; mais 13326. veut dire ôté, & 13393. *desclot*, pour découvre, vient de *desclore*.
Desclose, descouverte, connuë 7534.
Desconfiture, déroute, malheur, accident 247.
Desconfort, desolation, affliction 7023.
Desconforte, se desole, s'afflige 6150. vient de *desconforter*, desoler, affliger.
Desdouloir, réjoüir, rendre la joye, ôter de peine 4188. & au Test. 388.
Desesperance, desespoir 984.
Desespoir, desespere 4130.
Desglavier 12572. faire mourir par le glaive.
Desgourdelis, actif, agile 266. Cod.
Desguysée, bien faite, bien ajustée 566, 838.
Desguyseure, ornemens, habillemens 11826.
Desloent, blament 1058. mais 6518. *desloent*, pour font mépriser.
Desor, aussi-tôt 15905, 15940.
Desordonnance, desordre, mauvaise action 6546.
Despendre, dépenser 1138, 15306. d'où viennent *Despendy*, dépensai, consumai; *despendus*, despensez, consumez 5390, 21543.

GLOSSAIRE.

Despens, dépenses 1131.
Despire, à despire 6599. d'une façon mauvaise & méprisable ; mais 8373, 12675, 13579, 18204. veut dire mépriser.
Despitaire 3385. colere, ou de mauvaise humeur.
Despite, mauvaise 7749. & au Cod. 1590.
Despiteux, méchant, mauvais 6830, 11649.
Desriver, desborder, sortir hors des rives, ou bords 18798. d'où vient *desrivent* 18806. desbordent, sortent des bords.
Desrobe, se deshabille, ôte sa robe 6397.
Desroux, rompus, brisez 330, 14060.
Desroy, desastre, infortune 6876, 9064.
Desservance 19755.
Dessertes, récompenses 2502, 22440. & au Test. 190. mais 4800, 8511, 18058. signifie merites, soit en bien, soit en mal.
Desservir, meriter 4285, 8960, 14045, 20918. d'où viennent *desservirent*, meriterent 20765. *dessert* 19689. merite ; *desservy*, merité 6981, 8431, 12413, 15831. *desservie*, meritée 13070, 17241. & *desservis* 481. du Test. meritas.
Desseure, dessus, pour dire superieur 3352.
Desseurées 21294. pour sevrées.
Destourber, empêcher ; destourner 3247. d'où vient *destourbe* 18574. empêche, détourne ; *destourbé*, empêché 22162.
Destourbier, empêchement 13725.
Destourra 20519. pour destournera.
Destraindre, resserrer ; mais au figuré 1444. affliger ; d'où vient *destraint*, afflige, blesse 1792, 17013.
Destre, droite 1080. Test.
Destrempance, temperature, ordre 18573.
Destriers, cheval de monture, où de selle 14842, 16782, 18669.

GLOSSAIRE.

Deſtriers 19646. qui est en détresse dans la peine.

Deſtruyſement, destruction 7818.

Deſver 8158. se chagriner & 18872. *deſvant*, se chagrinant.

Deſvée, démontée d'esprit, ou de chagrin 3620.

Deſverie, chagrin, ou peut-être jalousie excessive 9079, 1076, 17799.

Deſvoyant, destournant 6308.

Detortant 9276. vous demenant du corps.

Detoriez 9528. vous demenez, vous marchez d'une maniere affectée.

Detrenche, fend en deux 272.

Devaler, descendre 2044. de-là vient *devalée*, descenduë 3014, 3022. Terme encore d'usage en quelques Provinces.

Devée 5983. la même chose que *deſvée* ci-dessus.

Devier, égarer du chemin; mais 12573. il est au figuré pour perir.

Deulle, afflige, vient de *douloir* 18584.

Devis, plaisir 668, 3867.

Deviſe, parle 676. vient de *deviſer*, parler.

Deviſe 1940. plaisir, ou volontiers.

Deulent, affligent, vient de douloir; mais 2435. *ne ſe deulent*, ne se mettent pas en peine.

Deult, afflige 2778. vient de *douloir*.

Dextre, droite, c'est-à-dire, la main droite 169, 733.

Dieu 4898. pour divine, ou de Dieu.

Diffinement 10779. fin d'une chose, ou d'une affaire.

Diffinir, définir, expliquer 4477.

Diffiniſſement, définition, explication 6005.

Diſcorde, colere 262. Cod.

Diſpire 1131. Teſt. mépriser.

GLOSSAIRE.

Diſtincter, diſtinguer, donner explication 11683. Terme de la Logique.

Dit, traité 5. Cod.

Ditié, traité ſur quelque ſcience 4964.

Ditté, traité de morale 8. Teſt.

Divers, fâcheux, contraire 455. mais 3848. pour rude, fâcheux dans la ſocieté, & 9945, 11842. contraire.

Divinité, Theologie 70. Cod.

Doint, donne 7. Cod.

Doler, polir 19399. d'où vient *dolé* 932. poli; mais 22301. *doler*, pour perfection d'un ouvrage.

Dolons, pleurons 93. Cod. & *doly*, m'affligeai 2801. vient de douloir.

Domeſches, domeſtiques 16902.

Dont, pour d'où 4291.

Dormant, ſommeil 28, 91.

Dortoyer, dortoire 267. Cod.

Doubtables, redoubtables, qui ſont à craindre 5567, 7975.

Doubtance, crainte 985, 2787; 11564.

Doubter, craindre, redouter 1801, 5499, 22216. & 613. du Teſt. de-là viennent *doubte*, craint, redoute 12631. & 1578. du Teſt. *doubtent* 5337. craignent; *doubtoit* 6776. craignoit; *doubteroient* 5509. craindroient; *doubtez*, craignez, aprehendez 8050.

Doubteur, redoutable, à craindre 760. Cod. *doubteuſe*, craintive, timide 635.

Douloir, attriſter, affliger, plaindre 1943, 2936, 4242, 12342, 17158, 17876. de-là vient *douloit* 9140. s'affligeoit, s'attriſtoit; *doulans* 3922. s'affligeant, triſtes; *doulent*, ou *doulant*, triſte, s'affligeant; *doulut*, affligeât 1803, 6092.

Douloufer, 2552. plaindre, lamenter.

GLOSSAIRE.

Drappeaulx, habits, hardes 13447, 15792. ainsi 11714 draps, pour habits.

Droicture, équité, justice; mais 3544. il veut dire avec justice, avec équité; & 545. *à droicture*, pour bien proportionné; *à sa droicture*, très-justement 163.

Droicturiere, juste, équitable 21515.

Droit, juste, équitable 3889, 7176. mais 1992. *à mon droit*, pour à ma bienseance.

Druë 10196. maitresse, ou concubine.

Drurie 9278. la vie joyeuse.

Druge 13915. c'est ou maitresse, ou une souris.

Dryades 18830. Nymphes, ou Déesses des Forêts.

Dubitation 1029. Test. doute.

Duys, propre à faire une chose 2763. *duit*, propre à une chose 1247. *duyte* 1137. propre à quelque chose vient de duire, convenir.

Dyaprez 21860. étoffe ouvragée, comme seroit le damas.

E

Effond, fait paroître, explique 6716. vient du Latin *effundere*.

Egaument, également 1292, 1665. Test.

Embarbelées, qui ont des barbes, ou plumes à leurs extrêmitez 949.

Embatre, se divertir; mais le plus souvent dans la vie joyeuse, & quelquefois d'une maniere très-vive 8019, 12289, 15279, 20464, 21376. mais 10209. se réjouir, se délecter, & 12671. pour s'attacher; mais au Test. 769. signifie s'arrêter avec plaisir, avec satisfaction; de-là vient *embatant* 8493. se divertissant; *embatu* 22588. diverti, réjoüi; mais 8246. *embatus*, pour survenu, à ce que

GLOSSAIRE. 333

je croi; & 11615. *embatus*, pour venus, ou rendu.

Embelly 15298. m'embelly, me parut beau.

Embesongne, travaille; mais 4932. *s'embesongne*, se met en peine, vient d'*embesongner*, travailler.

Embesongnée, occupée 580.

Embler, prendre, ôter, enlever 2817, 5276, 11108. de-là vient *emble*, prend, enleve 2715, 2893, 4522. mais 372. *emble*, pour se retire; *emblent*, prennent, enlevent 4036, 7742. *emblant*, prenant, volant 10715. *emblée*.

Embordée, bordée, environnée 22531.

Embousé 342. Test. gâté, salli, souillé.

Embouffissement 16341. orgueil.

Emmy, au milieu, parmi 625, 21892. vient du Latin *in medio*.

Emparlé, qui sçait parler; *le bien emparlés*, le beau parleur, bon orateur 20214. *bien emparlée* 3396. qui parle bien.

Empennez, qui a des plumes 744, 11186. *empenné*, se dit aussi des fleches, à l'extrêmité desquelles il y a des plumes, ou autre chose d'équivalent pour les faire aller droit 957, 1727, 16665.

Emperent 14201. pour en paroissent.

Empercre 6767. Empereur 19952. *emperiere* 6789, 12618.

Empereis, Imperatrice 9239, 12621.

Emple, pour empli, rempli 4853, 9601, 9884. *m'emple*, m'empli, me comble, 21999.

Emport, pour emporte 2905.

Empraintures, peintures, tableaux, representations 137.

Emprendre, entreprendre 4238, 4371. de-là vient, *emprent*, pour entreprent 3016, 4529. *empris* 45, 11442. l'entrepris; mais

GLOSSAIRE.

2396. *empris*, tout étourdi, tout entrepris.

Emprise, entreprise 3111, 3343.

Enamouré, pris d'amours 3454.

Enchambader 819. Cod. Je crois que c'est se démener, se remuer.

Enchappes, foure, précipite 4836.

Encharné, pour incarné, pris chair 20034.

Enchée 10282. tombe, en, vient d'encheoir.

Enciser, couper, 9671.

Encline, saluë respectueusement 12264, 17153.

Encoche, met la corde dans la fente de la fleche 21694. *encochez*, au figuré arrêtez, pris 17472.

Encombre, malheur, accident 1366. &c.

Encombre, embarrasse 1599, 13786, 14317. *m'encombre* 4194. m'accablent, & 5201. obscurcit, embarrasse, vient d'*encombrer*, embarrasser; de-là se fait *encombré* 892, 14680. embarrassé.

Encombrement, malheur, accident 6858, 11199.

Encombreuse, malheureuse, fatale 9270.

Encontre, rencontre, avanture 2754.

Encoulpées, coupables 19004.

Encravante, enfonce 654. Test.

Encurent 324. Cod. Je crois que c'est prennent soin, s'inquiettent.

Endables 5365, 11758.

Endementiers, à present, à ce moment, à ce même-temps 5752, 15429, 16462, 20311, 22260.

Endroit, à l'égard de, en ce qui regarde 17, 498.

Enfanges, embourbez 144. Test.

Enformoy, j'enfermay, je pris 8898.

Enferre, s'enferre, se perce lui-même 20113.

Enfourra, enfouirra, vous tuëra 20799.

Enfume 20537.

Engangne 3803. trompe.

GLOSSAIRE. 335

Engaignes, tromperie 8912.

Engame, excite, engage 1604. Test.

Engarbardez, entaché 1735. Cod.

Engignée, trompée 7438.

Engignier, tromper 4017.

Engin, esprit; c'est sa premiere signification prise du Latin *ingenium* 7806, 10437, 12482, 14443, 19667, 21080, 21683, 21731. mais 510. il est mis pour industrie, & 1263. pour pensée; *engin* 1601. instrument, quelquefois instrumens de guerre. Voyez 18716.

Engin, pour engigne, trompe 21682.

Engoissoient 105. prenoient peine, s'appliquoient, vient d'engoisse, peine, chagrin, fatigue.

Engouller, avaller 6237. d'où vient *engoulle*, avalle 6236, 16815.

Engreties 19689.

Engueigne, tromperie 11246.

Enherbe 17454.

Enhortement, exhortation 13484.

Enlangagiez, éloquent 133. Cod.

Ennoye, ennuye 10991.

Ennuyst, aujourd'huy 640.

Enormale 20547. pour énormes.

Enosse 11977, 13118. tuer.

Enquerre, demander, informer 5252.

Ens, dedans, dans 644, 6479. & au Test. 826.

Ensement, toujours, continuellement 8813, 12492, 15189, 20412. & au Test. 143. *ensement*, ensemble.

Enserrez, prisonniers 4563.

Enseigne, affaire, ou retardement 16461.

Entachié 2161. noté.

Entaillé 136. pour sculpté.

Entailliere 21726. sculpteur.

Entalenté, résolu 2042, 11622. mais 10180.

disposé ; & 1764, 15104. pour amoureux, desireux ; 19709. appliqués.

Entalentement, desir, volonté 20369.

Entendivement, attentivement, avec attention 442. Test.

Entente, intention 2053. mais 2093. pour attention ; & 15403. pour soin, attention; *entente* 823. intelligence, industrie.

Ententif, attentif 1364.

Ententis, attentif 692. & au Test. 1602.

Ententive, appliquée 437, 1143. mais 338. *au dueil ententive*, penetrée de tristesse ; & 14830. *ententive cure*, pour soin assidu.

Ententivement, avec soin 14720.

Enterin, entier 2251, 10950, 12894, 15087, 22266. mais 2251. veut dire entierement ; *enterine* 7974. entiere.

Enteriner 17769. remettre en entier.

Entesa, enfonça 1704.

Entoise, couche en joué 21609.

Entreclos, entre-ouvert 15509.

Entreguetteurs 619. Cod. espions, qui examinent & blament la conduite des autres.

Entreguignent, s'entreregardent 20388.

Entreseulent, sont accoutumez réciproquement 9906.

Entules 5636. insensé.

Envayë, charge que des Troupes font les unes sur les autres en se battant 16292.

Envers, à l'égard 1012. mais 1583. à l'envers, ou renversé.

Envis, à peine 6251. ou même malgré 8025. *envis à temps y viendriez*, malgré vous enfin vous y viendriez ; & ainsi 9935. *envis* ne fussent de chanter ; *envis* 668. c'est-à-dire, paresseux.

Enviteux, desireux 3216.

Envoyséement 505. avec beaucoup de plaisir.

En-

GLOSSAIRE.

Envoiseure 550. Cod. plaisir, divertissemens, bombances. C'est en ce sens que ce mot est pris dans *Olivier de la Marche*. Liv. 1. de ses Mémoires, chap. 13. *D'autre part (Philippe) Duc de Bourgogne fut de son temps un Prince le plus dameret & le plus envoiseux que l'on sseut, & avoit des bastards & bastardes une moult belle compagnie; & au Chapitre 26. si recommença-t-on à faire cheres & festimens; car le bon Duc (Philippe) fut Prince joyeux & envoysé plus qu'un autre.*

Envoysie 794. gaye, enjouée.

Envoyster 340. se divertir.

Equipolences, équivalens, égalité dans les choses. 12501.

Equipolens, égaux 8582.

Ere, 237. Cod.

Erramment 21273. presentement.

Erre, chemin, route 6173, 19310.

Erre, marché 16491.

Esbahit, estonne 1494. *esbahys*, estonne 742. vient d'*esbahir*, estonner.

Esbanoyer, se récréer 616, 14779, 22329. d'où vient *esbanoye* 14776. se récrée; *esbanoyant* 131. me récréant, me divertissant.

Esbas, plaisir, divertissement 725.

Esbattoit, se divertissoit 739. vient d'*esbattre*, se divertir.

Esbaudit, Estonna 2706.

Esbonnes, bonifie 8. Test.

Escarmye, escarmouche, petite bataille 16370.

Eschar & *Eschars*, avare, avares, ou gens trop ménagers 14176, 17300.

Escharder, épargner 818. Cod.

Escharnir 18560. offenser.

Escharny 15237, 22161. méprisé.

Escharvir 11773. Je crois qu'il faut *escharnir*, offenser, maltraiter, mespriser.

Tome III.　　　　　　　　　P

Eschauguetter, guetter, examiner, écouter 15876.

Escherie, petite, ou ménagée, bien choisie 20838.

Eschever, éviter 4455, 7063, 7932, 8352, &c. de-là vient *eschevent* 5974. évitent; & *eschevant* 10507. évitant.

Eschié 1516. Cod.

Eschiver 617. Test. éviter; d'où vient *eschive*, évite 4982. *Eschivent*, évitent, 12251, 16689, 16793. C'est de-là que nous avons tiré le terme familier d'esquiver.

Esclissettes 7813. petits batons plats qui servent à faire des Couronnes de fleurs & autres choses de cette nature.

Escombrer, desbarrasser 5084.

Escondire, esconduire, refuser 1456, 3259, 12114. d'où vient *escondits*, refusés 8346.

Escondit & *escondits*, refus 4936, 8351.

Escondre, cacher 6788, 13475.

Escous, secoue 16583.

Escouver, secouer 22633.

Escouvoir.

Escremye, escrimée, exercée 16371.

Escroix 595. Test. On dit que c'est un instrument propre à fendre les pierres; mais j'en doute.

Esgarde 13838, 20685, regarde, considere.

Esgrune 1490. Test.

Esjoye 89. pour s'éjouisse, prenne plaisir.

Eslecture, élection, choix 865. Test. *que Dieu a eslecture*, que Dieu a esleu ou choisi.

Eslessié 506. Cod. élancé, courent avec précipitation.

Eslochier, secouer 22631. d'où vient *eslochié* 22643. secoué.

Esma 16178. Clement Marot au-lieu de ce mot met *leva*.

GLOSSAIRE.

Esmay, chagrin 585, 3045, 13309.
Esmayer, chagriner, lamenter, affliger 6291. de-là viennent *esmayent* 19814. se chagrinent, s'affligent; *ne s'esmaye* 1205. ne se met en peine, n'a d'autre soin; *m'esmay*, 13308. me chagrine, m'afflige; *esmayé*, affligé, chagriné 969, 2327, 3184, 4145, 11520, 13331.
Esme 2347, 12378, 16366, 16557. & au Test. 255.
Esmeré, esmaillé 2030.
Esmoy, chagrin, peine 3286.
Esmoy 21615. chagrine, esmeut.
Esnature, fors du naturel; ainsi 21771. *m'esnature*, je fors de mon naturel, vient; *d'esnaturer*, sortir du naturel.
Esne 3492, 8767. outre, à mettre du vin.
Espanye, espanouye, entierement fleurie 3446.
Espanyr, espanouir, fleurir 1652.
Esparpille, disperse 5560. vient d'*esparpiller*, disperser, jette au vent; encore d'usage en quelques Provinces.
Espere 17736, 17811.
Espece, épaisseur.
Espece, épaissit 17823.
Espice, sucrerie, dragée 1346, 1350.
Espie, gros baton qu'on nomme encore *espien* en terme de chasse 3830.
Espingue, se divertit, se réjoüit 21964. & *espinguez* 8872. vous vous divertissez.
Espirant, goutant, savourant 160. Test.
Espire, inspire 16499. & au Test. 1126.
Espiritable, spirituel 1467. Test.
Espiritieulx, spirituel 1545. Test.
Espirituel, spirituel 679.
Espondre, expliquer 6873, 12558, 15958, 18598. vient du Latin *exponere*.
Espoir, pour espere 4149.

GLOSSAIRE.

Esprant, saisissant, ou qui saisit, qui séduit 3874. & *esprent*, pour saisit, séduit 4530. vient d'*esprendre*.

Esprendre 21047.

Essient, avec connoissance 11386, 13246.

Essoine, peine, chagrin 226. Test.

Estableté, fermeté, stabilité 10767.

Estancher 18740.

Estalles 20564.

Estellée, estoillée, remplie d'estoiles 8827.

Esteliez, estoillez, remplis d'estoiles; mais 16622. est mis au figuré pour garni, rempli.

Ester, reposer 70800, 17371.

Estondit 756. Cod. caché. Je crois qu'il faut lire *est ondit*, qui signifie aussi *caché*, du Latin *abscondere*.

Estort, tourné de travers 16585, 20143.

Estoupper, boucher, remplir un trou 3846 § 7761.

Estour 15933, 16393, 16441. coup de lance en un tournoy.

Estrangier, éloigner, écarter 10169, 11908 & 11810. veut dire quitter, abandonner, laisser; d'où vient *estrange*, éloigné, écarté 4527, 14999. *estrangié*, écarté, éloigné 16699, 20097.

Estranges, éloignés 1061. mais 4528. veut dire ennemy.

Estrangne 3804. pour étrangere, barbare.

Estre, a des significations fort vagues 4611. *estre divin*, veut dire œuvre divin; mais 170, 6187, 16838. veut dire nature, & 6590. substance; *estre*, pour le contenu 1421, 1570. mais 15069, 18547. il veut dire habitation, demeure.

Estries 19291.

Estrif, dispute 4826, 21843.

Estriver, disputer; mais 18799. il est au figuré

pour dire, faire des efforts contre; de-là vient *estrive*, dispute 3640, 21842. mais 20707. *estrive*, pour fait des efforts contre, résiste; *estrivent* 18160. disputent, se révoltent; *estrivant*, disputant 16679.

Estudie, estude, soin, application 7148.
Estuvier, étuvistes, gens qui tiennent des étuves 15156.
Estuy 958. Cod. me tays, se passe sous silence.
Estuyde, étude, soin, &c. 7146.
Estuyer 22522. mériter, comme je crois.
Estuyent 19405. cachent, font disparoître; & au Cod. 187, 823.
Eur, pour *heur*, hazard 8332, 10128.
Excessa, exceda, passa les bornes de la modération 1257. Test.
Exit 5240.
Expedience, expedition 320. Test.
Expira; inspira 1139. Test.
Exploiteras, travailleras 2069.
Extense, estenduë 1283. Test.

F

Fable, fausseté; & 1412. discours.
Fabloyer, discourir 18161.
Faconde, éloquence 1029.
Facture, façon 10255.
Faée, inventée, fabuleuse 13219.
Faictis, bien faits, faits à plaisir 861, 1195, 7816.
Faille, manque; *sans faille*, sans manque 1252, 3674, 6908. se dit encore dans la Flandre Wallone.
Faillir, manquer 1545. d'où viennent *faillant* manquant 4159. *failli*, manqué 14801.
Failli, découragé, sans force, ni vigueur. C'est ainsi que 3618. on met *cueur failli*,

& se dit encore dans la Flandre Wallone.

Faintiz, faints, trompeurs 5795.

Fallaces, tromperies 12502.

Famée, celebre, qui est en réputation 7466.

Familleux, pour familier 14837.

Faonnent, pullullent, engendrent 19870.

Fanfeluës 21253. bagatelles.

Farfeluës, minuties, bagatelles 9745.

Fauldroit, manqueroit 4906, 5481, 18038. vient de *faillir*, cy-dessus.

Fault, manque 274, 4556, 11462. vient aussi de *faillir*.

Faulture, trous, fentes, crevaces 2547.

Faulx, la courbur de la taille dans le corps humain 328.

Fausist, manquast 2051. vient de *faillir*.

Fauvel, *Fauvelle* 14849, 14858. de couleur fauve, tirant sur le jaune.

Feaulté, fidelité, constance en amours 2064.

Fée, sorte de Nymphes, ou demi Déesses qui doivent leur origine à nos derniers Romanciers 3504, 10425, 18822.

Fel, rebelle, traître, infidelle 2118, 3075, 3220.

Felle, rebelle 15441.

Felon, la même chose que *fel* 272, 1462, 1988.

Felonnement, infidelement, traitreusement 168.

Felonnye, trahison, rebellion 161, 167, 979.

Fendaces, fentes 7707, 19300.

Ferir, frapper 530, 759, 1427, 16350. d'où viennent *ferra* 11266. frappera ; *fery* 534. frappay ; *feru*, frappé 3831.

Fermail & *fermaulx*, boucles, agraphes 3511, 20891.

Feste 960.

Fetarde, paresseuse 10683.

Fetis 2182. la même chose que *faictis*, cy-dessus.

GLOSSAIRE.

Feve frasée 213. Cod.

Feuillir 16901. prendre des feuilles.

Fiance, confiance 17. fidélité 16639.

Fianceroye, assurerois comme chose seure & fidele, affirmerois 16315.

Ficher, placer, ou fixer 14038, 18843. de-là vient *fichent* 14036. s'attachent.

Fiens, fumier, bouë, fanges 1329, 1330. Test.

Fiere, frape, 3920. mais 6380. *ne se fiere*, ne s'humilie, vient de *ferir*, cy-dessus.

Fierent, frappént 21359. vient de *ferir*.

Fiert, frappe 9834, 16183. vient de *ferir*.

Filatieres 12346. C'est ce que l'Ecriture appelle fimbria, ou bandelettes sur lesquelles les Pharisiens écrivoient des Sentences.

Fimbries 12347. C'est la même chose que filatieres.

Finer, cesser; d'où viennent *fine*, cesse 376, 17674. *finastes*, cessates 5591.

Flacargne 4001. Satyre.

Flactée 22377.

Flajolez, riez; mais au figuré 8939.

Flaons, tourtes 12464. Se nomment encore *flans*, en quelques Provinces.

Flatissent 6302. enfoncent, font entrer.

Flaty, fit entrer, enfonce 16584.

Flavelles, flateries 192, 4141, 22380, 22394. & tromperies 7858. mais 660. il paroit que c'est abondance, ou compagnie.

Fleon 228. Test. Ruisseau, fontaine.

Flestre, flestrie 16243.

Fleurettes 894. espece d'étoffe.

Floës 1497. Test. flots de la mer, comme je crois.

Florette, pour fleurette 10468.

Folage, action fole 3110.

Folier, faire quelque folie 6065. d'où vient *foloit*, fait ou fasse folie 3122. *foloye* 3065.

fait folie ; *foloyant* 6358. faisant folie.
Folleur, folie 3092, 10857.
Fondierre, fondateur 20646.
Fontenelle, en Italien *fontanella*, fontaine, ou petite fontaine 21795.
Forains, foraines, qui vient de dehors, & même étranger & étrangeres 5553, 18388, 19304.
Forcenable, qui a perdu la raison, qui est comme en fureur 4403.
Forcenée 150. furieuse.
Forcenerie, fureur 4404, 10029. mais 12648. veut dire folie, extravagance.
Forcloses, chassées 21233. mais 21805. éloignée, interdire.
Forclost 22678. interdit, vient de *forclore*, chasser, interdire.
Forestier, Maître ou Grand Maître des Bois & Forêts 11815. C'étoit autrefois une Charge très-considérable.
Forment, fortement 27, 509, 3137, 4037.
Fors, hormis, excepté, à l'exception 1266. mais au Test. 826. *Fors*, pour dehors.
Fortraite, enlevée, ostée 3367.
Forvoys 2231.
Franc, libre 7127, 14801. *franche*, libre 5422, 14650. mais 1960. *francs*, pour affables, d'un air ouvert.
Franchise, libertez 4653, 4665, 7128, 14652, 14805.
Frestel 21562.
Fresteaulx 21954.
Fretelle 11954.
Fretellées, bordées 12662.
Frisque, gentille, agréable 1031.
Frivolle, tromperie, raillerie 746, 17554, 21253.
Fust, bois 947, 974, 1727, 18486, 16660,

GLOSSAIRE.

16906. mais 16784. veut dire un batteau ou vaisseau fait de bois.

Fuster 20582. batre à coups de batons; de-là vient *fustent*, frappent avec un baton 15886, 20741.

G

Gabbe, mocque 8154. vient de *gabber*, mocquer, railler; de-là vient *gabbent*, & mocquent, raillent 4497.

Gaigne, pour gain 5272.

Gaigne-rentier 22353.

Galentine 22475. ragout, sauce.

Gamboison 1314. Test.

Ganche 9274, 9385.

Gavlandes 9728.

Garnement, ornement, ajustement de femmes 2587, 5543, 13182, 13845.

Gars, garçon 3618.

Gastel, gateau 10517.

Gaudines, lieux de divertissemens 14279, 18825.

Gayeries, joyeusetez, plaisirs 10364.

Gebecier 198. Cod.

Geby 808. Test. demeura, fut en quelque lieu.

Genchir 18716. aller de costé & d'autre, se disoit aussi *guenchir*.

Gent, gente, agréable, gracieuse, bien fait, mignon, 96, 298, 477, 636, 822, 1031, 1245, &c.

Gent, monde, ou personnes 299, 637, 1244, &c.

Gentil, Noble, Gentilhomme 19490, 19511, 19759.

Gentillesse, Noblesse 19480, 19483, 19496, 19500, 19507, 19548, 19556, 19570.

Gerra, couchera 15159. vient de *gehir*, qui

P 5

GLOSSAIRE.

veut dire rester, demeurer; de-là vient *gerrez*, demeurerez 17278. *gerront*, resteront, demeureront 15931. *geut*, demeura, resta 2883. *geurent*, coucherent 18929.

Gesir, coucher, habiter 9453, 13674, 19924, 22095. mais 11610. veut dire rester, demeurer.

Geste, action 339. Test.

Getz, filets 3346, 8474.

Giboer, chasser, aller à la chasse 645. Test.

Glacier, glisser, couler 12820.

Glaçoyant, en glissant, de biais, en biaisant 16425.

Glatir, glapir, parlant des chiens 15950.

Glout, gourmant 7643. mais 3604. voudroit dire ivrogne, *gloute*, avide 7783, 8674.

Gobe 63. c'est-à-dire, vaine, pleine de vanité.

Gomer 14390.

Gonfanon, enseigne 1967. mais au figuré veut dire ce qui est plus excellent 1180.

Gorgoyant 5914.

Gors, gorgées, à pleines gorges 14217.

Graindre, plus grande, meilleure 5164, 9612, 21393. & au test. 427, 1461.

Gramment, pour grandement, beaucoup 8989.

Gravelle 125. petit gravier.

Gravir, monter, se dit des choses très-roides à monter 11774, 21033. est encore d'usage.

Gregoys, ou *gregeois*, grec 17691, 21018.

Greigneur, plus grand, ou très-grand 4371, 6044, 6893. &c. & au Cod. 817. au Test. 267, 361.

Gresilles, gril.

Gresle, délié, délicat 1031.

Grevaine, triste, affligeante 8975, 9271, 17888, 20254.

Grevance, peine, chagrin, affliction, tort 1041, 3342, 12090. & au Test. 950.

GLOSSAIRE.

Grever, chagriner, affliger 1776, 2239, 4456, 7064, 8360. de-là vient *grevant*, chagrinant, affligeant 965, 18278, *grevez*, chagrinez, affligez 3363, 3579. *greveroit*, chagrineroit, 1322, 2484. *griefve*, chagrine, afflige 2486, 3258.

Grief, chagrin, peine; mais 2631. *à grief*, avec peine, avec chagrin.

Griefté, chagrin, affliction 3357, 6515.

Grieux 1237. Teft. Je crois que c'est peine, affliction.

Griffaigne 13451. méchante, de mauvaise humeur.

Grive 3639. C'est je crois un terme burlesque, pour dire une méchante femme.

Groucer, gronder, murmurer 11933, 12219, 17238. mais 7212. *le groucer*, pour gronderie, de *groucer* vient; *grouce*, gronde 6166, 9951, 12219. *groucent* 8059. grondent; *groucez*, grondez 8084, *groucé*, grondé 10231.

Guenchit, va de côté, comme nous dirions gauchit 20143.

Guerdon, récompense 3587, 7563, 16659. & au Teft. 1637. mais 2287, 11354. veut dire reconnoissance; & 1827. bien, ou bien fait.

Guerdonné, récompensé 1501. *guerdonnée*, récompensée 1292.

Guermenter, affliger, lamenter 509. de-là viennent *guermente*, s'afflige, se lamentent 2214, 2487, 6216. *guermentent*, s'affligent; *guermentez*, affligez, lamentez 7820.

Guerpirent, abandonnerent 8424. & au Teft. 873. vient de *guerpir*, abandonner, quitter; d'où nous avons retenu *déguerpir*, abandonner délaisser.

Guerroyer, faire la guerre; d'où vient *guerroye*

GLOSSAIRE.

2015. qui fait la guerre ; & *guerroyent*, combattent, ou veulent prendre 9009. se dit encore au familier.

Guignier, regarder avec attention, épier. 4018. de-là vient *guigne* 2199. regarde trop attentivement.

Guille, tromperie 5096, 5316, 7000, 11590, 12540. & au Test. 1505.

Guiller, tromper 20673. de-là vient *guille*, trompe 13254. *guilla*, trompa 22237.

Guimple, habillement de tête pour femmes 3746, 8916, 9349, 13144.

Guindes 21874.

Guise 158. façon, maniere.

Guischet, petite porte 537.

Guygnons, accident, malheur 12515.

Guysarmes, espece, de sabre, ou d'épée 10115, 11465.

Guyse, maniere, façon 158, 677, 902, 1704.

Gyés 14615. Je croy qu'il veut dire liens.

H

Habandon, à discrétion, à volonté 4715, 22151.

Habonde 19292, 19353.

Hace 287. Cod.

Hachée 1640. Cod. tourment, douleur, comme je croy.

Haire 10833. Je croy que c'est haine.

Haitié, ou *haité*, joyeux, guay 334, 669.

Hanap, tasse, gobelet 14195, 14212.

Hanepel 1253. Cod. Je crois que c'est le derriere de la tête, ou ornement de tête.

Hantin, tante 436. Cod.

Happée, prise, attrapée 10385.

Hardement, hardiesse, courage 1808, 2923, 16332, 16353, 16358.

GLOSSAIRE.

Haribouras 1249. Cod. fatras.

Haterel 14348. C'est le derriere de la tête, le chignon, ou la nuque du col.

Haubers, espece de Jacquette, ou de pourpoint de mail de fer 14591, 18703.

Have, ou *haves* 7038, 7045.

Have, maigre, décharné 17806.

Haulteße, élevation, grandeur de dignité, noblesse 6514.

Haultisme 836. Test. hautain, fier.

Hayè, haïsse 3780.

Hayoit, haïssoit 847.

Heaulme 18703. casque, ou armure de tête.

Hebergier, loger, recevoir chez soy 489, 21150, 21303.

Hée, haïsse 5970, 15186. *héent*, haïssent 12362. *héez*, haïssez 11536.

Herbout 18520, 18529.

Herdent, s'attachent, ou prennent 11714.

Herese, erreur, heresie 140. Test.

Heritez, heritage, succession 194.

Hesart 16831.

Heuse 14216. tonneaux, à ce que je croy.

Hochier, secouer 22632.

Honnyr, diffamer, rendre méprisable 2950, 3714. d'où vient *honnisse*, maudisse, 4012, 8207. *honny*, diffamé 5371. *honnys*, diffamez 8134, 18044, 18956. *honnie*, diffamée 4230.

Honny, mépris 21641.

Hoqueleur, trompeur 14418.

Hostelaine 975. Test. qui exerce l'hospitalité.

Hosteller, loger, retirer quelqu'un 11631.

Hostellas, receus, logea 4819.

Hostieulx, hostels 535. Cod.

Hourdées 1207. Cod. fourrées.

Hour 7767.

Housé, gaté, salli 341. Test.

Houzé, guettré, qui a des houzeaux ou guettres aux jambes 16225.
Houzeaulx, guettres 2180, 9762, 21906.
Huer 7770. crier après quelqu'un.
Huë, mocque, insulte de parolle 4075.
Hure, tête.
Hurtebiller, terme de la vie joyeuse 9557.
Huy, jour 5656.
Huys, porte 522.
Huyssier 13596. seuil de la porte.
Hye 102. Test.

I

Jachieres, terres labourables qu'on laisse reposer 19245, 19737, 20442, 20466.
Jaçoit, quoique 6429.
Jagonces 1106. sorte de pierre précieuse.
Jambet, coup sur la jambe ou le jarret pour faire tomber 6131.
Jangler, tromper, mocquer; mais 7883. veut dire jouer; de-là viennent *jangle*, trompe 13207, 14224. *janglent*, jouent 13129. *jangleras*, tromperas 8225. mais 13220. *jangleras*, pour railleras; *janglast* 7759. raillast.
Jangle, raillerie 7754, 12151 & 15369. veut dire tromperie.
Jangleresses, criardes, se répandant en mauvais discours 146. mais 17251. veut dire femme trompeuse.
Janglerie, tromperie 3797, 15353.
Jangleurs, trompeurs 2582, 2775, 3608, 9847, 13202.
Jausse 14186. jaune.
Illec & *illecques*, là, en cet endroit 109, 518, 736, 1440, &c. 903, 1306.
Illiers 10656.

Incisée, découpée, taillée 839.
Inclinement, inclination, instinct 6006.
Inde 67, 16891, 18880. bleu foncé.
Informe, instruise 8706.
Inition, commencement 1089. Test.
Intense, forte, grande 1282. Test.
Joyeuseté, joye, plaisir 3672.
Jolier, se réjouir 344.
Jolive, enjouée, agréable 436.
Joliveté, joye, plaisir 1120.
Jorroises 8608.
Jouel, joyaux, bijoux 10255, 12466.
Jouellez, joyaux, bijoux, ornemens 13180.
Jougleurs, joueurs 771.
Journoyer, séjourner 22274.
Jouventel, jeune homme, jeune gallant 1119, 1221, 1242.
Jouvente, jeunesse 4829, 13593, 13654, 21909.
Ire, colere 296, 313, &c.
Iré, irée, qui est en colere 145, 3126.
Ireuse, grogneuse, toujours en colere 3595.
Itel & itieux. Voyez, ytel & ytieux.
Jugeur, Juge 18906.
Ivire, ivoire, est mis ainsi pour la rime 21733.
Jus, en bas 3014, 4329, 6130.
Justise, justifie 14944. mais au Test. 307. *justise*, pour justicie, fait justice.

L

L *Aboureux* 7849. Je croy que c'est trompeur.
Lachief, pour l'achiefve, ou l'acheve 4298.
Lacrime, larme 835. Test.
Laidure, tort, honte, deshonneur, mépris, 5399, 15817, 22197. & au Test. 404; mais 7395, 12994, 15729 il veut dire injures ou

GLOSSAIRE.

paroles insultantes & desagréables.

Laidoye, insulte, injurie 2763, vient de *laidoyer*, insulter.

Lain, gracieux, agréable 6941, 7478, 13400. oposé à villain.

Laim 15185 pour l'aime.

Lairron pour laisserons 6436.

Lait 7926. laisse, abandonne.

Laiz, chant 720. chanson 7284, 10896.

Lame 375. Test. a diverses significations, mais ici veut dire corps.

Lanches 11681.

Landit 870. Cod. divertissement, plaisir.

Langes, habits d'étoffes de laine 21137. & au Cod. 1013.

Laniers 8602. avare.

Larder pour *l'arder*, le brûler 3339.

Larmer, pleurer 1099. Cod.

Larras pour *lairras* ou laisseras, quitteras 6080.

Las, lacs ou lassets 842.

Las, infortuné, malheureux 20138. *Lasse*, désolée 441. mais 11929, 20706. infortunée, malheureuse.

Lassesse, lassitude 1481.

Leans, en cet endroit, en ce lieu-là 502, 504, 536, &c.

Lecherie, Friandise, bonne chere 3685, 3996, 6239, 9550, 16311.

Lecheur, friand, qui aime la bonne chere 21065, 22471.

Lestre, lecture, ou à lire, pour dire aux écoles 22302.

Ledangier ou *Ledengier*, maltraiter 3172, 3186, 15738. injurier 3212, 3408, 5985. blamer 3652. gronder 3753, 7646. de-là viennent *Ledenge*, maltraite 3735, 9830, 10216, 16187. injurie 7433. blame 8356. *Leden-*

GLOSSAIRE.

gent, blament, *ledengeant*, injuriant 7909. *ledeugié*, blamé 20096. *ledengée*, maltraitée 15112.

Lé, *Lez* & *Lée*, large 134, 909, 1781, 3909. & au Test. 1523.

Leux 12502.

Lez, à costé 3910, 13499, 13612.

Legier, facile 125. Cod.

Liard, *Liarde*, 14850, 14858 couleur particuliere.

Lices, espaces, chemin 3941, 3942, 3954.

Liesse 107 plaisir, joye.

Liez, joyeux, réjouis 4360, 15371 *Lie*, joyeuse 4415.

Lierres, larron, voleur 4862, 5504, 7734, 7735, 12007, 20100.

Lige, soumis, *homme lige*, vassal, obligé d'obéir 4377, 13175.

Ligneul 578. soye ou espece de fil.

Linge, simple 16881.

Linsselet, mouchoir 15201.

Lités 10121, je croi que c'est mortifiez, bien fermez.

Livroison 448. Test. bien, domaine, present.

Loe 8027. loué, fasse l'éloge.

Lober, tromper 3148, 14413 15667. d'où viennent *lobe*, trompe 12275, 12720.

Lobant, trompant 8904, *lobez*, trompez 12275. *lobée*, trompée 14000.

Lobe, fable, fausseté, tromperie 10, 12509, 15475.

Lobeurs, trompeurs, 12273.

Loeset 469. Test. avoit coutume, ou étoit accoutumé.

Loyaulté, fidelité 2065.

Loignet, un peu loing, un peu éloigné 462.

Loir Test. 385.

Loist, convient 4975.

GLOSSAIRE.

Lorains 5554 espece de petite monnoye, comme je croi.

Lores 5183, 13525.

Losenges, paroles ou discours en bonne ou en mauvaise part 1060, 8957. belles paroles; mais 12391 louanges, & 16193 flâteries.

Losengeur, médisant 1060, 1064, 4137.

Losengier, louer 2580.

Losengiers pour *Losengeurs*, flâteurs, babillards 3621, 3651.

Loyrre, leurre 21052.

Loz, pour je l'ose 4837.

Loz, louange, réputation 447, 1057, 1148, 2221, 4837, &c.

Luiste & *luitte*, combat 1224. Test.

Luitte, se bat 6124, 16483. vient de luitter.

Ly, le 1. Cod.

Lye, gaye, joyeuse 13037, 21846. *lyée*, joyeuse 13328.

Lyéement, gayement, joyeusement 8393, 13300.

Lyerre 14026. la même chose que *lierre*, cy-dessus.

M

Mace, massuë 4525, 9398.

Maigreße, maigreur 306.

Maille, frappe de marteau ou maillet 9834.

Maindrai, demeureray 11651.

Main, pour matin 7091, 7897, 21055.

Mains, demeure 11629. & *maint*, demeure, au Test. 1548, 1551, 1577.

Maint, meine, conduise 1652. Test.

Maint, mainte, plusieurs 1344, 1346, &c.

Maintenir, soutenir 1131.

Mais, jamais 6804, 17107.

Maistre, docteur, savant 405.

Maistrie, maitrise, commande, gouverne

11301. & au Test. 995.

Maistrie, autorité, puissance 11302. enseignement 15326. soin 16654. connoissance 18909.

Maistrise, intelligence 1436. soin, travail 1672. autorité, force 4958.

Malan 554. espece de tache à la peau.

Male, mauvaise, méchante 171, 2309, 2772, 3572.

Male-advanture, mauvais dessein 425.

Malebruns 21858.

Maledictes, maudites 12657.

Malegent, mauvaise gent 3087.

Malement, méchamment 1322.

Malengroignie, toujours de mauvaise humeur 2872.

Maleureté, malheur, infortune 5126.

Maley, maudite 475. Test.

Maltalent, chagrin 331, 9726. importunit, 3254. mauvais dessein 7718, 7719.

Manaye 14423. puissance, pouvoir en sa manaye, en sa puissance, soumis à quelqu'un.

Mangeusse 17832.

Mangonnel, *Mangonneaulx*, instrumens de guerre dont on se servoit pour jetter de grosses pierres, ou autres choses pesantes 3947, 11763, 12496.

Manoir, demeurer, vient du Latin *manere*, 1651.

Mantin 11418. pour *matante*, comme si l'on disoit *ma antin*, ou *ma ante*; *ante*, pour tante, se dit encore dans la Flandre Wallone.

Marmiteux, piteux, dolent, triste 412.

Marrimens, chagrins 14149.

Marrissement, chagrins, tristesse 6744.

Masse 1632. quantité, ou grand nombre.

Mat, triste, abbatu 2995, 8483.

Mater, vaincre, dompter 5990. d'où vient

GLOSSAIRE.

mata, '13019. vainquit, dompta ; & *maté*, 3018. vaincu, dompté.

Matire, matiere 8684. & au Test. 1310.

Mattir, dompter, abbatre 11646.

Mauffez, malfaisant, méchant, scelerat 6465, 9515, 10028, 22184. mais 6745. cet épithete est attribué au Diable, toujours appliqué à mal faire ; & 15677, 16271, 20155. *mauffé*, est mis pour le Diable.

Maulvaistié, méchanceté, malice 3358, 6516. mais 2056. il veut dire mauvais conseil.

May 584. bon may, bon temps.

Megroys, amaigris 4816.

Meismes, même 6767.

M'eist, m'ayde, me secoure, 4126.

Meffait, méchanceté 3773.

Mehaignez, fatiguez, lassez 12087. & au Cod. 343. *mehaigné*, est en peine, est travaillé.

Mehaignie, accompagnée 1706. Cod.

Membre, pour remembre, souvienne 8562, 15028.

Mendre, moindre, 971, 2034, 2791.

Menestrels 771. pour menestriers.

Mendresse, moindre, plus petite 913. Test.

Mengue, mange 6021.

Mensongier, plein de mensonges 6.

Mentierres, menteur 12008.

Mercier, remercier, rendre graces 10106. & au Test. 608.

Mercy, grace, faveur en amour 1905, &c. mais 1230. *la sienne mercy*, pour de sa grace.

Meris, meritoire 4. Cod. & *meries*, meritoires 18059.

Merir, meriter 10591. mais 1519, 5342. pour récompenser ; d'où vient *mery* 7562. récompensé.

Merrien, bois 1322. & 1565. Test. on dit encore merrain, bois détaillé pour faire futaille & racommoder batteaux.

Merveiller, eſtonner 6710. d'où vient *me merveil*, m'eſtonne 2621, 3799.

Merveillable, étonnante, admirable 651.

Més, dorénavant, cy-après 13505, 15176. & 3776. ſignifie rien ; *més n'en pouvons*, je n'y puis rien, je n'en ſuis pas cauſe ; ſe dit encore quelquefois au familier.

Meſadvint, arriva mal 1525. de *meſadvenir*, arriver mal.

Meſaiſe, chagrin, peine, affliction 231, 3233, 4668.

Meſchance, méchanceté, peché 1268. Teſt.

Meſcheance, malheur, accident 4127, 5189, 9214.

Meſcheoir, malheur, accident 5169.

Meſcheoir, arriver mal 2759. d'où vient *meſcheu*, 7618. arrivé mal ; *meſchey*, arriva mal 467. Teſt.

Meſchief, malheur, accident facheux 1832, 2352, 2665, 4048.

Meſchine, ſervante 7192.

Meſcroit, accule 3736.

Meſgnée, ou *meſgnie*, compagnie 1280, 16447. mais 12310, 16618, 17494. pour famille, ou domeſtique.

Meshaing, peine, travail 4989.

Meſlées, batteries, tumultes 10117, 13546.

Meſprendre, faire tort ou dommage 3475. d'où vient *meſprens*, malfaire, 7431. *meſprennent*, font mal 5789. *meſprevoit*, méconnoiſſoit, maltraitoit, 12232. *meſprenez*, eſtes ingrats ou maltraitez 1517, 15854. *meſpris*, maltraité, 3332, 15859. *meſprint*, fit mal ou deſobéit 8415. *meſpreniſtes*, maltraiſtaſtes 12931. *ne meſprendray*, ne ſerai pas ingrat ou deſobéiſſant 3240.

Mesprison, honte, blâme 1974, 12532, 13324. mais 4122, 4220 & 5883 mauvaise action.

Mesrien 15177 & au Cod. 242.

Messieres, messie 20027.

Mestier, besoin, nécessaire, 1020, 1345, 2640, &c. & au Test. 275, 276.

Metables, 17626.

Meureté, maturité 12. Cod.

Meurté, maturité 12. Cod.

Mie, point, pas 6. cette particule négative s'est conservée dans la franche Picardie.

Mignot, *Mignote*, joli, jolie, mignon ou mignone 96, 564, 604, 613, 935, 507, 774, 867, &c.

Mignoise, gentillesse 841.

Mignottement, joliment, gentiment 733.

Mire, Medecin, & même Chirurgien 1585, 1737, 4325.

Mire, regarde 2123. *mirens*, regardans 18918. vient de *mirer*, regarder.

Mise, pouvoir, autorité, puissance 15823, 18274.

Misericorde, sorte de poignard 16211.

Molequins 21858.

Moleste, affliction 4956, 6330, 8349.

Moleste, afflige 8932. vient de molester.

Moncel, monceau, amas 3760.

Mondans, purifiant 1122 Test.

Montance, espace, & même valeur ou prix d'une chose 368, 9403.

Montjoe, amas 655. Cod.

Mordans, 1088 agrafe.

Morel, *Morelle*, 14848, 14856 14864. sorte de couleur de cheval.

Morie, 357. perte par mort ou par mortalité.

M'ot, m'eut 645. est mis ainsi pour la rime.

Moullier, femme épousée, ou épouse 4787, 9122, 9282, 10196, &c.

GLOSSAIRE.

Moult, beaucoup 27, 427, 433, &c.
Moureur, qui meure, qui va mourant 1339. Test.
Mourineuſes, 21113.
Mournes, morne, triste 2351, 4077, &c.
Mouſſuës, veluës, ou pleines de mousse 364, 10460.
Moye, mienne 1982, 5538, 5829, 15410, 21926, &c.
Moyſon 552. bonne moiſon, bonne maniere ou façon.
Muance, changement 6533, 10388.
Muce, cache 3818.
Muer, changer 1927, 2421. & au Test. 503. *muë*, change 389, 14765. & au Test. 504. *mué*, changé 6099. *muée*, changée 22116.
Muë, muette 2139, 2316, 3755.
Muire ou *Muyre*, meure 1863, 4312. est mis ainſi pour la rime.
Munda, puriſia 898. Test. *munde*, pur 1152. Test.
Muſaige, vie joyeuſe, agrément 8950.
Muſardie, choſe vaine, amuſement, inutile, fantaiſie, ou imagination 14, 727, 2494, 17113.
Muſard, *Muſarde*, qui s'amuſe & s'occupe de bagatelles 2384, 3790, 12973, 15227, 15835, 3080, 14565, 17112.
Muſer, s'amuſer, paſſer le temps en bagatelles 5939, 7571. *muſer*, au Cod. 268. penſer; de *muſer*, viennent *muſe*, s'amuſe, s'arrête 1571, 12973. *muſa*, s'amuſa, s'arrêta 1502. *muſé*, amuſé, arreté 14460.
Muſſier, ou *muſſer*, cacher 12555. de-là vient *muſſe*, cache 18171. *muſſé*, caché 2864. *muſſée*, cachée 1577.
Muſſeement, en cachette, ſecretement 21664.
Mut, muet 17428.

My, moy 334. Cod.
Mye, non 367, 617, 847, &c.
Mye, maîtresse, amie 1186, 1248, 1396.
Myneur, moindre, plus petit 287, 1042, 2499, &c.

N

N Aches 21638.
Nacion, naissance 19487.
Narremens, discours, narrations 21513.
Natureux, naturels 20586.
Navré, blessé 1933.
Navye, navige 13963.
Navye, navire 16787, 18460, 18517.
Nays, né, natif 13950.
Née, 1448 rien née ; pour chose qui fut ou qui existât.
Nesune, aucune 5120, 6326, 7715, &c. vient de l'Italien *Nissino*.
Nettelet, propre 911.
Nice, sot, sans experience 1232, 6920. sot impertinent 3716, 5587, 7114, 9637, 18999. & au Testam. 558. *nice*.
Nicement, sottement, follement 7885, 8104. 8105, 13561. & au Test. 795.
Nicette, simple 1262.
Niement, reniment 796. Test.
Nieule, niele, espece de bruyne dangereuse aux bleds 4058.
Noblesse, magnificence 777.
Noer, nager 19238. d'où vient *noe*, nage 11432. *noent*, nagent 6260.
Noe 12433. nage ; mais 12434. veut dire nageoir de poisson.
Noif, noix 549, 17096.
Noif, neiges 16449, 19808. & au Cod. 1934.
Noisier, difficulté 1539. Test.

Non-

Nonchaloir, négligence ; *mettre à nonchaloir*, négliger 3113.

Noncer, vers 12581. annoncer, du Latin *nuntiare*.

N'ot, n'eut 565.

Noueures, endroit où l'on nage 18820.

Nouvelleté, nouveaulté 700.

Noyant 16428. rien.

Nublesse 21443. obscurité, nuage obscur.

Nulluy, *nully*, aucun 517, 529, 531, 855, 1236, 2800, 2805.

Nuysement, empêchement 20658.

Nyant 183. pour rien.

Nyces, nieces 16771.

O

O, avec 6794, 10277, 11740. & au Test. 610.

Obices, objectes 7460.

Obnuble, obscurcit 5001, 5012, 21354. mais 21255. *obnuble*, pour obscur.

Odorans, sentans bon 1411.

Offendu, offensé 195. Cod.

Oingté 1861. oinct, froté.

Oingture 1891. onction.

Oïsses, *M'oïsses*, m'entendisses 7483.

Olans, sentans 21241.

Oleur, senteur 10981.

Oliphant 18686. pour élephant, se dit encore en quelques Langues.

Olivete 21396.

Oncques, jamais 312, 698, &c.

Oncques mais, pour jamais, cy-devant 118.

Oppresse, opression, accablement 1480.

Or, à present ; *desor* 8502. dès-à-present.

Orde, villaine, sale, pleine de tache 1147, &c. Et au Test. 1304.

GLOSSAIRE.

Ordement, 155. villainement.

Ordoyes, salit, souille 555. Cod. & *ordoyé*, sali, souillé 230. Test. vient d'*ordoyer*, salir, souiller.

Oreillées 18718. perce-oreilles, petits insectes.

Oreillent, écoutent, prêtent l'oreille 22449. & *oreilleras* 2548. écouteras, prêteras l'oreille; vient d'*oreiller*, prêter l'oreille.

Orendroit, à present 13656, &c. alors 615.

Orent, eurent 819, 824. Test.

Orer, prier 12129, 12242, 12645.

Ores, à ce moment 615, 708, &c. *ores*, à present 7560, 10562, 12135. *des ores*, dès-lors 13692.

Orfrays, ou orfroys, sorte d'ornement ancien qui servoit de bord au collet des habits. 564, 569, 872, 1070.

Orguoille, pour s'enorgueillit 59, est mis ainsi pour rimer à moille, c'est-à-dire, mouillé.

Orinal 223. Test. Terme à demi honneste, pour dire une chose naturelle qu'on ne sçauroit honnêtement prononcer. Scarron s'est servi du même mot au même sens.

Osoy 4185. vient d'oser, entreprendre.

Ost, armée 8300, 11061, 15518.

Ostella, habita 20014.

Ostagiez, donné en ostage 136. Cod.

Ot, ouit, écoute, entend 7525.

Ot, eut 9. *qui ot nom*, pour qui eut nom 7526.

Ou, pour au 51, 52, 1589.

Ouez, pour oyez, écoutez 21997. & au Cod. 102.

Oultrage, chose mauvaise, ou deshonorante 2493.

Oultrageux, oultrageuse, temeraire, insolent 174, 2023. extraordinaire 2212. grands, excessifs 8314, 8338, 10579.

GLOSSAIRE.

Oultrecuydé, vain, téméraire 2170, 8996, 17070. insolent 22227.
Oultréement 968. Test. au-delà, comme qui diroit & même davantage.
Oygnent, addouciſſent 1054.
Oyſeuſe, oiſiveté 5462, 18390. mais 13706.
Oyſeuſe, pour oiſive, pareſſeuſe.

P

P*Aine*, voyez, *pener*, ci-deſſous.
Paire, Paroiſſe 1358. Test.
Palatines, du Palais, ou de la Cour; *Dames palatines* 12300. Dames de la Cour.
Palé 1533, 1535. Test. pour dire, rempli & bien marqué. C'eſt le ſens qu'on peut donner ici à ce terme tiré du Blaſon.
Palefray 22288.
Paliſſeur, pâleur, couleur pâle 306.
Palleteaux, pieces que l'on met à un vieil habit 218.
Palu, marais 11451.
Palu, en abondance, ou comme un fleuve 556. Test. C'eſt le ſens figuré qu'il reçoit en cet endroit.
Paneaulx, les pans ou baſques d'un habit 15791.
Panufles 6739. choſe de neant & mépriſable; mais vers 9764. veut dire pantoufles.
Papegaulx, perroquets 81, 659, 672.
Papelardie, hipocriſie 418, 12244.
Papelart, hipocrite 11684.
Parage, naiſſance, nobleſſe, dignité 6050 à 6056.
Parcreu, élevée, exaucée 1433.
Pardurablemeut, continuellement 19942.
Pardurableté, éternité 17597, 18360.
Paré, prêt à boire, 8772.

GLOSSAIRE.

Parlement, entretien, discours 12761.

Parlure, la parole, ou discours 18675.

Parolle, parle, entretiens 748, 3673, 22204, vient de *paroler*.

Paroys, murs, murailles de maison 16908.

Parsonniers, *Parsonnieres*, participant, participante, 7088, 7986, 9690, 12387, 17525, 19920.

Part, fais part 13886. vient de *partir*, partager.

Partuys, trou, passage 515, 523, 3779.

Pas, passage 3218, 8316, 22572.

Past pour passe 431. Cod.

Paumoyer, qui fait pâmer 4406.

Pautonnier 3349, 9544, gens de neant, vivant mal.

Peage, c'est le droit de passage, ou d'entrée 24.

Pecherres, pecheur 4861.

Pejour, le pire, le plus mauvais 4180. vient du Latin *pejor*.

Pelisson, habit doublé de peaux ou de pellices 1710.

Penance, penitence 175, 1723 Cod. & au Test. 42.

Pener, s'appliquer, s'entremettre 2166, 2362. d'où vient *pene* ou *paine*, se paine, s'applique 1766, 1963, 2140. *penez*, appliquez 10398. *penoit*, s'appliquoit, s'attachoit 433, 2909.

Penne, pelisse, ou peau fine pour doubler les habits 222, 5500, 9288, 14341.

Pennet 7016.

Pennons, plume ou autre chose d'équivalent qui se met à l'extrêmité de la fléche pour la faire aller droit 941, 947, 952.

Pere, paroisse 18513, 20459. & au Test. 1400. & *perra*, paroîtra 21566. *pert* pour paroit 3621.

GLOSSAIRE.

Perils, ceux qui périssent 3 Cod.
Permanable, durable pour toujours 8804.
Pers 67, 9501, 15501. couleur de bleu celeste.
Pertuiser, percer 632. Test.
Pesance 308. peine, chagrin.
Penne 12379, 16367. & au Test. 256.
Pestail, 9676, 9817. massuë ou pilon.
Pestel, 19267. c'est la même chose.
Peu, repeu, nourri 13948. *peut*, nourrie 21055. vient de *paistre*.
Phisiciens, Medecins 5307, 16805, 16809.
Phisique, medecine 172. Cod,
Phisiques, te purge, prend medecines 85 Test.
Pic 4535. hoyau.
Pieça, déja, depuis quelque-tems 3185, 3139, 6981, &c.
Piece, long-tems 1784, 2315, 3017, 3399. mais 7686 veut dire loing, éloigné. *à chief de piece* 2680. à bout d'une affaire, d'une entreprise.
Pierriere, pierre 596. Test.
Pierrieres, instrument de guerre pour jetter des pierres 3945, 12490.
Pietaille, infanterie, milice à pied 1132. Test.
Pigment, vin rouge, ou haut en couleur 8771.
Pignée, fardée, qui a du rouge 1019.
Piment, le même que *pigment*, ou même liqueur qui enivre 11452, 11512.
Pioler, peindre de diverse couleur 19398. d'où vient piole 18893. qui peint de diverses couleurs. piolé 933, peint.
Piteable, compatissant 1204.
Piteux, mortifié & faisant pitié 423, 11647. mais 6829 compatissant.
Plaigerie, cautionnement 8477.
Plaignes, pour plaines 6283.
Plains & *Plaint*, plaintes 20149, 21749.

GLOSSAIRE.

Plaisser 16718, 19718. au Cod. 505. *plaissié*, & au Cod. 894. *plaissent*.

Planer 398. Cod.

Planier, *planiere*, entiere, complette 20275, 10465. mais 762. *planiere*, pour plaine unie.

Planson 930. Je croy que c'est du bois.

Planté, beaucoup, en abondance 476, 1163, 1402, &c.

Player, blesser, meurtrir 569. Test. d'où vient *playé*, blessé, qui a receu une playe 968, 110. Test.

Pleiges, caution, sureté 2004, 12711.

Plenier, même chose que planier cy-dessus, 16829.

Plessier 10239.

Pleuvir, certifier, assurer 7804, 11189, 11899, 12731. d'où vient *plevis*, assuré, certifié 12606, 13476.

Pleysses 16653. pliantes, souples.

Plications, plis 18992.

Plice, pour pellices, habits doublé de peaux ou fourrures 15477.

Plisson, pour *pelisson* 14549. la même chose qu *plice*.

Poés, de toute leur force, ou pouvoir.

Poesté, force, pouvoir 2036. mais 6526. c'est dignité, & au Test. 1474. puissance, majesté, vient du Latin *potestas*.

Poignent, cuisent, picquent 1055. vient de *poindre*, picquer, cuire, faire de la douleur; d'où vient *poignans* & *poignantes*, picquans & picquantes 1684. *poignoit* 1394. commençoit à paroître; *poignoyent* 1821. picquoient; *point*, picqué, blessé 1287.

Poine, peine, travail 3099.

Poise, pese, me fait peine 3731.

Poix unis 18054. pour dire également traité.

GLOSSAIRE.

Policratique, c'est un Livre de Jean de Sarisbery, intitulé *Policraticus de nugis curialium* 7056.

Pot, peut 10300, 22119.

Pou, peu 171, 448, 455, 461.

Pouacres 89. Teſt. paralitique.

Pourchaſſer, chercher 1043, 14996. d'où vient *pourchaſſe*, cherche 5671, 14991, 18016. *pourchaſſent*, cherchent 11662. *pourchaſſez*, cherchez 15680, 15815. *pourchaſſa*, chercha 6823. *pourchaſſant*, cherchant 14733.

Pourpens, penſée, attention 1130, 2996, 3680.

Pourpenſer, penſer, réflechir 7198, 7202. d'où vient *pourpenſez*, penſez 380. *pourpenſoye*, je penſois, je réflechiſſois 2814. *pourpenſay*, penſai, réflechis 3159. *pourpenſée*, penſée 13694, 13922, 15684.

Pourpris, *pourpriſe*, demeure, habitation, lieu clos & enceint 3420, 3835, 13153, 13154, 13272, 13713, 15374, 15689, 15695, 22178.

Pourſaillent, cherchent pour attaquer 5438.

Pourtraire, peindre, tirer en portrait 175, 611. *pourtraite*, peinte, tirée en portrait 158, 164, 240, 348, 900, 1078, &c. *pourtraict* 136. c'est-à-dire, peint.

Pourveance, prévoyance 12727. providence 17970.

Poutye, pouſſiere, ou petite ordure 6927, 8161, 8163.

Pouyſſe, puſſe, ou pouvois 16692, 17064, 17067.

Prée, prairie 130, 10494.

Premerains, premier 1318. Teſt.

Preniſmes, nous primes, ou avons pris 6762. *preniſſe*, priſſe, ou avons pris.

Q 4

Preterit, le temps passé 4744.

Preu, bien 2507, 3095, 5143, 8738, 9447, 13816. mais 5431. pour bon.

Preux, vaillant, courageux 8096, 15455, 18410, 18996, 19573. mais 7958, 8268, 19915, 22195. pour agréable, favorable.

Prilleuſe, perilleuſe 3052.

Prime, prochain 31. Cod.

Pimerain, *primeraine*, premier, premiere, ſoit d'origine, ſoit de ſuperiorité 6588, 8748, 12918, 15919. s'écrit quelquefois *premerain*.

Priſie, eſtimée 22195.

Privé, amy, familier 2592, 8048.

Procuration, penſion 1054. Cod.

Proeſme, prochain 39. Cod.

Promettierres, prometteur 15653.

Propoſé, propoſition 6967.

Proveance, prévoyance, providence 18365.

Provoire, Curé, Paſteur, ou Confeſſeur 11910, 17581. & au Cod. 946. *provoires*, pour prieres.

Prouvé, prouvée, aſſeuré, ou même pris ſur le fait, eſt ſouvent joint avec le Verbe *prendre*; ainſi c'eſt prendre ſur le fait & la preuve à la main 10280, 13045, 14613, 14623, 14973, 14975, 15784, 19256. mais 16234. veut dire reconnu.

Proye, vers 12460. pour prie.

Proyent, prient 1340. Cod.

Püevr, puanteur 6278, 6312, 6320.

Puiſſance, force 401.

Pute, femme abandonnée; ce qu'on diroit putain, ſi ce terme oſoit ſe prononcer 9577, 9579, 12792. *pute affaire* 5868. vie déreglée, ou action infame.

Puteaux 6928.

Putel, puit 6738.

Puteniers, hommes livrés à des femmes débauchées ; c'est ce que nous appellerions putassiers 969.

Q

Quanque, toutes, autant de, autant que 4851, 10081, 13510. & au Test. 275.
Quantes, combien de 18894.
Quarreur, grandeur en quarré 1329.
Quarron 15774. Carrefour.
Querre, chercher 563, 6888, 110164. d'où vient *querant*, cherchant 6952, 12685, *queisse*, cherchasse 788. *quis*, cherché 10164. *quise*, cherchée 15685. *quisse*, cherchasse 3155.
Queste, sur le champ 3268.
Queurent, courent 15339, 17763, 19309. & au Cod. 414. *sur leur queurent*, pour leur courent sus.
Quierres, coins ou angles 21431.
Quignet, coin d'une chambre 463.
Quittement, entierement, sans rien demander en échange 2288.
Quitterne, guittare 21942.

R

Raconvoye 10597. reconduit.
Rafaitast 15289.
Raffiert, convient 14479.
Rain, branches 9137, 17096, 17752, 21408, 22627, 22635.
Rainceaulx ou *rainseaulx*, petites branches 8783, 8835, 22616.
Raines, grenouilles 1395.
Raiseulx, raiseaux, filets 21069.
Ramage, bois 1331.

GLOSSAIRE.

Rame, branches 86, 1484.

Ramé, plein de branches 1783, 5025, 14724, 21783.

Ramentevoir, faire souvenir, rapeller à la memoire 3459, 5945. *ramentuë*, fait souvenir 4873.

Ramponent, grondent 186 Cod. vient de *ramponer*, gronder.

Ramposne, gronderie 18627, 19692.

Ramposneuse, grogneuse, grondeuse, colere, qui gronde toujours 173.

Rangourir 1219 Test.

Ravigourer ou *revigourer*, rajeunir, rendre la vigueur 21486.

Rayer 571 Test. je crois que c'est ruisseler, laisser couler.

Raye 117 Test. éclate, jette des rayons.

Rebaudire, tressaillir de plaisir 18853. d'où vient *rebaudy*, rempli de volupté 18855.

Rebaudie, tressaillement de joye & de plaisir 627.

Rebebes 21941.

Rebourcé, rebroussé 152.

Rebresches 391 Cod. corrigé, reprennent.

Recellée, secret, en cachette 419, 2536.

Recenser, raporter, raconter 3008, 4908, 9574. d'où vient *recensera*, racontera, 19127. *recensoye*, racontoys 20975.

Recept, retraite, demeure 16406.

Reclus, resserré, enfermé 10192.

Recorder, faire souvenir, faire repeter 2254. d'où vient *recorde*, fait souvenir 18232. *recors*, souviens 829, 2997, 3832.

Recoup 13730. abrege, ou même repete.

Recroire, repentir ou se relâcher 10204. mais au Test. 519 errer, manquer à la Foy chrétienne; d'où vient, mais en d'autres sens *recreant*, me repentant 2046. *recreant*,

GLOSSAIRE.

negligent, paresseux 4839, 16235, 17795. *recréez*, négligez 16594. *recroye*, repente 12715, 14994, mais 14995 *ne recroye*, ne soit point paresseux ; *recreuë*, paresseuse 16191. mais 19381 fatiguée, abatuë de travail.

Recrespit, rétablit, rend leur beauté 6277.
Recroquillées 195 pour courbées.
Recuites, rusées, faites au manege 22389.
Reculier, reculer 21661.
Redargution, reprehension 1182 Test.
Redolent, ayant bonne odeur 3567.
Redondans, abondant, suffisant, 1118 Test.
Refaison, executons 4967.
Refatier 9565.
Referir, rejaillir, renvoyer 17708. *refert*, rejaillit, renvoye 17741.
Refiche, retourne, fouït 20466.
Reflagrans, sentans bons 1411.
Reforsisses, pour renforcissent 16652.
Refraindre, apaiser sa colere 3311.
Refretoyer, refectoire 765. Cod.
Regehist, 661 Test. je croi que c'est réflechit, ou s'y arrête.
Regne, Royaume 12623.
Regracier, remercier, rendre graces 10107.
Reimbre, 245 Cod. je croi qu'est racheter.
Remaindre, demeurer, rester 3480, 5654, 6854. *remains*, je demeure 6710. *remaint*, demeure, reste 15611, 18842, 20326. & au Test. 1553.
Remanoir, rester, demeurer 2197, 1985.
Remembrance, souvenir 142, 2458, 3154, 4708.
Remembre, souviens 1026, 2690, &c. vient de *remembrer*, souvenir, de-là sont formés *remembrez*, souvenez vous 15444. *remembrant*, souvenant, en ayant souvenir 5947.

Q 6

remembrée, raportée, racontée 6448.

Remenant, le reste, le restant, le demeurant 1575, 3484, &c. & au Test. 1569.

Remirer, regarder attentivement 1613, d'où vient *remir* pour *remire* 13527 je regarde & *remire*, se regarde 13494. & au Test. 733. *remire*, prend garde; *remirent* 8909 prennent garde; *remirées*, regardées 19119.

Remordre, repondre 717.

Renduë 431 devote, retirée du monde.

Renouart 19783.

Renouvellence, renouvellement 7332.

Renoyent, renient 5126 vient de *renoyer*, & 10948, 20073. *renoyez*, reniez 10947.

Renoist, renié 143 Cod.

Renvoyser, danser, sauter 759. d'où vient *renvoysé*, qui aime le plaisir, qui aime la joye 21014, & *renvoysié* 8818 agreable. Voyez ci-dessus *envoyseure*.

Renvoyserie, agrémens, joye 21933.

Repaire, demeure 15736.

Repairoit, frequenter 12932.

Replenist, remplit 2479.

Reponnoit 235 cachoit, mettoit à couvert.

Repont, cache 756 Cod. *reponent*, cachent 8497. vient du Latin *reponere*.

Repost, à l'écart, retiré à l'écart 830 Test. *repostes*, mises, cachées 5405, 14079, 21700.

Repostailles, en secret, d'une maniere cachée & inconnuë 13357, 14575. cachette, lieu où l'on cache quelque chose 15445. choses cachées dans quelque endroit 10039.

Repostement 22639.

Requerre, rechercher, demander 12111. d'où vient *requerissent* pour demandassent 12110.

Rere, raser, tondre 11681.

Rescourre, reschapper 11765, 16813. d'où vient *rescoux*, reschapé 9553.

GLOSSAIRE.

Rescondre, cacher, tenir en secret 5386.
Resjouvenir, rajeunir 14019. d'où vient *resjouvenist*, rajeunist 13700.
Resjoye, pour se réjouisse 80, 2765.
Respiter, dispenser 11574. *respitez*, dispensez, exceptez 16684.
Resplendist 21490.
Responans, reposans 1125. Test.
Responez, répondez 15985. *respongne*, réponde 15017, 20522.
Ressourt, ressuscite 598. Test. & *ressourdront*, ressusciteront 141. Test.
Rest.
Restaurer, rétablir 7751.
Retollir, enlever, prendre, d'où vient *retoult*, enleve, prend 19470. *retouldra*, prendra, enlevera 19470. *retolu*, enlevé, ôté 13988. mais 6935 *retollir*.
Restoyer, 766 Cod. demeure ou habitation où l'on reste.
Retourra, retournera 14812.
Retraire, reciter 971 & 1609. du Test. mais *retraire*, retirer 244, 317, 4467. & au Test. 1690. mais 1415. *retraire*, retracer & 2120 raconter; d'où viennent *retrairay*, retirerai 7226. *retrais*, retire 15797. *retrait* 2054 retire; mais 3591. *retrait* pour raconte; *retraite*, retirée 348, 4692 & 20039. *retraite*, racontée, & au Cod. 1569 *retraicte*.
Revault pour vaut & que me vaut 4287,
Reverchier 10178. & au Cod. 974.
Reversable, qui retourne, qui retombe 7334.
Revertir, retourner 12595 du Latin *revertere*.
Ribaldies, paroles sales & vilaines 2043, 5982. mais 4672 & 15310 ce sont actions vilaines ou vie débauchée.
Ribauldel, attachée à la vie infame 16195. &

GLOSSAIRE.

ribauldaux, gens attachez à la débauche 13643. c'est un diminutif de *ribaux*.

R*baudissent*, tressaillent de volupté 13696.

Ribaux, gens attachez à la débauche des femmes 5263, 5264. mais 5496, 5515. veut dire un homme de néant, de la lie du peuple; *ribaulde*, femme abandonnée 7344, 7432.

Richoyer, faire parade de ses richesses 675. Cod.

Rien, chose 245, 586, 599, 1200. & au Cod. 61. & au Test. 1560.

Rigolage, terme burlesque, pour dire, retour d'une affaire 8902.

Rimoyer, rimer, mettre en Vers 35.

Riotte, querelle, dispute 3642, 8977, 9845.

Rive, bord d'une Riviere 17091. mais 22325. il s'agit d'autres bords.

Rober, voler, dérober 188, 14414, 15668, d'où vient *robe*, vole 12271, 12274. *robez*, ceux qui sont volez 12274. *roberoye*, volerois 7586.

Robeurs, voleurs 12274.

Roë, roué 4078.

Roucin, cheval 1127.

Rouelle, roué 9928.

Rouille 3819. ardans, étincelans; mais vers 9834. Je crois que c'est se met en colere.

Roups, rompu, brisé 15794. *rouptes*, brisées, rompuës 18770.

Route, compagnie 1581. Test.

Roy des Ribaux, c'étoit autrefois une qualité d'un homme suivant la Cour, dont la fonction étoit de faire sortir de la Cour, ou de la suite du Roy tous les fripons, malfaiteurs & gens sans aveu 11550, 11558, 12705.

Royant 19037. étincelant, éclatant.

GLOSSAIRE.

Royne, grenouille 11677.
Ru, riviere, ruisseau d'eau courante 16519.
Ruse 2737. moque, trompe, de ruser, moquer.
Ruyent, 686. Cod. Je crois que c'est *séduisent*.

S

Sache, tire hors; *sachiez*, tirez hors 17450. vient de *sacher*, tirer hors; se dit encore par le menu peuple de Picardie; *saquer une épée*, tirer une épée.
Sadoyer, faire le mignon 1270 Cod.
Sade, agreable, gracieux 5311, 11974, 21322,
Sagittons Cod. 692. dard, un trait, une fléche.
Sajette, fléche 949, 1316, 1427.
Saille, sorte, vient de saillir 1136 Test.
Saillir, sauter 2988. sortir 3979. d'où vient *sailloyent*, sautoient 1380. *sault*, saute 1540. 5352.
Saintisme, salutaire 29 Cod.
Saisine, possession 10464, 16266.
Salvante 20236.
Sandaux 21858.
Sangle ou *sengle*, simple 7753, 19053.
Santive, salutaire 4409.
Sault, sauve 2968. *saulx*, sauvé 1329 Cod.
Saulx, ceux 1330 Cod.
Secourcée 21692.
Seglassent 773 Cod.
Seiche 11971 une sorte de poisson; mais je crois qu'il veut dire ici, peu de chose.
Seigneurie, domine, commande 6894. vient de *seigneurir* ou *seignourir*, commander 1216 Test. *seignourir* au Cod. 165 veut aussi dire rester, demeurer.
Soistes, êtes vous assis 3318. vient de *sooir*,

GLOSSAIRE.

d'où sortent *siet*, s'asseoit ou est placé 1675.
Semblances, ressemblances 1003, 1288, &c.
Semilleuse, remuante, inconstante 7217.
Semondre, exhorter 3486, &c. & au Test.
   1627. d'où vient *semons*, exhorte 7444 &
   8561. *semont*, exhorte 1793, 2911, &c.
Semoult pour semont, exhorte 2232.
Senestre, gauche 159, &c. & au Test. 1080.
Senez, sage, sensé 896, 17519, 18642.
Sengle, simple 19105.
Senser 9862.
Sente, chemin 734, 8288.
Sentelle, petit chemin, sentier 22555.
Sentelette, petit chemin 22350.
Senteret, petit sentier 22687.
Sequeure, secourre 11498, 17397.
Serf, serviteur, esclave 13176.
Sergens, serviteurs 885, 12700.
Seris 205. Test. Je crois que c'est salutaire.
Serio 128, seraine, en parlant de la journée,
   ou de l'air 689, 15888, 20839, 21932.
Sermon, pour *sermone*, t'avertis 4885, 8561.
Servage, servitude, esclavage 4100, 7130.
Serve, esclave 2432.
Saunes 11669. assemblées, comme je croy.
Sesqueue, secoué, 10383.
Seulas 874. Test. abandonna, seule.
Seurbat 1073. Cod. surmonte, comme je crois.
Seure, sur, ou dessus 275. Test. *nous court
   senre*, nous coure sus.
Seurgeure 10443. *science de seurgeure*. Je croy
   que c'est l'instinct du chat contre la souris.
Sicle, siecle 21764.
Signifiance, signe 18. explication 996, 2101.
Sire, Seigneur 2497.
Sist, convient 754.
Si toust, pour sitost, vers 8404. mot estropié
   en faveur de la rime.

Sodoirant 1231. Teſt.

Soef, agréable, gracieux 1410.

Solacer, *ſolacier*, divertir, réjouir 3540, 12944, 22219.

Soliers, chambre haute 14282, 14592.

Soller, pour ſoullier, vers 8289. ſe dit encore en quelques Provinces.

Sommilleux ou *ſemmilleux* 6540. vif, actif.

Sores 14645.

S'ot, pour s'ouït, s'entend 1708.

Soubtivement 1169. ſubtilement.

Souë, la ſienne 1041. Cod.

Souldoyer, Soldats 3982, 13123. & au Teſt. 775.

Soulez, ſouliers 14796.

Souloit, avoit accoutumé 6709, 14022. vient de *ſouloir*, avoir de coutume; de-là ſe forment *ſouloye* 26. j'avois accoutumé; *ſouloient*, avoient accoutumez 8845, 12018. *ſoulons*, avons accoutumez 11903.

Seult, a de coutume 2747, 13265.

Seulent, ont accoutumé 4912.

Souple 10636.

Sourſe 14535. ſortie, ou venuë en abondance.

Sousduycte 1231. Teſt.

Souſpeſer, peſer, réflechir 7159.

Souſpeſant, peſant, réflechiſſant 22451.

Soutives 21370.

Soutiva 4629. agit avec induſtrie.

Spiritueulx, ſpirituels 12200.

Subtiliaſſent 18714. pour s'induſtriaſſent.

Subtilier, ſubtiliſer 16974.

Subtive, ſubtile, induſtrieuſe 16998.

Supployer, ſupplier 2163.

Surcot, eſpece de juſte-au-corps 8916, 9348.

Suppreſſure 940. Cod. diſſimulation, tromperie.

Surcuydée, vaine, orgueilleuſe 8992.

Surquanye 1206, 1217. sorte d'habillement.
Sus & jus, dessus & dessous 1584. Test.
Suspection, soupçon 3891.
Suyvir, 1312. suivre.

T

T*Ables*, Jeu des Dames, ou Echiquier 8147, 10378.
Tabour, tambour 6244.
Taboure, sonne du tambour, ou bat la caisse, pour parler en terme de guerre 6243. *tabourent*, sonnent ou cornent, pour parler d'une maniere populaire 22395.
Taillier, cottiser, imposer une taille ou subside d'argent 10096, 11471. *taillerent*, se cottiserent 10098.
Talent, desir, volonté, disposition 98, 243, 2653, 15426, &c.
Tapinage, tapinois, ou d'une maniere secrete 12766.
Tapissoit, se fourroit en un coin 464. vient de *tapir*, encore usité.
Targe, bouclier 16184, 26297, 16666.
Targe, se couvre de son bouclier 15296. *targent*, se couvrent de bouclier 16664, alors targe est verbe & viendroit de *targer*, se couvrir de son bouclier.
Tast, tac, ou toucher 557.
Tenceresse, grondeuse 145, &c.
Tençon ou *tenson*, chagrin, gronderie 13777, 1450, 9651.
Tenemens, domaines en fond de terre 5544, 10100, 11529, 19706, 21226, 21227.
Tenisse, tinsse 1641, 13659.
Tenvre, délié, délicat 9755.
Terdre, essuyer 14197.
Terme, délai 20378.

GLOSSAIRE. 379

Termine, délai 10488.

Terminée, décidée, réglée 19326.

Terminéement, décisivement 18199.

Termineurs, usuriers, qui pretent à tant d'intérêt par terme 12259.

Terse, nette 1028 Cod.

Tertre, petite élévation, petite montagne 112, 127, c'est ainsi que Villon apelle le *tertre du Mont Valerien*.

Texit, couvrit, cachat 375 Test.

Thaignon 1576 Cod.

Thiesme, pour thême, proposition 20375.

Tieulx, tels 518 & au Test 1542.

Tiffée, ajustée, accommodée 2503.

Tinel 1631 Cod.

Tinter, sonner; mais ici 11684. *un seul mot tinter*, dire un seul mot; comme nous disons familierement ne sonner mot.

Tire à tire, tout de suite, ou l'un après l'autre 9665, 12149, 14906.

Tirelire, petite boette à serrer argent 459 Cod.

Tist, 8888 faire étoffe ou toile de *tistre*.

Tollir, prendre, enlever, usurper 188, 5276, 20971, &c. d'où vient *tolent*, prennent 5686. *tolt*, prend 8844. *tolly*, ôta, priva 7008, 8409. *tollit*, ôta, enleva 7010. 8411. *tolist*, enlevât, prît 7760. *tolissent*, enlevassent, prissent 12109. *tolurent*, prirent, enleverent 10084. *tolu*, ôté, enlevé 2006, 9693. *tolues* ou *tollues*, enlevées, prises 1942. 4061.

Tonnel, tonneau 20176.

Tonnelles 9348, & au Cod 1226 doit être un corps de juppe ou corps de femme.

Torte, tortuë, courbée, qui n'est pas droite 522 Test.

Tortilz, torches ou gros flambeaux 13259.

Totée 215 Cod. je crois que c'est un petit morceau de pain trempé dans du vin, ou même peu de chose

Touaille, toile 155, 6866, 6907.

Touldre, prendre, enlever 11108, 11846, 17167, d'où vient *toult*, ôte, enleve 4812, 5561, 6317, 6891, &c. *Touldroit*, ôteroit, enleveroit 12415. *touldroyent*, ôteroient, enleveroient 5505. *touldra*, enlevera, prendra 8520. *toulsist* 18985 enlevât; *toust*, enleva 8404.

Toulin 13911, droit qui se prend sur les marchandises ou denrées, de *tollere*, prendre.

Tourner, détourner 3150.

Tournoyastes, combatites 16991.

Tournoyement; tournoi 1185. combat 15914, 16387, 16444, 18761, 19247, 21050.

Touse 11402 amie ou amante.

Toutes-voyes, toutesfois 1883, 17479.

Touzé, tondu 346 Test.

Traire, tirer 8. retirer 238, 962, 992, 1688. d'où vient *traye*, tire, retire, vienne 1321, 1793. *trayent*, tirent, attirent 4142. *traicte*, tirée 1870, 2028, 2941. *traictes*, reçûes 3336. *tretz*, me tire 1324.

Traineaux 11669 filets à pescher.

Transferance, changement 20007.

Transitoire, passagere 523. Test.

Translance, envoye, insinuë 2006.

Transmuë, change 388, 6176.

Trempée, temperée 5317.

Tresche, danses, sauts 768, 16903.

Trespasser, passer 376.

Tressaudras, tressailliras 2321.

Tressoirs ou *tressouers* 571, 9730.

Tressons 9286. rubans qui tiennent les cheveux retroussez.

Trestant, tant, si grand nombre 493.

Tretiz, bien faits, mignons 860, 1194, 2686.

GLOSSAIRE.

Treuz 10099, 20206. Je crois que c'est des biens.

Triacle, theriaque, contre-poison 13223, 17476.

Tricherre ou *trichierres*, tricheur, trompeur 14026, 15654, 20101.

Triper, *tripeter*, courir 13530, 13684, 18726.

Tripot, au figuré pour manœuvre 22118.

Tristour, tristesse 10738.

Truage, passage ou droit de passage 1324. Teit.

Truant, gueux, mandiant 11963, 11636, 19768. mais 3716, 15380. veut dire un malheureux, un homme de néant ; *truande*, pauvre, mandiante 16871.

Truander, mandier 12022.

Truandie, mendicité 12104, 12163.

Trubele 18819.

Trubert 15664. agréable, à ce que je crois.

Truffe ou *truffles*, tromperies, fourberies, calomnies 6740, 9492, 9765, 12930, 15862, 19228, 21334.

Truffe, trompe 15861.

Truisse, trouvasse, ou trouve 11639, 11847, 14734, 17850, 22224.

Truyssiez 629. trouvassiez.

Trupigneys 16443. trepignement.

Tueuse 634. Test. meurtriere.

Turquoys 924. à la Turque.

Tuy, tais 958. Cod. *mestuy*, me tays.

Tymbre, sonne 21956. mais vers 29. pour cloche, ou tymbre.

Tyretaine, sorte d'étoffe de laine 21851.

V

V*Ain*, abbatu 1718, 1811.

GLOSSAIRE.

Vaire, fourure fine & précieuse 212, 5500, 9504.

Val, descente 131. *contre-val*, en descendant.

Valeton, jeune homme 16899. mais 10632, pour serviteur.

Valuë, valeur 4236. estimation 21278.

Varlet, jeune homme, jeune galant 193, 8702, 11273, 13344, 13371, 21989.

Vassal, *vassault*, homme soumis & inferieur 2967, 2977. au figuré signifie un jeune homme.

Vasselage, obéissance 3058, 7350.

Vaulsist, voyez, *vouldrent*, cy-après.

Veables, visibles 1754. Cod.

Venir 1681. venuë, arrivée.

Vensist, vinst 1662. Test.

Vergogne, honte 4796, 4931, 9428, 13482, 18267.

Vergogneux, honteux 2429, 8483.

Vermaux 21859.

Vermenuiser, picquer de vers, pourir 633 Test.

Vers, couleur fort estimée autrefois pour les yeux 546, 822, 1195.

Vers, fortune 3847.

Vertant, tournant, changeant 1279. Test.

Vertible, corruptible, changeante 1279. Test.

Vertir 867. Test. retourner.

Verve, folie, ou fureur 7901, 13747.

Vezie 7730.

Viatour, Voyageur, pelerin 1052.

Vieur, vieux 19 Cod.

Villenie, action ou parole deshonneste, & quelquefois mal propreté 168, 978, 1205, 2110.

Villain, roturier, ignoble 1952, 3786, 6942. homme de mauvaise vie 2116.

Villaine, diffame 11485. *villenant*, diffamant

GLOSSAIRE. 383

14474. vient de *villaner*, ou *villener*.
Villenaille, canaille, gens de neant 19665.
Villenaſtres, gens d'une ame baſſe 5465.
Villotiere, fille ou femme de joye 8869, 17365.
Vilté, mépris 9641, 9683, 10147.
Violant, mépriſant 2633.
Vindelle 102. c'eſt une ſorte de manches, & par les mignatures, il ſemble que ce ſont longues manches pendantes, telles qu'elles ſont dans les habits à la Romaine qu'on fait paroitre ſur le theatre.
Vire, groſſes fléches ou traits d'arbaleſtes 16498.
Virer 21324.
Vis, viſage 123, 361, 445, 785, 1493, 2964, 12884.
Vis, advis 12885. *luy fut vis*, lui fut advis, lui ſembla.
Umbrage, ombrageuſe, ſoupçonneuſe 1232.
Umbrageux, obſcur 15069.
Umbre pour couvre, ou eſt couverte 21412.
Umbroyer, prendre l'ombre, ſe mettre à l'ombre 617, 1298, 1476, 3048, 10437, d'où vient *umbreoyent*, prenoient l'ombre, le frais 16517.
Ungs, quelques, ou pluſieurs 576.
Voir, vrai 1568, 3460, 3718, &c.
Vouldrent, voulurent 5619, 9065. *voulſiſſe*, vouluſſe 1770, 2817, 15749, 15752. *voulſiſt* ou *vaulſiſt*, voulut 483, 962, 3213, 3285, 14964. *voult*, voulut 1498, 3172. tout cela vient de *vouloir*.
Voultis 542, fait en arc ou en voute.
Vourra, voudra 20518.
Vourroit, voudroit 18445.
Voyes, fois 25 Teſt.
Voyre 1067 Teſt. veritable.

Voyse, aille 20786.
Vs, coutume, accoutumance 5444.

Y

Y Ere, étoit 9142, 12546, &c. & au Test. 825, 1076. *yert* 437 pour étoit; *yerent*, étoient 19759.
Yolé 9628.
Yllier 14368. les côtés ou les flancs.
Ysangrin 11745. c'est un nom donné burlesquement aux loups.
Ysnel, joyeux, enjoué 830, 11140. *ysnelle*, joyeuse, enjouée 950, 22122, & au Test. 1017.
Yssir, sortir 2077, 2712, 16927, 22343. d'où viennent *ysse*, sorte 4011, 9547, 15829. *yssent*, sortent, au Test. 414. *yssoit*, sortoit 1114. *yst*, sort 1678, 21491. & au Test. 1664 *yssi*, sorti 1951, 8282. *ystray*, sortirai 8260. *ystra*, sortira 1757, 4222, 11670. *ystrez*, sortirez, 8333. *ystroit*, sortiroit 4224. *yssit*, sortit 17088. *yssist*, sortist 13167. *yssisse*, sortisse 11655.
Yssir, sortie, issue 8317.
Ytel, tel 8185. *ytieulx*, tels 7249, 12199.
Yvernage, hivers 4434.

Fin du Glossaire.

www.ingramcontent.com/pod-product-compliance
Lightning Source LLC
Chambersburg PA
CBHW060608170426
43201CB00009B/941